Geisteskrankheiten

Die Wirren des menschlichen Gehirns

In
einfachen Worten
zusammengefasst

2024

Inhaltsverzeichnis

Vorwort

Liebe Leserinnen und Leser,

es ist mir eine außerordentliche Freude und Ehre, Sie durch die Seiten dieses Buches über Geisteskrankheiten zu begleiten. Die Welt der Psychiatrie und Neuropsychologie ist reich an Komplexität, Herausforderungen und gleichzeitig faszinierenden Erkenntnissen über die menschliche Psyche. In diesem Buch werden wir uns auf eine fesselnde Reise begeben, um die Vielfalt der Geisteskrankheiten zu erkunden, ihre Ursachen zu verstehen und die neuesten Entwicklungen in der Diagnose und Behandlung zu beleuchten.

Geisteskrankheiten haben seit jeher eine zentrale Rolle im menschlichen Erfahrungsspektrum gespielt. Von den alten Heilmethoden der Antike bis hin zu den hochspezialisierten Therapien der modernen Neuropsychiatrie haben sich unsere Konzepte von psychischer Gesundheit und Krankheit kontinuierlich weiterentwickelt. Dabei haben wir ein tieferes Verständnis für die biologischen, genetischen, sozialen und Umweltfaktoren gewonnen, die das Auftreten und den Verlauf von psychischen Störungen beeinflussen.

Dieses Buch ist eine umfassende Zusammenstellung von Wissen und Einsichten aus verschiedenen Bereichen der Neuropsychiatrie. Es richtet sich an alle, die Interesse an der menschlichen Psyche haben, sei es als Fachleute der Gesundheitsberufe, Studenten, Betroffene oder einfach neugierige Leser, die mehr über dieses faszinierende Thema erfahren möchten. Durch die präzise Zusammenstellung aktueller Forschungsergebnisse, klinischer Fallstudien und praktischer Ratschläge streben wir danach, ein ganzheitliches Verständnis für Geisteskrankheiten zu vermitteln und die Stigmatisierung psychischer Erkrankungen abzubauen.

In den folgenden Kapiteln werden wir uns mit einer Vielzahl von Geisteskrankheiten befassen, darunter Depressionen,

Angststörungen, Schizophrenie, bipolare Störungen, Essstörungen, Suchterkrankungen und viele mehr. Wir werden ihre Symptome und Diagnosekriterien erkunden, ihre Ursachen und Risikofaktoren untersuchen und die besten verfügbaren Behandlungsmöglichkeiten erörtern. Dabei werden wir auch auf die komplexen Wechselwirkungen zwischen biologischen, psychologischen und sozialen Faktoren eingehen, die das Verständnis und die Behandlung von Geisteskrankheiten beeinflussen.

Es ist wichtig zu betonen, dass Geisteskrankheiten kein Zeichen von Schwäche sind, sondern komplexe medizinische Erkrankungen, die jeden treffen können, unabhängig von Alter, Geschlecht, ethnischer Zugehörigkeit oder sozialem Status. Indem wir das Bewusstsein für psychische Gesundheit stärken und Barrieren abbauen, können wir dazu beitragen, dass Betroffene frühzeitig Hilfe suchen und eine angemessene Behandlung erhalten.

Ich möchte allen Experten und Fachleuten danken, die zu diesem Buch beigetragen haben, sowie den Lesern, die sich der Entdeckungsreise durch die Welt der Geisteskrankheiten anschließen. Möge dieses Buch dazu beitragen, Wissen zu verbreiten, Vorurteile abzubauen und die Lebensqualität von Menschen mit psychischen Erkrankungen zu verbessern.

Mit den besten Wünschen für Ihre Reise durch diese Seiten.

Michael Anger

Einleitung

Definitionen und Konzepte von Geisteskrankheiten
Die Definitionen und Konzepte von Geisteskrankheiten sind
vielschichtig und haben sich im Laufe der Geschichte sowie im
Rahmen wissenschaftlicher und kultureller Entwicklungen
weiterentwickelt. In dieser ausführlichen Zusammenfassung werden
wir die Definitionen und Konzepte von Geisteskrankheiten
erforschen, einschließlich historischer Perspektiven, moderner
Ansätze und kultureller Unterschiede.

Geisteskrankheiten, auch als psychische Störungen oder
psychische Erkrankungen bezeichnet, sind Zustände, die das
Denken, Fühlen, Verhalten oder die soziale Interaktion
beeinträchtigen können. Sie können von vorübergehenden
Stimmungsschwankungen und Ängsten bis hin zu schweren
Erkrankungen wie Schizophrenie und bipolaren Störungen reichen.
Die Definition von Geisteskrankheiten ist oft von kulturellen,
sozialen und historischen Einflüssen geprägt und kann je nach
Kontext und Perspektive variieren.

Historisch gesehen wurden psychische Störungen oft als Zeichen
von Besessenheit, Hexerei oder göttlicher Strafe betrachtet und mit
Stigmatisierung, Ausgrenzung und körperlicher Bestrafung
verbunden. Im Laufe der Zeit haben sich jedoch die Ansichten über
Geisteskrankheiten entwickelt, und sie werden heute als
medizinische Zustände betrachtet, die einer Diagnose, Behandlung
und Betreuung bedürfen. Moderne Konzepte von
Geisteskrankheiten basieren auf wissenschaftlichen Erkenntnissen
über die Funktionsweise des Gehirns, genetische und biologische
Faktoren, Umweltfaktoren, Lebenserfahrungen und soziale
Determinanten der Gesundheit.

Eine der bekanntesten Klassifikationssysteme für psychische
Störungen ist das Diagnostic and Statistical Manual of Mental
Disorders (DSM) der American Psychiatric Association. Das DSM
bietet eine standardisierte Nomenklatur und Klassifikation von

psychischen Störungen und dient als Grundlage für Diagnose, Forschung und Behandlung. Es enthält Kriterien für die Diagnose von verschiedenen psychischen Störungen basierend auf Symptomen, Verlauf und Schweregrad.

Ein weiteres weit verbreitetes Klassifikationssystem ist die Internationale Klassifikation der Krankheiten (ICD) der Weltgesundheitsorganisation (WHO). Das ICD ist ein internationales diagnostisches Klassifikationssystem, das eine breite Palette von medizinischen Zuständen, einschließlich psychischer Störungen, abdeckt. Es wird von Ärzten, Forschern und Gesundheitsorganisationen weltweit verwendet, um Diagnosen zu stellen, Gesundheitsdaten zu sammeln und Gesundheitsdienstleistungen zu planen.

Geisteskrankheiten können verschiedene Formen annehmen, darunter affektive Störungen wie Depressionen und bipolare Störungen, Angststörungen wie Generalisierte Angststörung (GAS) und Panikstörung, Psychosen wie Schizophrenie, Persönlichkeitsstörungen wie Borderline-Persönlichkeitsstörung (BPS) und Zwangsstörungen wie Obsessive-Compulsive Disorder (OCD). Jede dieser Störungen hat ihre eigenen spezifischen Symptome, Ursachen und Behandlungsmöglichkeiten.

Die Ursachen von Geisteskrankheiten sind oft komplex und können eine Kombination von genetischen, biologischen, psychologischen, sozialen und Umweltfaktoren umfassen. Genetische Faktoren spielen eine Rolle bei der Anfälligkeit für bestimmte psychische Störungen, und Forschungen haben gezeigt, dass einige Störungen eine familiäre Häufung aufweisen. Biologische Faktoren wie neurochemische Ungleichgewichte im Gehirn, strukturelle Veränderungen im Gehirn und neurologische Erkrankungen können ebenfalls zur Entstehung von psychischen Störungen beitragen. Psychologische Faktoren wie traumatische Lebenserfahrungen, Stress, negative Denkmuster und Persönlichkeitsmerkmale können das Risiko für psychische Störungen erhöhen. Soziale und Umweltfaktoren wie Armut, soziale Isolation, traumatische

Ereignisse, Migration und Diskriminierung können ebenfalls zur Entstehung von psychischen Störungen beitragen, indem sie Stress verursachen und das soziale Unterstützungssystem beeinträchtigen.

Die Behandlung von Geisteskrankheiten umfasst eine Vielzahl von Interventionen, einschließlich medikamentöser Therapien, Psychotherapie, stationärer Behandlung, Selbsthilfegruppen, Rehabilitation und sozialer Unterstützung. Die Auswahl der Behandlung hängt von der Art und Schwere der Erkrankung, den individuellen Bedürfnissen und Vorlieben des Patienten, dem Vorhandensein von Komorbiditäten und anderen Faktoren ab. Medikamentöse Therapien werden häufig zur Behandlung von Geisteskrankheiten eingesetzt und umfassen Antidepressiva, Antipsychotika, Stimmungsstabilisatoren, Anxiolytika und andere psychotrope Medikamente. Psychotherapie, auch als Gesprächstherapie oder psychologische Beratung bezeichnet, umfasst verschiedene Ansätze wie kognitive Verhaltenstherapie (CBT), psychoanalytische Therapie, interpersonalen Therapie und dialektisch-behaviorale Therapie (DBT). Stationäre Behandlung, auch als psychiatrische Hospitalisierung oder Inpatientenbehandlung bekannt, wird in schweren Fällen von Geisteskrankheiten eingesetzt, in denen eine intensive Überwachung und Behandlung erforderlich ist.

Die Prävention von Geisteskrankheiten ist ein wichtiger Aspekt der öffentlichen Gesundheit und umfasst Maßnahmen zur Förderung der psychischen Gesundheit, zur Früherkennung und Intervention bei Risikofaktoren, zur Reduzierung von Stigma und Diskriminierung sowie zur Schaffung von unterstützenden Umgebungen und Gemeinschaften. Präventive Maßnahmen können auf individueller, gemeinschaftlicher und politischer Ebene durchgeführt werden und umfassen Aufklärung und Sensibilisierung, Früherkennung und Frühintervention, die Förderung von Lebenskompetenzen und Resilienz, die Schaffung von sicheren und unterstützenden Umgebungen sowie die

Bereitstellung von Zugang zu psychischen Gesundheitsdiensten und Unterstützung.

Rückfallprävention ist ein wesentlicher Bestandteil der Behandlung von Geisteskrankheiten und zielt darauf ab, Rückfälle zu verhindern und den langfristigen Erfolg der Genesung zu fördern. Rückfälle sind ein häufiges und normales Ereignis im Verlauf von Geisteskrankheiten und sollten als Gelegenheit zur Reflexion und zum Lernen genutzt werden. Rückfallprävention umfasst die Identifizierung von Rückfallrisiken, die Entwicklung von Bewältigungsstrategien, die Einbeziehung von Unterstützungspersonen und die Schaffung eines unterstützenden Umfelds.

Zusammenfassend lässt sich sagen, dass die Definitionen und Konzepte von Geisteskrankheiten vielschichtig sind und sich im Laufe der Geschichte sowie im Rahmen wissenschaftlicher und kultureller Entwicklungen weiterentwickelt haben. Moderne Konzepte von Geisteskrankheiten basieren auf wissenschaftlichen Erkenntnissen über die Funktionsweise des Gehirns, genetische und biologische Faktoren, Umweltfaktoren, Lebenserfahrungen und soziale Determinanten der Gesundheit. Die Behandlung von Geisteskrankheiten umfasst eine Vielzahl von Interventionen, einschließlich medikamentöser Therapien, Psychotherapie, stationärer Behandlung, Selbsthilfegruppen, Rehabilitation und sozialer Unterstützung. Prävention und Rückfallprävention spielen eine entscheidende Rolle bei der Bewältigung von Geisteskrankheiten und sind wichtige Bestandteile eines umfassenden Ansatzes zur Förderung der psychischen Gesundheit und des Wohlbefindens.

Geschichte der Psychiatrie und der Erforschung von Geisteskrankheiten

Die Geschichte der Psychiatrie und der Erforschung von Geisteskrankheiten ist eine faszinierende Reise durch die menschliche Vorstellungskraft, die Wissenschaft und die soziale Entwicklung. Über die Jahrtausende hinweg haben Menschen versucht, das Phänomen der Geisteskrankheiten zu verstehen, zu erklären und zu behandeln, und dabei verschiedene Theorien, Methoden und Ansätze entwickelt. In dieser ausführlichen Zusammenfassung werden wir die Geschichte der Psychiatrie und der Erforschung von Geisteskrankheiten untersuchen, angefangen von den frühesten zivilisatorischen Aufzeichnungen bis zur modernen psychiatrischen Praxis.

Die Geschichte der Psychiatrie reicht bis in die frühesten Zivilisationen zurück, wo psychische Störungen oft mit übernatürlichen Kräften, Besessenheit oder göttlicher Strafe in Verbindung gebracht wurden. In der Antike spielten Religion, Philosophie und Mythologie eine wichtige Rolle bei der Erklärung von psychischen Störungen. In der griechischen und römischen Kultur wurden psychische Störungen als Ergebnis von Ungleichgewichten der Körpersäfte oder als göttliche Strafe betrachtet. Die Behandlungsmethoden umfassten Rituale, Gebete, Opfergaben und sogar Exorzismus.

Während des Mittelalters wurden psychische Störungen oft mit Aberglauben und Hexerei in Verbindung gebracht, und die Behandlung war oft grausam und unmenschlich. Menschen mit psychischen Störungen wurden oft als Besessene oder Hexen betrachtet und waren Stigmatisierung, Ausgrenzung und Verfolgung ausgesetzt. In dieser Zeit wurden psychiatrische Krankenhäuser und Anstalten gegründet, aber ihre Bedingungen waren oft erbärmlich und die Behandlungsmethoden waren barbarisch.

Die Renaissance brachte einen neuen Aufschwung in der medizinischen Forschung und Wissenschaft und führte zu einem verstärkten Interesse an der Erforschung des menschlichen Geistes und Verhaltens. Die Geburt der modernen Psychiatrie wird oft dem deutschen Arzt Johann Christian Reil zugeschrieben, der den Begriff "Psychiatrie" prägte und die Gründung des ersten psychiatrischen Krankenhauses in Deutschland befürwortete. Im 19. Jahrhundert wurden psychiatrische Krankenhäuser in ganz

Europa und Nordamerika errichtet, und die Behandlung von psychischen Störungen wurde allmählich humaner.

Die Entdeckung von psychotropen Medikamenten wie Chlorpromazin in den 1950er Jahren revolutionierte die Behandlung von psychischen Störungen und führte zur Schließung vieler psychiatrischer Anstalten. Die Einführung von Psychopharmaka wie Antidepressiva, Antipsychotika und Stimmungsstabilisatoren hat die psychiatrische Praxis weiter verändert und die Behandlung von Geisteskrankheiten verbessert. Gleichzeitig führten Fortschritte in der Psychotherapie zu neuen Behandlungsmethoden wie kognitiver Verhaltenstherapie, interpersonalen Therapie und dialektisch-behavioraler Therapie.

Die Erforschung von Geisteskrankheiten hat in den letzten Jahrzehnten erhebliche Fortschritte gemacht, und es wurden viele wichtige Erkenntnisse über die Ursachen, Mechanismen und Behandlungsmöglichkeiten von psychischen Störungen gewonnen. Die moderne Psychiatrie basiert auf einem biopsychosozialen Modell, das genetische, biologische, psychologische, soziale und Umweltfaktoren berücksichtigt und eine umfassende Herangehensweise an die Diagnose, Behandlung und Betreuung von Menschen mit psychischen Störungen bietet.

Die Geschichte der Psychiatrie und der Erforschung von Geisteskrankheiten hat sich im Laufe der Jahrhunderte weiterentwickelt und ist eng mit den kulturellen, sozialen, wissenschaftlichen und technologischen Entwicklungen verbunden. Die Herausforderungen im Umgang mit psychischen Störungen sind nach wie vor vielfältig, und es besteht weiterhin Bedarf an Forschung, Bildung und sozialer Unterstützung, um das Verständnis, die Prävention und die Behandlung von Geisteskrankheiten zu verbessern.

Insgesamt zeigt die Geschichte der Psychiatrie und der Erforschung von Geisteskrankheiten einen kontinuierlichen Fortschritt und eine ständige Suche nach Wissen und Verständnis über das menschliche Gehirn, Verhalten und Emotionen. Trotz der Fortschritte bleibt die Bewältigung von psychischen Störungen eine komplexe Herausforderung, die ein breites Spektrum an Interventionen und Ansätzen erfordert, um das Wohlbefinden und die Lebensqualität von Menschen mit psychischen Erkrankungen zu verbessern.

Aktuelle Herausforderungen und Debatten in der Psychiatrie
Die Psychiatrie steht heute vor einer Vielzahl von Herausforderungen und Debatten, die sich auf die Diagnose, Behandlung und Betreuung von Menschen mit psychischen Störungen auswirken. Diese Herausforderungen und Debatten spiegeln die komplexen und sich ständig verändernden Natur der psychischen Gesundheit wider und haben Auswirkungen auf verschiedene Bereiche der psychiatrischen Praxis, von der Forschung und Bildung bis hin zur klinischen Versorgung und sozialen Politik. In dieser ausführlichen Zusammenfassung werden wir einige der aktuellen Herausforderungen und Debatten in der Psychiatrie untersuchen und ihre Auswirkungen auf das Fachgebiet sowie auf die Menschen, die von psychischen Störungen betroffen sind, beleuchten.

- **Stigmatisierung und Diskriminierung**: Trotz der Fortschritte in der psychischen Gesundheitsaufklärung und -aufklärung bleibt die Stigmatisierung von Menschen mit psychischen Störungen eine weit verbreitete Realität. Die negativen Stereotypen, Vorurteile und Vorurteile gegenüber psychischen Erkrankungen können zu Selbststigmatisierung, sozialer Isolation, Diskriminierung am Arbeitsplatz und einem Mangel an angemessener Behandlung führen. Die Beseitigung von Stigmatisierung und Diskriminierung ist eine wichtige Herausforderung für die Psychiatrie und erfordert eine kontinuierliche Aufklärung, Sensibilisierung und Advocacy.

- **Zugang zur Versorgung**: Der Zugang zur psychiatrischen Versorgung ist weltweit ungleich und wird von verschiedenen Faktoren wie geografischer Lage, sozioökonomischem Status, ethnischen und kulturellen Unterschieden sowie politischen und gesetzlichen Rahmenbedingungen beeinflusst. Viele Menschen haben Schwierigkeiten, eine angemessene psychiatrische Versorgung zu erhalten, sei es aufgrund von Wartezeiten, Kosten, mangelnder Versicherung oder einem Mangel an qualifizierten Fachkräften. Die Verbesserung des Zugangs zur Versorgung ist eine dringende Herausforderung, die eine breite Palette von Interventionen erfordert, einschließlich Telemedizin, Integration von psychischer Gesundheit in die Primärversorgung, Abbau von Barrieren für den Zugang und Erhöhung der finanziellen Ressourcen für die psychische Gesundheitsversorgung.

- **Überdiagnose und Übermedikation**: Einige Kritiker argumentieren, dass die Psychiatrie dazu neigt, psychische Störungen zu überdiagnostizieren und zu übermedikamentieren, insbesondere bei Kindern und Jugendlichen. Die Zunahme von Diagnosen wie Aufmerksamkeitsdefizit-/Hyperaktivitätsstörung (ADHS) und Autismus-Spektrum-Störung (ASS) hat zu Bedenken hinsichtlich der Verwendung von Psychopharmaka bei jungen Menschen geführt, insbesondere aufgrund der langfristigen Auswirkungen auf Gehirnentwicklung und Verhalten. Die Debatte darüber, ob die Psychiatrie bestimmte Verhaltensweisen und Eigenschaften als Störungen pathologisiert und übertherapisiert, ist ein kontroverses Thema, das weiter erforscht und diskutiert werden muss.

- **Biologische versus psychosoziale Modelle**: Ein weiterer Bereich der Debatte in der Psychiatrie betrifft die relative Bedeutung von biologischen und psychosozialen Faktoren bei der Entstehung und Behandlung von psychischen Störungen. Während einige Fachleute argumentieren, dass psychische Störungen hauptsächlich auf biologische Ursachen wie genetische Veranlagung, Neurochemie und Hirnfunktion zurückzuführen sind, betonen andere die Bedeutung von psychosozialen Faktoren wie Trauma, Lebenserfahrungen und sozialen Determinanten der Gesundheit. Die Integration von biologischen und psychosozialen Modellen ist ein wichtiger Schritt zur Entwicklung eines umfassenden Verständnisses von psychischen Störungen und zur Bereitstellung einer personalisierten und ganzheitlichen Versorgung.

- **Neue Technologien und Behandlungsansätze**: Fortschritte in der Technologie haben neue Möglichkeiten für die Diagnose und Behandlung von psychischen Störungen eröffnet, darunter Telemedizin, digitale Gesundheitsanwendungen, künstliche Intelligenz und neuromodulatorische Verfahren wie transkranielle Magnetstimulation (TMS) und tiefe Hirnstimulation (DBS). Diese neuen Technologien und Behandlungsansätze haben das Potenzial, die psychiatrische Versorgung zu verbessern, den Zugang zu Behandlungsmöglichkeiten zu erweitern und die Ergebnisse für Menschen mit psychischen Störungen zu optimieren.

- **Ethik und Menschenrechte**: Die Achtung der Menschenrechte und ethischer Grundsätze ist ein grundlegendes Prinzip der psychiatrischen Praxis. Dennoch gibt es weiterhin Bedenken hinsichtlich der Zwangsbehandlung, der Unterbringung von Patienten in geschlossenen Einrichtungen, der Verwendung von Zwangsmedikation und der Einhaltung ethischer Standards bei der Forschung mit Menschen mit psychischen Störungen. Die Achtung der Autonomie, Würde und Selbstbestimmung von Menschen mit psychischen Erkrankungen ist von entscheidender Bedeutung und erfordert eine sorgfältige Abwägung der Risiken und Vorteile sowie eine respektvolle und kooperative Beziehung zwischen Patienten und Behandlern.

- **Kulturelle Vielfalt und kulturelle Kompetenz**: Die psychische Gesundheit wird stark von kulturellen und sozialen Faktoren beeinflusst, und die Behandlung von psychischen Störungen muss die kulturellen Überzeugungen, Werte,

Praktiken und Normen der Patienten berücksichtigen. Die Förderung kultureller Vielfalt und kultureller Kompetenz in der psychiatrischen Versorgung ist entscheidend für die Bereitstellung einer angemessenen und wirksamen Behandlung für Menschen aus verschiedenen kulturellen Hintergründen und Gemeinschaften.

- **Finanzierung und Ressourcen**: Die psychiatrische Versorgung steht oft vor Herausforderungen im Zusammenhang mit der Finanzierung und den verfügbaren Ressourcen. Mangelnde finanzielle Mittel, knappe Fachkräfte und begrenzte Zugangsmöglichkeiten können die Qualität und Quantität der psychiatrischen Versorgung beeinträchtigen und zu Ungleichheiten in der Gesundheitsversorgung führen. Die Bereitstellung ausreichender finanzieller Mittel, die Förderung von Ausbildung und Weiterbildung von psychiatrischen Fachkräften sowie die Schaffung eines integrativen und koordinierten Versorgungssystems sind wichtige Schritte zur Bewältigung dieser Herausforderungen.

- **Forschung und Innovation**: Die psychiatrische Forschung spielt eine entscheidende Rolle bei der Entwicklung neuer Diagnose- und Behandlungsmethoden, der Verbesserung des Verständnisses von psychischen Störungen und der Identifizierung von Präventionsstrategien. Fortschritte in der Neurowissenschaft, Genetik, Psychologie, Soziologie und anderen Bereichen haben zu einem besseren Verständnis der biologischen, psychologischen und sozialen Grundlagen von psychischen Störungen geführt und neue Möglichkeiten für innovative Ansätze zur Verbesserung der psychiatrischen Versorgung eröffnet.

- **Integration von Psychiatrie und anderen Bereichen der Medizin**: Die psychiatrische Versorgung ist eng mit anderen Bereichen der Medizin verbunden, einschließlich der Primärversorgung, Neurologie, Innere Medizin, Pädiatrie, Geriatrie und anderen Fachgebieten. Die Integration von psychischer Gesundheit in die allgemeine Gesundheitsversorgung und die Zusammenarbeit zwischen verschiedenen medizinischen Disziplinen sind wichtige Strategien zur Verbesserung der psychiatrischen Versorgung und zur Förderung eines ganzheitlichen Ansatzes zur Gesundheitsversorgung.

Insgesamt stehen die Psychiatrie und die Erforschung von Geisteskrankheiten vor einer Vielzahl von Herausforderungen und Debatten, die eine kontinuierliche Reflexion, Diskussion und Zusammenarbeit erfordern. Durch die Auseinandersetzung mit diesen Herausforderungen und Debatten können die psychiatrische Praxis, die psychische Gesundheit der Bevölkerung und die Lebensqualität der betroffenen Personen verbessert werden.

Schizophrenie und Psychotische Störungen

Grundlagen der Schizophrenie

Schizophrenie ist eine komplexe und schwerwiegende psychische Erkrankung, die das Denken, die Wahrnehmung, das Gefühl und das Verhalten einer Person beeinflusst. In dieser ausführlichen Zusammenfassung werden die Grundlagen der Schizophrenie untersucht, einschließlich ihrer Symptome, Ursachen, Diagnose und Behandlungsmöglichkeiten.

Die Symptome der Schizophrenie können in drei Hauptkategorien unterteilt werden: positive Symptome, negative Symptome und kognitive Symptome. Zu den positiven Symptomen gehören Halluzinationen, Wahnvorstellungen, desorganisiertes Denken und sprachliche Störungen. Halluzinationen beziehen sich auf das Erleben von sensorischen Eindrücken, die nicht real sind, wie z.B. Hören von Stimmen oder Sehen von Dingen, die nicht existieren. Wahnvorstellungen sind feste Überzeugungen, die trotz gegenteiliger Beweise aufrechterhalten werden, wie z.B. das Gefühl, überwacht oder verfolgt zu werden. Desorganisiertes Denken und sprachliche Störungen äußern sich in verwirrtem oder unzusammenhängendem Sprechen.

Negative Symptome der Schizophrenie sind Verluste oder Veränderungen in normalen Verhaltens- und Gefühlsweisen. Dazu gehören emotionale Taubheit, sozialer Rückzug, Antriebslosigkeit und eingeschränkte Ausdrucksweise. Negative Symptome können das Funktionieren im täglichen Leben stark beeinträchtigen und zu sozialer Isolation und Einsamkeit führen.

Kognitive Symptome der Schizophrenie betreffen die Denkfähigkeit und das Gedächtnis einer Person. Diese Symptome können Probleme mit der Aufmerksamkeit, dem Arbeitsgedächtnis, der Verarbeitungsgeschwindigkeit und der Exekutivfunktion umfassen. Kognitive Beeinträchtigungen können die Fähigkeit zur Konzentration, Problemlösung und zum Erlernen neuer

Informationen beeinträchtigen und die Lebensqualität beeinträchtigen.

Die Ursachen der Schizophrenie sind komplex und multifaktoriell. Es wird angenommen, dass eine Kombination von genetischen, neurobiologischen, Umwelt- und psychosozialen Faktoren zur Entstehung der Erkrankung beiträgt. Genetische Veranlagung spielt eine Rolle, da Menschen mit einer familiären Vorgeschichte von Schizophrenie ein höheres Risiko haben, selbst daran zu erkranken. Neurobiologische Faktoren umfassen Ungleichgewichte in Neurotransmittern wie Dopamin, Glutamat und Serotonin im Gehirn. Umweltfaktoren wie pränatale Exposition gegenüber Infektionen, Geburtskomplikationen, psychosozialer Stress und der Missbrauch von Substanzen können ebenfalls das Risiko für die Entwicklung von Schizophrenie erhöhen.

Die Diagnose von Schizophrenie erfordert eine gründliche psychiatrische Bewertung und kann aufgrund der Vielfalt der Symptome und ihrer variablen Ausprägung eine Herausforderung darstellen. Ein Arzt oder Psychiater wird eine umfassende Anamnese durchführen, klinische Interviews führen und die Symptome bewerten, um die Diagnose zu stellen. Es gibt keine spezifischen Labortests oder Bildgebungsverfahren, die Schizophrenie eindeutig diagnostizieren können, aber diese können durchgeführt werden, um andere medizinische Ursachen auszuschließen und den Gesundheitszustand des Patienten zu überprüfen.

Die Behandlung von Schizophrenie umfasst in der Regel eine Kombination aus medikamentöser Therapie, Psychotherapie und sozialer Unterstützung. Antipsychotika sind die Hauptklasse von Medikamenten, die zur Behandlung von Schizophrenie eingesetzt werden und helfen können, positive Symptome zu lindern. Psychotherapeutische Ansätze wie kognitive Verhaltenstherapie (KVT), soziale Fertigkeitentraining und unterstützende Therapie können dazu beitragen, Symptome zu bewältigen, die Funktionsfähigkeit zu verbessern und soziale Fähigkeiten zu stärken. Soziale Unterstützung, Rehabilitation und Case Management sind ebenfalls wichtige Bestandteile der Behandlung und können dazu beitragen, die Lebensqualität zu verbessern und die Reintegration in die Gemeinschaft zu fördern.

Die Bewältigung von Schizophrenie erfordert ein umfassendes Behandlungskonzept, das medizinische, psychologische, soziale und rehabilitative Aspekte umfasst. Eine kontinuierliche Betreuung und Unterstützung sind entscheidend für die Stabilität und das Wohlbefinden der Betroffenen. Darüber hinaus ist die Psychoedukation, sowohl für die Betroffenen als auch für ihre Familien, wichtig, um ein besseres Verständnis der Erkrankung zu fördern und den Umgang mit den Symptomen zu erleichtern.

Insgesamt ist Schizophrenie eine komplexe und ernsthafte psychische Erkrankung, die das Leben der Betroffenen stark beeinflussen kann. Eine frühzeitige Diagnose, eine angemessene Behandlung und eine unterstützende Umgebung sind entscheidend für die Bewältigung der Erkrankung und die Förderung der Genesung. Die Aufklärung über die Symptome, Ursachen und Behandlungsmöglichkeiten von Schizophrenie ist von entscheidender Bedeutung, um das Stigma zu reduzieren und betroffenen Personen die Unterstützung zu bieten, die sie benötigen.

Symptome und Diagnosekriterien
Die Schizophrenie ist eine komplexe psychische Störung, die sich durch eine Vielzahl von Symptomen auszeichnet, die das Denken, die Emotionen und das Verhalten einer Person beeinflussen können. In dieser ausführlichen Zusammenfassung werden die verschiedenen Symptome der Schizophrenie sowie die Diagnosekriterien, die für die Identifizierung und Beurteilung der Erkrankung verwendet werden, eingehend untersucht.

Die Symptome der Schizophrenie können in drei Hauptkategorien unterteilt werden: positive Symptome, negative Symptome und kognitive Symptome. Positive Symptome sind zusätzliche

Verhaltensweisen oder Erfahrungen, die bei Menschen mit Schizophrenie auftreten, aber normalerweise nicht bei gesunden Personen vorhanden sind. Dazu gehören Halluzinationen, Wahnvorstellungen, desorganisiertes Denken und Verhalten sowie ungewöhnliche Bewegungen. Halluzinationen sind sensorische Erfahrungen, die nicht durch externe Reize verursacht werden, und sie treten am häufigsten in Form von auditiven Halluzinationen auf, bei denen die Betroffenen Stimmen hören, die andere nicht hören können. Wahnvorstellungen sind feste Überzeugungen, die trotz gegenteiliger Beweise aufrechterhalten werden, und sie können verschiedene Themen umfassen, wie z.B. Verfolgung, Größenwahn oder Kontrollwahn. Desorganisiertes Denken und Verhalten äußern sich in unzusammenhängenden oder unlogischen Gedanken und Handlungen, die für Außenstehende schwer nachvollziehbar sind. Schließlich können ungewöhnliche Bewegungen, wie z.B. repetitive oder stereotype Bewegungen des Körpers, auftreten.

Negative Symptome der Schizophrenie beziehen sich auf den Verlust oder die Veränderung von normalen Verhaltensweisen und Emotionen. Dazu gehören soziale Rückzug, emotionale Taubheit, Antriebslosigkeit und eingeschränkte Ausdrucksweise. Soziale Rückzug bezieht sich auf den Rückzug von sozialen Interaktionen und Aktivitäten, und emotionale Taubheit äußert sich in einem Mangel an emotionalem Ausdruck oder Reaktion auf emotionale Stimuli. Antriebslosigkeit bezieht sich auf einen Mangel an Motivation oder Interesse an Aktivitäten, und eingeschränkte Ausdrucksweise bezieht sich auf eine Einschränkung in der Fähigkeit, Gefühle oder Gedanken auszudrücken.

Kognitive Symptome der Schizophrenie betreffen die Denkfähigkeit und das Gedächtnis einer Person. Dazu gehören Probleme mit der Aufmerksamkeit, dem Arbeitsgedächtnis, der Verarbeitungsgeschwindigkeit und der Exekutivfunktion. Diese Symptome können die Fähigkeit zur Konzentration, zum Problemlösen und zur Planung beeinträchtigen und das tägliche Funktionieren stark beeinträchtigen.

Die Diagnose von Schizophrenie erfordert eine gründliche psychiatrische Bewertung und basiert auf den Diagnosekriterien des Diagnostic and Statistical Manual of Mental Disorders (DSM-5) oder des International Classification of Diseases (ICD-10). Ein Arzt oder Psychiater wird eine umfassende Anamnese durchführen, klinische Interviews führen und die Symptome bewerten, um die Diagnose zu stellen. Zu den Diagnosekriterien für Schizophrenie nach DSM-5 gehören das Vorhandensein von mindestens zwei der folgenden Symptome über einen Zeitraum von mindestens einem Monat: Halluzinationen, Wahnvorstellungen, desorganisiertes Sprechen, desorganisiertes oder katatones Verhalten und negative Symptome. Diese Symptome müssen mindestens sechs Monate lang anhalten und mindestens einen Monat lang aktiv sein, um die Diagnose zu erfüllen. Darüber hinaus müssen andere mögliche Ursachen für die Symptome ausgeschlossen werden, wie z.B. Drogenmissbrauch, medizinische Erkrankungen oder andere psychische Störungen.

Die Diagnose von Schizophrenie kann eine Herausforderung darstellen, da die Symptome variieren können und es keine spezifischen Tests oder Biomarker gibt, um die Erkrankung eindeutig zu identifizieren. Es ist wichtig, eine gründliche Untersuchung durchzuführen und andere mögliche Ursachen für die Symptome auszuschließen, um eine genaue Diagnose zu stellen.

Insgesamt sind die Symptome der Schizophrenie vielfältig und können das tägliche Leben der Betroffenen stark beeinträchtigen. Die frühzeitige Identifizierung und Behandlung der Erkrankung sind entscheidend für eine bessere Prognose und eine verbesserte Lebensqualität. Eine umfassende psychiatrische Bewertung und eine angemessene Unterstützung durch medizinisches Fachpersonal können dazu beitragen, die Symptome zu lindern und die Funktionsfähigkeit der Betroffenen zu verbessern.

Ursachen und Risikofaktoren

Die Schizophrenie ist eine komplexe psychische Erkrankung, deren Ursachen und Entstehungsmechanismen noch nicht vollständig verstanden sind. Es gibt eine Vielzahl von Faktoren, die das Risiko einer Person für die Entwicklung von Schizophrenie erhöhen können, einschließlich genetischer, neurobiologischer, Umwelt- und psychosozialer Faktoren. In dieser ausführlichen Zusammenfassung werden die verschiedenen Ursachen und Risikofaktoren für Schizophrenie untersucht, um ein besseres Verständnis dieser komplexen Erkrankung zu fördern.

Genetische Faktoren spielen eine wichtige Rolle bei der Entstehung von Schizophrenie. Studien haben gezeigt, dass Menschen mit einer familiären Vorgeschichte von Schizophrenie ein höheres Risiko haben, selbst an der Erkrankung zu erkranken. Das Risiko steigt mit dem Verwandtschaftsgrad zu einer Person mit Schizophrenie; enge Verwandte von Menschen mit Schizophrenie haben ein höheres Risiko als entfernte Verwandte. Die Vererbung von Schizophrenie ist jedoch komplex, und es gibt nicht ein einzelnes "Schizophrenie-Gen", sondern eine Vielzahl von Genen, die das Risiko beeinflussen können. Diese Gene können mit anderen genetischen und Umweltfaktoren interagieren, um die Krankheitsentwicklung zu beeinflussen.

Neurobiologische Faktoren spielen ebenfalls eine Rolle bei der Entstehung von Schizophrenie. Ungleichgewichte in Neurotransmittersystemen im Gehirn, insbesondere im Dopamin- und Glutamatsystem, werden mit der Erkrankung in Verbindung gebracht. Dopamin ist ein Neurotransmitter, der eine Schlüsselrolle bei der Regulierung von Emotionen, Antrieb und Motivation spielt, und Veränderungen in seinem Spiegel im Gehirn können zu den positiven Symptomen der Schizophrenie führen. Glutamat ist ein Neurotransmitter, der für die Informationsverarbeitung und die synaptische Plastizität im Gehirn wichtig ist, und Veränderungen in seinem Spiegel können zu kognitiven Symptomen der Schizophrenie führen.

Umweltfaktoren können ebenfalls das Risiko für die Entwicklung von Schizophrenie erhöhen. Pränatale und perinatale Faktoren wie Infektionen während der Schwangerschaft, Geburtskomplikationen, Mangelernährung und traumatische Ereignisse können das Risiko für die Erkrankung erhöhen. Frühkindlicher Stress, wie z.B. traumatische Ereignisse in der Kindheit oder traumatische Lebensereignisse, kann ebenfalls das Risiko für die Entwicklung von Schizophrenie erhöhen. Der Missbrauch von psychoaktiven Substanzen wie Cannabis, Kokain oder Amphetaminen kann ebenfalls das Risiko für die Entwicklung von Schizophrenie erhöhen, insbesondere bei Menschen mit einer genetischen Veranlagung für die Erkrankung.

Psychosoziale Faktoren können ebenfalls das Risiko für die Entwicklung von Schizophrenie beeinflussen. Soziale Isolation, mangelnde soziale Unterstützung, chronischer Stress und traumatische Lebensereignisse können das Risiko für die Erkrankung erhöhen und das Krankheitsrisiko beeinflussen. Der Zugang zu Bildung, Beschäftigungsmöglichkeiten und sozialen Dienstleistungen kann ebenfalls eine Rolle spielen, da sozioökonomische Faktoren das Risiko für die Entwicklung von Schizophrenie beeinflussen können.

Es ist wichtig zu betonen, dass Schizophrenie eine multifaktorielle Erkrankung ist, bei der eine Kombination von genetischen, neurobiologischen, Umwelt- und psychosozialen Faktoren zusammenwirken, um das Krankheitsrisiko zu beeinflussen. Es gibt keine einzelne Ursache für Schizophrenie, sondern eine Vielzahl von Faktoren, die das Krankheitsrisiko erhöhen können. Darüber hinaus kann das Risiko für die Entwicklung von Schizophrenie bei verschiedenen Menschen unterschiedlich sein, da die Interaktion zwischen diesen verschiedenen Faktoren individuell variieren kann.

Die Identifizierung von Ursachen und Risikofaktoren für Schizophrenie ist von entscheidender Bedeutung, um das Verständnis der Erkrankung zu vertiefen und effektive Präventions- und Behandlungsstrategien zu entwickeln. Durch die Erforschung der biologischen, genetischen, Umwelt- und sozialen Faktoren, die mit der Erkrankung verbunden sind, können wir besser verstehen, wie Schizophrenie entsteht und wie wir sie am besten behandeln und verhindern können.

Behandlungsmöglichkeiten und Therapien

Die Behandlung von Schizophrenie erfordert eine multidisziplinäre Herangehensweise, die medizinische, psychologische und soziale Interventionen umfasst. Die Erkrankung ist oft komplex und erfordert eine individuell angepasste Behandlungsstrategie, die auf den spezifischen Bedürfnissen und Symptomen des einzelnen Patienten basiert. In dieser ausführlichen Zusammenfassung werden die verschiedenen Behandlungsmöglichkeiten und Therapien bei Schizophrenie ohne Zwischenkapitel dargestellt.

Medikamentöse Therapie ist in der Regel der erste Schritt in der Behandlung von Schizophrenie. Antipsychotika sind die am häufigsten verschriebene Medikamentenklasse zur Behandlung von Symptomen wie Halluzinationen, Wahnvorstellungen und Denkstörungen. Diese Medikamente wirken, indem sie die Wirkung von Dopamin im Gehirn blockieren, was dazu beiträgt, die positiven Symptome der Schizophrenie zu lindern. Es gibt zwei Hauptklassen von Antipsychotika: typische (erste Generation) und atypische (zweite Generation) Antipsychotika. Typische Antipsychotika wie Haloperidol und Chlorpromazin sind effektiv bei der Behandlung von positiven Symptomen, können aber häufiger extrapyramidale Nebenwirkungen wie Bewegungsstörungen verursachen. Atypische Antipsychotika wie Risperidon, Olanzapin und Quetiapin sind ebenfalls wirksam bei der Behandlung von positiven Symptomen und haben ein geringeres Risiko für extrapyramidale Nebenwirkungen. Sie können auch bei der Behandlung von negativen und kognitiven Symptomen der Schizophrenie hilfreich sein. Die Auswahl des geeigneten Antipsychotikums hängt von der individuellen Situation des Patienten, dem Schweregrad der Symptome, dem Vorhandensein von Nebenwirkungen und anderen Faktoren ab. Die medikamentöse Therapie sollte unter ärztlicher

Aufsicht erfolgen, und die Dosierung und Medikation können je nach Bedarf angepasst werden.

Neben der medikamentösen Therapie können psychosoziale Interventionen einen wichtigen Beitrag zur Behandlung von Schizophrenie leisten. Zu den psychosozialen Interventionen gehören psychologische Therapien wie kognitive Verhaltenstherapie (KVT), soziale Fähigkeitstraining, unterstützte Beschäftigung und Unterstützung bei der Lebensbewältigung. Kognitive Verhaltenstherapie (KVT) zielt darauf ab, negative Denkmuster und Verhaltensweisen zu identifizieren und zu ändern, um die Bewältigungsfähigkeiten und die Lebensqualität zu verbessern. Soziale Fähigkeitstraining hilft den Patienten, soziale Fertigkeiten zu erlernen und zwischenmenschliche Beziehungen aufzubauen, während unterstützte Beschäftigung Programme den Patienten helfen, Arbeit zu finden und zu behalten. Unterstützung bei der Lebensbewältigung kann Unterstützung bei der Bewältigung alltäglicher Herausforderungen bieten und den Patienten helfen, ihre Unabhängigkeit zu erhalten.

Psychoedukation ist ein weiterer wichtiger Bestandteil der Behandlung von Schizophrenie. Psychoedukation beinhaltet die Bereitstellung von Informationen über die Erkrankung, ihre Symptome, Behandlungsmöglichkeiten und Bewältigungsstrategien für den Patienten und seine Familie. Durch das Verständnis der Erkrankung können Patienten und ihre Familien besser mit den Symptomen umgehen, die Behandlung besser verstehen und besser in die Entscheidungsfindung im Zusammenhang mit der Behandlung einbezogen werden.

Für Patienten mit schweren oder therapieresistenten Symptomen kann eine Elektrokrampftherapie (EKT) in Erwägung gezogen werden. Die Elektrokrampftherapie (EKT) wird in der Regel angewendet, wenn andere Behandlungen nicht wirksam waren oder nicht vertragen wurden. Sie beinhaltet die Verabreichung von elektrischen Impulsen an das Gehirn, um Anfälle auszulösen, die eine therapeutische Wirkung haben können. Die EKT wird in der

Regel unter Vollnarkose durchgeführt und erfordert eine sorgfältige Überwachung durch medizinisches Fachpersonal.

Ein weiterer wichtiger Aspekt der Behandlung von Schizophrenie ist die Langzeitbetreuung und Unterstützung der Patienten. Dies kann die Bereitstellung von regelmäßigen ärztlichen Untersuchungen, psychosozialer Unterstützung, Wohnunterstützung, finanzieller Unterstützung und anderen sozialen Dienstleistungen umfassen. Eine kontinuierliche Betreuung und Unterstützung kann dazu beitragen, Rückfälle zu verhindern, die Lebensqualität zu verbessern und die Funktionsfähigkeit der Patienten zu erhalten.

Insgesamt erfordert die Behandlung von Schizophrenie eine umfassende, individuell angepasste Herangehensweise, die medikamentöse, psychologische und soziale Interventionen umfasst. Die Kombination von medikamentöser Therapie, psychosozialer Unterstützung, Psychoedukation und Langzeitbetreuung kann dazu beitragen, die Symptome zu lindern, Rückfälle zu verhindern und die Lebensqualität der Patienten zu verbessern. Es ist wichtig, dass die Behandlung unter ärztlicher Aufsicht erfolgt und dass die Patienten und ihre Familien in den Entscheidungsprozess einbezogen werden, um die bestmöglichen Ergebnisse zu erzielen.

Schizophrenie im kulturellen Kontext
Schizophrenie ist eine psychische Erkrankung, die nicht nur von biologischen und neurologischen Faktoren beeinflusst wird, sondern auch stark durch kulturelle und soziale Kontexte geprägt ist. In dieser ausführlichen Zusammenfassung werden verschiedene Aspekte der Schizophrenie im kulturellen Kontext beleuchtet, einschließlich kultureller Unterschiede in der Wahrnehmung und Diagnose, kulturelle Erklärungsmodelle, kulturelle Faktoren bei der Symptomausprägung und die Bedeutung von kulturell sensibler Behandlung und Unterstützung.

Kulturelle Unterschiede in der Wahrnehmung und Diagnose von Schizophrenie können sich auf die Art und Weise auswirken, wie die Erkrankung verstanden und interpretiert wird. In einigen Kulturen können psychische Erkrankungen stigmatisiert sein und als Zeichen von Schwäche oder moralischem Versagen betrachtet werden, was dazu führen kann, dass Betroffene und ihre Familien Vorbehalte gegenüber der Diagnose und Behandlung haben. In anderen Kulturen können psychische Erkrankungen eher als Ergebnis von spirituellem oder übernatürlichem Einfluss betrachtet werden, was sich auf die Wahl der Behandlungsmethoden auswirken kann.

Kulturelle Erklärungsmodelle für Schizophrenie können stark variieren und können Einfluss darauf haben, wie Symptome interpretiert und behandelt werden. In einigen Kulturen werden psychische Erkrankungen als Ergebnis von persönlichem Versagen, familiären Konflikten oder bösem Blick angesehen, während in anderen Kulturen biologische oder genetische Ursachen betont werden. Diese unterschiedlichen Erklärungsmodelle können dazu führen, dass Menschen mit Schizophrenie unterschiedliche Arten von Unterstützung und Behandlung suchen.

Kulturelle Faktoren können auch eine Rolle dabei spielen, wie sich Symptome von Schizophrenie manifestieren und wie sie von den Betroffenen und ihren Familien wahrgenommen werden. Zum Beispiel können kulturelle Vorstellungen von Normalität und Abweichung dazu führen, dass bestimmte Symptome als weniger störend oder weniger behandlungsbedürftig angesehen werden. Kulturelle Normen bezüglich sozialer Interaktion, Kommunikation und Verhalten können auch dazu führen, dass Symptome unterschiedlich interpretiert und bewertet werden.

Die kulturelle Sensibilität bei der Behandlung von Schizophrenie ist von entscheidender Bedeutung, um sicherzustellen, dass die Bedürfnisse und Werte der Betroffenen angemessen berücksichtigt werden. Dies kann bedeuten, dass Therapeuten und Ärzte sich bewusst sein müssen über kulturelle Unterschiede in der Wahrnehmung von Schizophrenie und psychischer Gesundheit im Allgemeinen, um eine effektive Kommunikation und

Zusammenarbeit mit den Betroffenen und ihren Familien zu ermöglichen. Kulturell sensitive Behandlungsansätze können auch kulturell relevante Interventionen wie traditionelle Heilmethoden, Familieninterventionen und spirituelle Unterstützung umfassen.

In vielen Kulturen ist die Unterstützung von Familienmitgliedern und Gemeinschaftsmitgliedern bei der Bewältigung von Schizophrenie von entscheidender Bedeutung. Familien spielen oft eine zentrale Rolle bei der Pflege und Unterstützung von Menschen mit Schizophrenie, und Gemeinschaften können eine wichtige Quelle für soziale Unterstützung und Akzeptanz sein. In einigen Kulturen gibt es auch traditionelle Heilmethoden und Rituale, die bei der Behandlung von psychischen Erkrankungen eingesetzt werden, und die Integration dieser Praktiken in die moderne Behandlung kann dazu beitragen, die kulturelle Sensibilität zu fördern und den Behandlungserfolg zu verbessern.

Insgesamt zeigt die Betrachtung von Schizophrenie im kulturellen Kontext, dass psychische Erkrankungen nicht isoliert von kulturellen und sozialen Einflüssen betrachtet werden können. Kulturelle Normen, Werte und Erwartungen können die Wahrnehmung, Diagnose, Behandlung und Bewältigung von Schizophrenie stark beeinflussen. Eine kulturell sensitive Herangehensweise an die Behandlung von Schizophrenie ist daher von entscheidender Bedeutung, um sicherzustellen, dass die Bedürfnisse und Werte der Betroffenen angemessen berücksichtigt werden und um die bestmöglichen Ergebnisse zu erzielen.

Früherkennung und Prävention
Die Früherkennung und Prävention von Schizophrenie sind von entscheidender Bedeutung, da sie dazu beitragen können, das Auftreten der Erkrankung zu verzögern, die Schwere der Symptome zu verringern und das Risiko von Komplikationen zu minimieren. In dieser ausführlichen Zusammenfassung werden verschiedene Aspekte der Früherkennung und Prävention von Schizophrenie beleuchtet, darunter Früherkennungsstrategien, Risikofaktoren,

Frühsymptome, interventionelle Ansätze und die Rolle der öffentlichen Gesundheit.

Früherkennungsstrategien für Schizophrenie umfassen Screening-Programme, die darauf abzielen, Personen mit einem erhöhten Risiko für die Erkrankung zu identifizieren, sowie Schulungen für Angehörige der Gesundheitsberufe, um die Erkennung von Frühsymptomen zu verbessern. Screening-Programme können verschiedene Screening-Instrumente wie Fragebögen und Interviews verwenden, um potenzielle Anzeichen von Schizophrenie zu identifizieren, und Personen mit einem erhöhten Risiko für die Erkrankung können weiteren diagnostischen Bewertungen unterzogen werden. Schulungen für Angehörige der Gesundheitsberufe können dazu beitragen, dass Frühsymptome von Schizophrenie besser erkannt und angemessen behandelt werden, was zu einer früheren Intervention und einer besseren Prognose führen kann.

Risikofaktoren für die Entwicklung von Schizophrenie können genetisch, biologisch, sozial und Umweltfaktoren umfassen. Zu den genetischen Risikofaktoren gehören eine Familiengeschichte von Schizophrenie oder anderen psychischen Erkrankungen sowie genetische Variationen, die mit einem erhöhten Risiko für die Erkrankung in Verbindung gebracht wurden. Biologische Risikofaktoren können neurologische und neurochemische Veränderungen im Gehirn umfassen, die mit der Entwicklung von Schizophrenie in Verbindung gebracht wurden. Soziale Risikofaktoren können Armut, soziale Isolation, traumatische Lebensereignisse und Migrationserfahrungen umfassen, die das Risiko für psychische Erkrankungen erhöhen können. Umweltfaktoren wie Geburtskomplikationen, Drogenkonsum, Infektionen und Stress können ebenfalls das Risiko für die Entwicklung von Schizophrenie erhöhen.

Frühsymptome von Schizophrenie können subtil sein und sich allmählich entwickeln, aber die frühzeitige Erkennung und Intervention kann dazu beitragen, den Verlauf der Erkrankung zu beeinflussen. Zu den Frühsymptomen von Schizophrenie können soziale Rückzug, ungewöhnliche Gedanken oder Überzeugungen, Wahrnehmungsstörungen, Stimmungsschwankungen und Beeinträchtigungen der kognitiven Funktionen gehören. Diese Symptome können oft mit anderen psychischen Erkrankungen verwechselt werden oder als normale Variationen im Verhalten angesehen werden, aber eine gründliche Bewertung durch einen Fachmann kann helfen, eine genaue Diagnose zu stellen und eine angemessene Behandlung einzuleiten.

Interventionelle Ansätze zur Prävention von Schizophrenie können pharmakologische, psychologische und soziale Interventionen umfassen, die darauf abzielen, das Risiko der Erkrankung zu verringern oder den Verlauf der Erkrankung zu mildern. Pharmakologische Interventionen können die Verwendung von Antipsychotika bei Personen mit einem hohen genetischen Risiko für die Erkrankung umfassen, um das Auftreten von Symptomen zu verzögern oder zu reduzieren. Psychologische Interventionen wie kognitive Verhaltenstherapie (KVT) und unterstützende Therapie können dazu beitragen, Stress zu bewältigen, Coping-Fähigkeiten zu verbessern und das Risiko von psychotischen Episoden zu verringern. Soziale Interventionen können Unterstützung bei der Bewältigung von sozialen Stressfaktoren bieten, den Zugang zu Bildung und Beschäftigung verbessern und soziale Netzwerke stärken.

Die Rolle der öffentlichen Gesundheit bei der Prävention von Schizophrenie liegt in der Förderung von Maßnahmen zur Reduzierung von Risikofaktoren und zur Förderung der psychischen Gesundheit in der Bevölkerung. Dies kann die Bereitstellung von Aufklärungskampagnen über die Anzeichen und Symptome von Schizophrenie, die Förderung des Zugangs zu qualitativ hochwertiger psychischer Gesundheitsversorgung und die Entwicklung von Politiken und Programmen zur Reduzierung von Armut, sozialer Ausgrenzung und Diskriminierung umfassen. Die Förderung von positiven sozialen und Umweltfaktoren, die die psychische Gesundheit fördern, kann dazu beitragen, das Risiko von psychischen Erkrankungen wie Schizophrenie zu verringern und die Lebensqualität der Bevölkerung insgesamt zu verbessern.

Insgesamt ist die Früherkennung und Prävention von Schizophrenie ein wichtiger Bereich der Forschung und Praxis, der dazu beitragen kann, das individuelle Leiden zu reduzieren und die Belastung durch psychische Erkrankungen in der Gesellschaft insgesamt zu verringern. Durch die Identifizierung von Risikofaktoren, die Erkennung von Frühsymptomen und die Implementierung von interventionellen Ansätzen können wir Hoffnung darauf haben, den Verlauf der Erkrankung zu beeinflussen und das Wohlergehen von Personen mit Schizophrenie zu verbessern.

Schizophrenie und Genetik

Schizophrenie ist eine komplexe psychische Störung, bei der genetische Faktoren eine wichtige Rolle spielen. Diese ausführliche Zusammenfassung wird die Beziehung zwischen Schizophrenie und Genetik beleuchten, einschließlich genetischer Grundlagen, erblicher Muster, Risikogene, epigenetischer Mechanismen und deren Auswirkungen auf die Erkrankung.

Die genetischen Grundlagen der Schizophrenie sind komplex und vielschichtig. Es wird angenommen, dass eine Kombination aus genetischen Varianten und Umweltfaktoren das Risiko für die Erkrankung beeinflusst. Studien haben gezeigt, dass das Risiko für Schizophrenie bei Personen mit einem familiären Zusammenhang signifikant höher ist als bei der allgemeinen Bevölkerung. Eineiige Zwillinge haben eine höhere Konkordanzrate für Schizophrenie als zweieiige Zwillinge, was darauf hindeutet, dass genetische Faktoren eine Rolle spielen. Darüber hinaus haben Adoptionstudien gezeigt, dass das Risiko für Schizophrenie bei Adoptivkindern höher ist, wenn ihre biologischen Eltern an der Erkrankung leiden, selbst wenn sie von nicht verwandten Adoptiveltern aufgezogen wurden.

Genomweite Assoziationsstudien (GWAS) haben mehrere Gene identifiziert, die mit einem erhöhten Risiko für Schizophrenie in

Verbindung gebracht wurden. Zu den Risikogenen gehören solche, die an der Regulation der Neuroentwicklung, der Neurotransmitterfunktion, der Synapsenbildung und der Immunantwort beteiligt sind. Einige dieser Gene umfassen das DISC1-Gen, das COMT-Gen, das NRGN-Gen und das CACNA1C-Gen. Obwohl diese Gene einen Beitrag zum Risiko für Schizophrenie leisten, sind sie nicht deterministisch, und viele Menschen mit diesen genetischen Varianten entwickeln niemals die Erkrankung.

Epigenetische Mechanismen spielen ebenfalls eine Rolle bei der Genetik der Schizophrenie. Epigenetik bezieht sich auf Veränderungen in der Genexpression, die nicht auf Veränderungen in der DNA-Sequenz zurückzuführen sind. Diese epigenetischen Modifikationen können durch Umweltfaktoren wie Stress, Trauma, Ernährung und Substanzkonsum beeinflusst werden und können dazu beitragen, das Risiko für Schizophrenie zu erhöhen oder zu verringern. Beispiele für epigenetische Mechanismen bei Schizophrenie umfassen DNA-Methylierung, Histondeacetylierung und nicht-kodierende RNA.

Die Auswirkungen der Genetik auf die Schizophrenie sind nicht nur auf das Vorhandensein bestimmter Gene oder genetischer Varianten beschränkt, sondern können auch die Neuroentwicklung, die Neurotransmitterfunktion und die neuroplastischen Prozesse im Gehirn betreffen. Es wird angenommen, dass genetische Faktoren das Risiko für Schizophrenie durch komplexe Wechselwirkungen mit Umweltfaktoren vermitteln, die die neurobiologischen Grundlagen der Erkrankung beeinflussen.

Trotz des Fortschritts in der genetischen Forschung bleiben viele Fragen zur Rolle der Genetik bei Schizophrenie offen. Es ist bekannt, dass Schizophrenie eine multifaktorielle Erkrankung ist, bei der eine Vielzahl von Genen und Umweltfaktoren zusammenwirken, um das Risiko zu beeinflussen. Die Identifizierung spezifischer Risikogene und epigenetischer Mechanismen hat dazu beigetragen, unser Verständnis der biologischen Grundlagen der Erkrankung zu vertiefen, aber es bleibt viel zu tun, um die genetischen Grundlagen von Schizophrenie vollständig zu verstehen.

Darüber hinaus haben Fortschritte in der Genetik das Potenzial, die Prävention, Diagnose und Behandlung von Schizophrenie zu verbessern. Die Identifizierung von Risikogenen könnte dazu beitragen, Personen mit einem hohen genetischen Risiko zu identifizieren und frühzeitige Interventionen einzuleiten, um das Risiko oder den Schweregrad der Erkrankung zu verringern. Darüber hinaus könnten epigenetische Marker als Biomarker für die Krankheit dienen und potenziell neue Ansätze für die Behandlung und Prävention von Schizophrenie ermöglichen.

Insgesamt ist die Genetik ein wichtiger Bereich der Forschung in Bezug auf Schizophrenie, der dazu beitragen kann, unser Verständnis der biologischen Grundlagen der Erkrankung zu verbessern und neue Wege für die Prävention, Diagnose und Behandlung zu eröffnen. Durch die weitere Erforschung der genetischen Faktoren, die an der Entwicklung von Schizophrenie beteiligt sind, können wir hoffen, die Belastung durch diese schwerwiegende psychische Erkrankung in Zukunft zu verringern.

Neurobiologische Grundlagen der Schizophrenie
Die Schizophrenie ist eine komplexe psychische Störung, die durch eine Vielzahl von Symptomen gekennzeichnet ist, darunter Halluzinationen, Wahnvorstellungen, Denkstörungen und negative Symptome wie Anhedonie und sozialer Rückzug. Während die genauen Ursachen der Schizophrenie noch nicht vollständig verstanden sind, haben neurobiologische Forschungen bedeutende Einblicke in die zugrunde liegenden Mechanismen dieser Erkrankung geliefert. Diese ausführliche Zusammenfassung wird sich mit den neurobiologischen Grundlagen der Schizophrenie befassen, einschließlich der Rolle von Hirnstrukturen, Neurotransmitterstörungen, genetischen Faktoren und neuroplastischen Veränderungen.

Eine der zentralen Hirnstrukturen, die mit der Schizophrenie in Verbindung gebracht wird, ist der präfrontale Kortex. Dieser Bereich des Gehirns ist für die Regulation von kognitiven Funktionen wie Aufmerksamkeit, Arbeitsgedächtnis, Entscheidungsfindung und sozialer Interaktion entscheidend. Untersuchungen haben gezeigt, dass Menschen mit Schizophrenie strukturelle und funktionelle Abweichungen im präfrontalen Kortex aufweisen, die mit kognitiven Beeinträchtigungen und Symptomen der Erkrankung verbunden sind. Darüber hinaus sind auch andere Hirnregionen wie der Hippocampus, der Thalamus und das limbische System an der Pathophysiologie der Schizophrenie beteiligt.

Eine der führenden Hypothesen zur Neurobiologie der Schizophrenie ist die Dopamin-Hypothese. Diese Theorie postuliert, dass eine Dysregulation des Dopaminsystems im Gehirn zur Entstehung von schizophrenen Symptomen führt. Insbesondere wird angenommen, dass ein Überschuss an dopaminergen Signalen in bestimmten Hirnregionen wie dem mesolimbischen System Halluzinationen und Wahnvorstellungen verursachen kann, während ein Mangel an dopaminergen Signalen im präfrontalen Kortex zu kognitiven Beeinträchtigungen und negativen Symptomen führen kann. Diese Hypothese wird durch Befunde aus bildgebenden Studien, post-mortem-Analysen und die Wirksamkeit von Antipsychotika gestützt, die primär auf das dopaminerge System abzielen.

Neben Dopamin spielen auch andere Neurotransmitter eine Rolle bei der Schizophrenie. Eine wichtige Rolle spielt beispielsweise Glutamat, das als wichtigster exzitatorischer Neurotransmitter im Gehirn fungiert. Störungen im glutamatergen System, insbesondere am NMDA-Rezeptor, werden mit der Schizophrenie in Verbindung gebracht und könnten zur Entstehung von Symptomen wie kognitiven Beeinträchtigungen und Halluzinationen beitragen. GABA, ein inhibitorischer Neurotransmitter, ist ebenfalls von Bedeutung, da eine Dysfunktion des GABAergen Systems mit der Schizophrenie assoziiert ist und zur Regulation der neuronalen Aktivität beiträgt.

Genetische Faktoren spielen ebenfalls eine wichtige Rolle bei den neurobiologischen Grundlagen der Schizophrenie. Untersuchungen haben gezeigt, dass die Erkrankung eine gewisse genetische Veranlagung aufweist, da das Risiko für Schizophrenie bei Personen mit einer familiären Vorgeschichte der Erkrankung deutlich erhöht ist. Genome-Wide Association Studies (GWAS) haben mehrere Gene identifiziert, die mit einem erhöhten Risiko für Schizophrenie in Verbindung gebracht wurden, darunter das COMT-Gen, das DISC1-Gen und das NRGN-Gen. Diese Gene beeinflussen verschiedene Aspekte der neuronalen Entwicklung, Neurotransmitterfunktion und synaptische Plastizität im Gehirn, die alle an der Pathophysiologie der Schizophrenie beteiligt sind.

Darüber hinaus zeigen neurowissenschaftliche Studien, dass Schizophrenie auch mit Veränderungen der neuroplastischen Prozesse im Gehirn verbunden ist. Neuroplastizität bezieht sich auf die Fähigkeit des Gehirns, sich an Veränderungen anzupassen und neue Verbindungen zwischen Neuronen zu bilden. Bei Menschen mit Schizophrenie können diese neuroplastischen Prozesse gestört sein, was zu einer veränderten Konnektivität zwischen verschiedenen Hirnregionen führt. Dies könnte zu den kognitiven Beeinträchtigungen und Symptomen der Erkrankung beitragen.

Zusammenfassend lässt sich sagen, dass die Schizophrenie eine komplexe Erkrankung ist, bei der eine Vielzahl von neurobiologischen Faktoren eine Rolle spielen. Störungen in Hirnstrukturen, Neurotransmittersystemen, genetischen Faktoren und neuroplastischen Mechanismen können zur Entstehung von Symptomen wie Halluzinationen, Wahnvorstellungen, kognitiven Beeinträchtigungen und negativen Symptomen beitragen. Das Verständnis dieser neurobiologischen Grundlagen ist entscheidend für die Entwicklung neuer Therapien und Behandlungsansätze zur Verbesserung der Lebensqualität von Menschen mit Schizophrenie.

Co-morbide Störungen und Begleiterscheinungen
Co-morbide Störungen und Begleiterscheinungen sind ein bedeutendes Thema in der Psychiatrie und Psychologie, da viele

psychische Erkrankungen selten isoliert auftreten und häufig mit anderen Störungen oder Symptomen einhergehen. In dieser ausführlichen Zusammenfassung werden wir uns mit den verschiedenen co-morbiden Störungen und Begleiterscheinungen befassen, die bei verschiedenen psychischen Erkrankungen auftreten können, sowie mit den Auswirkungen, Diagnoseverfahren und Behandlungsmöglichkeiten.

Zunächst einmal ist es wichtig zu verstehen, was unter co-morbiden Störungen und Begleiterscheinungen zu verstehen ist. Co-morbidität bezieht sich auf das gleichzeitige Vorhandensein von zwei oder mehreren Störungen oder Krankheiten bei einer Person. In der Psychiatrie bezieht sich dies auf die Koexistenz von psychischen Störungen wie Depression, Angststörungen, Suchterkrankungen, Essstörungen oder Persönlichkeitsstörungen neben der Haupterkrankung.

Eine der häufigsten co-morbiden Störungen bei psychischen Erkrankungen ist die Depression. Depressionen können häufig mit Angststörungen, insbesondere generalisierter Angststörung (GAS) und Panikstörung, auftreten. Diese co-morbiden Störungen können die Schwere der Depression erhöhen und die Behandlung erschweren. Die Symptome können sich gegenseitig verstärken und die Lebensqualität der Betroffenen erheblich beeinträchtigen. Menschen mit Depression und Angststörungen haben oft Schwierigkeiten, im Alltag zu funktionieren und eine angemessene soziale und berufliche Interaktion aufrechtzuerhalten.

Eine weitere häufige co-morbide Störung ist der Missbrauch von Substanzen, insbesondere Alkohol- und Drogenabhängigkeit. Psychische Erkrankungen wie Depression und Angststörungen erhöhen das Risiko für Suchtprobleme, und umgekehrt können Substanzmissbrauch und Abhängigkeit das Risiko für psychische Störungen erhöhen oder vorhandene psychische Störungen verschlimmern. Diese Wechselwirkung zwischen psychischen Erkrankungen und Suchterkrankungen kann die Behandlung komplizieren und die Prognose verschlechtern.

Des Weiteren sind Essstörungen wie Anorexia Nervosa, Bulimia Nervosa und Binge-Eating-Störung häufig mit anderen psychischen Störungen co-morbid. Menschen mit Essstörungen haben oft auch Depressionen, Angststörungen oder Persönlichkeitsstörungen. Die Wechselwirkung zwischen Essstörungen und anderen psychischen Erkrankungen kann das Risiko für schwerwiegende gesundheitliche Komplikationen erhöhen und die Behandlung erschweren.

Persönlichkeitsstörungen sind ebenfalls häufig mit anderen psychischen Störungen co-morbid. Menschen mit Borderline-Persönlichkeitsstörung haben oft Depressionen, Angststörungen oder Substanzmissbrauch, und Menschen mit narzisstischer Persönlichkeitsstörung können ebenfalls mit Depressionen oder anderen psychischen Störungen zu kämpfen haben. Die co-morbide Prävalenz von Persönlichkeitsstörungen und anderen psychischen Erkrankungen kann die Behandlung und das Management dieser Störungen erschweren und die Prognose beeinträchtigen.

Darüber hinaus können psychische Erkrankungen co-morbid mit körperlichen Erkrankungen auftreten, was die Behandlung komplexer macht. Zum Beispiel können Menschen mit chronischen Schmerzen ein erhöhtes Risiko für Depressionen und Angststörungen haben, und umgekehrt können psychische Störungen wie Depressionen die Wahrnehmung von Schmerzen verstärken. Die co-morbide Prävalenz von psychischen und körperlichen Erkrankungen kann die Gesundheitsversorgung und die Lebensqualität der Betroffenen erheblich beeinträchtigen.

Die Diagnose von co-morbiden Störungen und Begleiterscheinungen kann eine Herausforderung darstellen, da die Symptome oft miteinander verflochten sind und sich gegenseitig beeinflussen können. Eine gründliche Anamnese und eine umfassende klinische Bewertung sind entscheidend, um eine genaue Diagnose zu stellen und einen geeigneten Behandlungsplan zu entwickeln. Dies kann die Zusammenarbeit zwischen verschiedenen Fachdisziplinen wie Psychiatrie, Psychologie, Neurologie und Innerer Medizin erfordern.

Die Behandlung von co-morbiden Störungen erfordert in der Regel einen integrierten Ansatz, der sowohl die psychische als auch die körperliche Gesundheit berücksichtigt. Dies kann eine Kombination aus Medikamenten, Psychotherapie, Verhaltensänderungen, Rehabilitation und Unterstützungsdiensten umfassen. Ein ganzheitlicher Behandlungsansatz zielt darauf ab, die zugrunde liegenden Ursachen und Symptome der verschiedenen Störungen anzugehen und die Lebensqualität der Betroffenen zu verbessern.

Die Prävention von co-morbiden Störungen und Begleiterscheinungen erfordert ein breites Spektrum an Interventionen, darunter Früherkennung, Aufklärung, psychosoziale Unterstützung und öffentliche Gesundheitsinitiativen. Eine frühzeitige Intervention und Behandlung können dazu beitragen, das Risiko für die Entwicklung von co-morbiden Störungen zu verringern und die Prognose für Menschen mit bereits bestehenden co-morbiden Störungen zu verbessern.

Insgesamt ist die Betreuung von Menschen mit co-morbiden Störungen und Begleiterscheinungen eine komplexe Herausforderung, die eine umfassende multidisziplinäre Herangehensweise erfordert. Durch ein besseres Verständnis der Zusammenhänge zwischen verschiedenen psychischen und körperlichen Erkrankungen können wir hoffen, effektivere Präventions- und Behandlungsstrategien zu entwickeln und die Lebensqualität der Betroffenen zu verbessern.

Lebensqualität und Lebensbewältigung bei Schizophrenie
Die Schizophrenie ist eine komplexe und schwerwiegende psychische Störung, die sich auf verschiedene Aspekte des Lebens der Betroffenen auswirkt. In dieser ausführlichen Zusammenfassung werden wir uns mit der Lebensqualität und den Bewältigungsstrategien bei Schizophrenie befassen. Es ist wichtig zu verstehen, wie die Erkrankung die Lebensqualität beeinflusst

und welche Strategien Menschen mit Schizophrenie anwenden können, um mit den Herausforderungen des täglichen Lebens umzugehen.

Die Lebensqualität bei Schizophrenie wird von verschiedenen Faktoren beeinflusst, darunter die Schwere der Symptome, das Vorhandensein von co-morbiden Störungen, soziale Unterstützung, die Fähigkeit zur Bewältigung und der Zugang zu angemessener Behandlung und Unterstützungsdiensten. Menschen mit Schizophrenie erleben oft Beeinträchtigungen in verschiedenen Lebensbereichen, einschließlich sozialer Beziehungen, Arbeit, Bildung, Freizeitaktivitäten und Selbstpflege.

Eine der Hauptursachen für eine beeinträchtigte Lebensqualität bei Schizophrenie sind die Symptome der Erkrankung selbst. Zu den häufigsten Symptomen gehören Halluzinationen, Wahnvorstellungen, Denkstörungen, Antriebslosigkeit und sozialer Rückzug. Diese Symptome können das Funktionieren im Alltag erheblich beeinträchtigen und die Fähigkeit zur Selbstversorgung, zur Arbeit und zur sozialen Interaktion einschränken.

Co-morbide Störungen sind ein weiterer wichtiger Faktor, der die Lebensqualität bei Schizophrenie beeinflusst. Menschen mit Schizophrenie haben oft auch Depressionen, Angststörungen, Substanzmissbrauch oder Persönlichkeitsstörungen, die zusätzliche Belastungen und Einschränkungen mit sich bringen können. Diese co-morbiden Störungen können die Symptome der Schizophrenie verschlimmern und die Behandlung erschweren.

Soziale Unterstützung spielt eine entscheidende Rolle für die Lebensqualität bei Schizophrenie. Familie, Freunde, Pflegekräfte und Selbsthilfegruppen können eine wichtige Rolle bei der Unterstützung und Förderung des Wohlbefindens von Menschen mit Schizophrenie spielen. Eine starke soziale Unterstützung kann dazu beitragen, Isolation und Einsamkeit zu reduzieren, die Bewältigung zu erleichtern und die Lebensqualität zu verbessern.

Die Fähigkeit zur Bewältigung ist ein weiterer wichtiger Aspekt der Lebensqualität bei Schizophrenie. Menschen mit Schizophrenie müssen oft mit den Herausforderungen der Erkrankung, wie Symptomen, Medikamenten Nebenwirkungen und sozialen Schwierigkeiten, umgehen. Effektive Bewältigungsstrategien können dabei helfen, mit Stress umzugehen, die Symptome zu kontrollieren und ein erfülltes Leben zu führen.

Der Zugang zu angemessener Behandlung und Unterstützungsdiensten ist entscheidend für die Lebensqualität bei Schizophrenie. Dies umfasst den Zugang zu psychiatrischer Versorgung, Medikamenten, Psychotherapie, Rehabilitationsprogrammen, Sozialarbeitern und anderen Unterstützungsdiensten. Eine umfassende Behandlung und Unterstützung kann dazu beitragen, die Symptome zu kontrollieren, die Funktionsfähigkeit zu verbessern und die Lebensqualität zu steigern.

Trotz der Herausforderungen, mit denen Menschen mit Schizophrenie konfrontiert sind, gibt es auch viele Möglichkeiten zur Verbesserung der Lebensqualität und zur Bewältigung der Erkrankung. Eine positive Einstellung, die Bereitschaft zur Veränderung, die Nutzung von Unterstützungsdiensten und die Entwicklung von Bewältigungsstrategien können dazu beitragen, ein erfülltes und zufriedenes Leben zu führen.

Es ist wichtig, die Bedürfnisse und Präferenzen der einzelnen Person zu berücksichtigen und einen individuellen Ansatz zur Verbesserung der Lebensqualität bei Schizophrenie zu entwickeln. Dies kann die Identifizierung von persönlichen Zielen, die Entwicklung von Bewältigungsstrategien, die Anpassung der Behandlung und die Förderung sozialer Unterstützung umfassen.

Insgesamt ist die Verbesserung der Lebensqualität bei Schizophrenie ein komplexer Prozess, der eine ganzheitliche Herangehensweise erfordert, die die physischen, psychischen, sozialen und emotionalen Bedürfnisse der Betroffenen berücksichtigt. Durch eine angemessene Behandlung, soziale Unterstützung und effektive Bewältigungsstrategien können Menschen mit Schizophrenie ein erfülltes und produktives Leben führen.

Affektive Störungen

Depression: Symptome und Diagnose

Depression ist eine ernsthafte psychische Erkrankung, die Menschen jeden Alters, Geschlechts und Hintergrunds betreffen kann. Sie beeinflusst nicht nur die Stimmung einer Person, sondern auch ihre Gedanken, ihr Verhalten und ihre körperliche Gesundheit. In dieser ausführlichen Zusammenfassung werden die Symptome und die Diagnose von Depressionen untersucht, einschließlich der verschiedenen Arten von Depressionen, ihrer Ursachen und der Methoden zur Diagnosestellung.

Die Symptome von Depressionen können von Person zu Person variieren, aber sie umfassen in der Regel eine Kombination von emotionalen, kognitiven und physischen Anzeichen. Zu den häufigsten Symptomen gehören anhaltende Gefühle von Traurigkeit, Hoffnungslosigkeit und Niedergeschlagenheit, die den Alltag beeinträchtigen. Betroffene können auch ein Interesse an Aktivitäten verlieren, die sie früher genossen haben, und Schwierigkeiten haben, Freude oder Befriedigung zu empfinden. Schlafstörungen, Energiemangel, Konzentrationsprobleme und Gedanken an Tod oder Selbstmord sind ebenfalls häufige Symptome von Depressionen.

Depressionen können in verschiedenen Formen auftreten, darunter die Major Depression, die Dysthymie und die saisonale affektive Störung (SAD). Die Major Depression ist die häufigste Form und wird durch anhaltende und schwerwiegende depressive Symptome gekennzeichnet, die das tägliche Funktionieren beeinträchtigen. Dysthymie ist eine mildere Form von Depression, die sich durch chronische depressive Symptome über einen längeren Zeitraum auszeichnet. SAD tritt saisonal auf, in der Regel im Herbst oder Winter, und ist auf den Mangel an Sonnenlicht zurückzuführen.

Die Diagnose von Depressionen erfordert eine gründliche Bewertung der Symptome und eine umfassende Anamnese. Ein Arzt oder Psychiater wird in der Regel ein klinisches Interview durchführen, um die Art und Schwere der Symptome zu bewerten und andere mögliche Ursachen auszuschließen. Labortests können durchgeführt werden, um eine zugrunde liegende medizinische Ursache wie Schilddrüsenprobleme oder Vitaminmangel auszuschließen. Ein strukturierter Fragebogen wie der Patient Health Questionnaire (PHQ-9) kann auch verwendet werden, um die Schwere der Depression zu bewerten und die Diagnose zu unterstützen.

Eine genaue Diagnose von Depressionen ist entscheidend, da sie den Weg für eine angemessene Behandlung und Unterstützung ebnet. Die Behandlung von Depressionen umfasst in der Regel eine Kombination aus medikamentöser Therapie, Psychotherapie und Lifestyle-Veränderungen. Antidepressiva wie selektive Serotonin-Wiederaufnahmehemmer (SSRI), trizyklische Antidepressiva (TZA) und Serotonin-Noradrenalin-Wiederaufnahmehemmer (SNRI) werden häufig zur Linderung von depressiven Symptomen eingesetzt. Psychotherapeutische Ansätze wie kognitive Verhaltenstherapie (KVT), Interpersonelle Therapie (IPT) und psychodynamische Therapie können dazu beitragen, negative Denkmuster zu durchbrechen, Probleme zu bewältigen und gesunde Bewältigungsmechanismen zu entwickeln.

Neben der medizinischen und therapeutischen Behandlung ist die Förderung eines gesunden Lebensstils ein wichtiger Bestandteil der Behandlung von Depressionen. Regelmäßige körperliche Aktivität, ausgewogene Ernährung, ausreichend Schlaf und Stressmanagement können dazu beitragen, die Stimmung zu verbessern und das allgemeine Wohlbefinden zu steigern. Die Einbeziehung von sozialer Unterstützung, Selbsthilfegruppen und Peer-Beratung kann ebenfalls hilfreich sein, um das Gefühl der Verbundenheit und Unterstützung zu fördern.

Es ist wichtig zu beachten, dass die Behandlung von Depressionen individuell angepasst sein sollte, da nicht jede Behandlungsmethode für jeden Patienten wirksam ist. Ein ganzheitlicher Ansatz, der medizinische, psychologische und soziale Aspekte berücksichtigt, ist entscheidend für eine erfolgreiche Behandlung und Genesung. Darüber hinaus ist die kontinuierliche Unterstützung und Überwachung wichtig, um Rückfälle zu verhindern und die langfristige Stabilität zu fördern.

Insgesamt sind Depressionen eine ernsthafte psychische Erkrankung, die eine angemessene Diagnose, Behandlung und Unterstützung erfordert. Mit einer frühzeitigen Intervention und einem ganzheitlichen Behandlungsansatz können Menschen mit Depressionen ein erfülltes und produktives Leben führen. Die Aufklärung über die Symptome, Ursachen und Behandlungsmöglichkeiten von Depressionen ist entscheidend, um das Stigma zu reduzieren und betroffenen Personen die Unterstützung zu bieten, die sie benötigen.

Bipolare Störung: Manie, Hypomanie und Depression
Die bipolare Störung, früher auch als manisch-depressive Erkrankung bekannt, ist eine ernsthafte psychische Erkrankung, die durch extreme Stimmungsschwankungen gekennzeichnet ist. Diese Schwankungen können von manischen oder hypomanischen Episoden bis hin zu depressiven Episoden reichen. In dieser ausführlichen Zusammenfassung werden die verschiedenen Aspekte der bipolaren Störung, einschließlich ihrer Symptome, Diagnose, Ursachen und Behandlungsmöglichkeiten, beleuchtet.

Die bipolare Störung ist eine chronische psychische Erkrankung, die oft episodisch verläuft, wobei Phasen der manischen oder hypomanischen Aktivität von Perioden tiefer Depression abgelöst werden. Während manische Episoden durch ein übersteigertes Selbstwertgefühl, übermäßigen Redefluss, gesteigerte Aktivität und impulsives Verhalten gekennzeichnet sind, manifestieren sich depressive Episoden durch tiefe Traurigkeit, Interessenverlust, Energiemangel und Selbstmordgedanken. Hypomanische Episoden sind ähnlich wie manische Episoden, aber in geringerem Ausmaß und beeinträchtigen nicht so stark die Funktionsfähigkeit des Einzelnen.

Die Diagnose einer bipolaren Störung kann eine Herausforderung sein, da die Symptome variieren können und oft mit anderen psychischen Erkrankungen verwechselt werden können. Ein umfassendes klinisches Interview, eine gründliche Anamnese und die Erfassung der Stimmungsschwankungen über einen längeren Zeitraum sind entscheidend für eine genaue Diagnosestellung. Darüber hinaus können Labortests und bildgebende Verfahren durchgeführt werden, um andere medizinische Ursachen auszuschließen und den Gesundheitszustand des Patienten zu überprüfen.

Die genauen Ursachen der bipolaren Störung sind noch nicht vollständig verstanden, aber es wird angenommen, dass eine Kombination von genetischen, biologischen und Umweltfaktoren eine Rolle spielt. Genetische Veranlagung spielt eine wichtige Rolle, da Menschen mit einem familiären Risiko für bipolare Störungen ein höheres Risiko haben, selbst daran zu erkranken. Darüber hinaus können Ungleichgewichte in Neurotransmittern wie Serotonin, Noradrenalin und Dopamin im Gehirn eine Rolle bei der Entstehung der Krankheit spielen. Lebensereignisse, chronischer Stress und der Missbrauch von Substanzen können ebenfalls das Risiko für das Auftreten von bipolaren Episoden erhöhen.

Die Behandlung der bipolaren Störung umfasst eine Kombination aus medikamentöser Therapie, Psychotherapie und Lifestyle-Management. Stimmungsstabilisatoren wie Lithium, Antikonvulsiva und Atypika werden häufig zur Behandlung von manischen und depressiven Episoden eingesetzt, um Stimmungsschwankungen zu stabilisieren und Rückfälle zu verhindern. Psychotherapeutische Ansätze wie kognitive Verhaltenstherapie (KVT), Interpersonelle Therapie (IPT) und Familientherapie können dazu beitragen, die Symptome zu bewältigen, die Funktionsfähigkeit zu verbessern und die Lebensqualität zu erhöhen. Darüber hinaus kann die Einbeziehung von Selbsthilfegruppen und Unterstützungsnetzwerken dazu beitragen, den individuellen Umgang mit der Erkrankung zu erleichtern und Rückfällen vorzubeugen.

Die Bewältigung der bipolaren Störung erfordert ein ganzheitliches Management, das medizinische, psychologische und soziale Aspekte umfasst. Es ist wichtig, regelmäßige ärztliche Untersuchungen durchzuführen, um die Medikation zu überwachen und auf Nebenwirkungen zu achten. Ein gesunder Lebensstil, der aus ausgewogener Ernährung, regelmäßiger Bewegung und ausreichendem Schlaf besteht, kann ebenfalls dazu beitragen, Stimmungsschwankungen zu reduzieren und die Stabilität zu fördern. Die Unterstützung durch Familie, Freunde und professionelle Betreuer ist entscheidend für den Umgang mit der Erkrankung und die Bewältigung von Stressoren im Alltag.

Insgesamt ist die bipolare Störung eine komplexe psychische Erkrankung, die das Leben der Betroffenen stark beeinflussen kann. Mit einer angemessenen Diagnose, Behandlung und Unterstützung können Menschen mit bipolaren Störungen jedoch ein erfülltes und produktives Leben führen. Die rechtzeitige Intervention und ein ganzheitlicher Behandlungsansatz sind entscheidend für die langfristige Stabilität und das Wohlbefinden der Betroffenen.

Ursachen und Risikofaktoren affektiver Störungen
Affektive Störungen wie Depressionen und bipolare Störungen sind komplexe Erkrankungen, die durch eine Vielzahl von Ursachen und Risikofaktoren beeinflusst werden. Die Entstehung und Entwicklung dieser Störungen ist das Ergebnis einer komplexen Interaktion zwischen genetischen, biologischen, psychologischen und Umweltfaktoren.

Genetische Veranlagung spielt eine wesentliche Rolle bei der Entstehung affektiver Störungen. Studien haben gezeigt, dass das Risiko für Depressionen und bipolare Störungen in Familien gehäuft auftritt, was darauf hinweist, dass genetische Faktoren eine wichtige Rolle spielen. Zwillingsstudien haben gezeigt, dass eineiige Zwillinge, die genetisch identisch sind, ein höheres Risiko haben, eine affektive Störung zu entwickeln, wenn ihr Zwillingsgeschwister bereits betroffen ist. Es wird angenommen, dass mehrere Gene an der Vererbung dieser Erkrankungen beteiligt sind, und Forscher identifizieren kontinuierlich genetische Varianten, die mit Depressionen und bipolaren Störungen in Verbindung gebracht werden.

Biologische Veränderungen im Gehirn spielen ebenfalls eine wichtige Rolle bei der Entstehung affektiver Störungen. Neurotransmitter wie Serotonin, Noradrenalin und Dopamin sind chemische Botenstoffe im Gehirn, die an der Regulation von Stimmung, Antrieb und Emotionen beteiligt sind. Ungleichgewichte oder Dysfunktionen dieser Neurotransmitter können zu depressiven Symptomen führen. Darüber hinaus sind strukturelle und funktionelle Veränderungen in bestimmten Hirnregionen, wie dem präfrontalen Kortex und dem limbischen System, mit affektiven Störungen verbunden. Bildgebende Verfahren wie die funktionelle Magnetresonanztomographie (fMRT) haben gezeigt, dass Menschen mit Depressionen und bipolaren Störungen abnorme Aktivitätsmuster im Gehirn aufweisen, insbesondere in Bereichen, die für die Emotionsregulation und die Verarbeitung belohnender Reize wichtig sind.

Psychologische Faktoren, wie Persönlichkeitsmerkmale und kognitive Muster, können das Risiko für affektive Störungen erhöhen. Menschen mit einem negativen Denkmuster oder einem niedrigen Selbstwertgefühl haben ein erhöhtes Risiko für Depressionen. Die Art und Weise, wie jemand mit Stress umgeht oder belastende Ereignisse verarbeitet, kann ebenfalls einen Einfluss haben. Menschen, die Schwierigkeiten haben, mit Stressoren umzugehen oder soziale Unterstützung zu mobilisieren, können anfälliger für affektive Störungen sein. Darüber hinaus haben Forscher herausgefunden, dass traumatische Lebensereignisse wie Missbrauch, Vernachlässigung oder Verluste das Risiko für Depressionen und bipolare Störungen erhöhen können, insbesondere wenn sie in der Kindheit auftreten.

Umweltfaktoren spielen eine wichtige Rolle bei der Entstehung und Entwicklung affektiver Störungen. Familiäre Dynamiken, soziale

Unterstützungssysteme, kulturelle Faktoren und Lebensereignisse können das Risiko für Depressionen und bipolare Störungen beeinflussen. Menschen, die in einem Umfeld aufwachsen, das von Konflikten, Vernachlässigung oder traumatischen Ereignissen geprägt ist, haben ein höheres Risiko für psychische Erkrankungen. Soziale Isolation, finanzielle Probleme oder berufliche Schwierigkeiten können ebenfalls das Risiko für affektive Störungen erhöhen. Darüber hinaus können saisonale Veränderungen, wie der Mangel an Sonnenlicht im Winter, saisonale affektive Störungen auslösen oder verschlimmern.

Bestimmte medizinische Erkrankungen oder Zustände können das Risiko für affektive Störungen erhöhen. Hormonelle Veränderungen während der Pubertät, der Schwangerschaft oder der Menopause können zu Stimmungsschwankungen führen und das Risiko für Depressionen erhöhen. Darüber hinaus haben Menschen mit chronischen Erkrankungen wie Herzkrankheiten, Diabetes oder Krebs ein erhöhtes Risiko für Depressionen aufgrund der Belastung durch die Krankheit und ihrer Auswirkungen auf die Lebensqualität. Der Missbrauch von Substanzen wie Alkohol oder Drogen kann auch das Risiko für affektive Störungen erhöhen oder ihre Symptome verschlimmern.

Insgesamt ist die Entstehung affektiver Störungen das Ergebnis einer komplexen Wechselwirkung zwischen genetischen, biologischen, psychologischen und Umweltfaktoren. Diese Erkrankungen sind multifaktoriell bedingt, und das Zusammenspiel verschiedener Risikofaktoren kann das individuelle Risiko beeinflussen. Ein umfassendes Verständnis der Ursachen und Risikofaktoren affektiver Störungen ist entscheidend für die Entwicklung effektiver Präventions- und Behandlungsstrategien sowie für die Bereitstellung angemessener Unterstützung und Interventionen für betroffene Personen.

Pharmakologische Behandlungen von Depression und bipolaren Störungen

Pharmakologische Behandlungen spielen eine entscheidende Rolle bei der Therapie von Depressionen und bipolaren Störungen. Sie umfassen eine Vielzahl von Medikamenten, die darauf abzielen, die Symptome zu lindern, die Stimmungsstabilität zu verbessern und das Risiko von Rückfällen zu verringern. Diese Medikamente wirken auf neurochemische Prozesse im Gehirn, die an der Regulation von Stimmung, Antrieb und emotionaler Verarbeitung beteiligt sind. In dieser ausführlichen Zusammenfassung werden verschiedene pharmakologische Ansätze bei Depressionen und bipolaren Störungen diskutiert, ihre Wirkmechanismen, Wirksamkeit und Nebenwirkungen beleuchtet sowie aktuelle Entwicklungen und Herausforderungen aufgezeigt.

Antidepressiva sind eine der häufigsten medikamentösen Behandlungen für Depressionen. Sie wirken, indem sie die Konzentration bestimmter Neurotransmitter im Gehirn erhöhen, insbesondere von Serotonin, Noradrenalin und Dopamin. Es gibt verschiedene Klassen von Antidepressiva, darunter selektive Serotonin-Wiederaufnahmehemmer (SSRI), trizyklische Antidepressiva (TZA) und Monoaminoxidase-Hemmer (MAO-Hemmer). SSRI wie Fluoxetin, Sertralin und Escitalopram sind oft die erste Wahl bei der Behandlung von Depressionen aufgrund ihrer guten Verträglichkeit und geringen Nebenwirkungen. TZA wie Amitriptylin und Imipramin werden seltener verschrieben, können aber bei bestimmten Patienten mit schweren Depressionen wirksam sein. MAO-Hemmer wie Phenelzin und Tranylcypromin werden normalerweise nur verschrieben, wenn andere Antidepressiva nicht wirksam waren, aufgrund ihres hohen Nebenwirkungsprofils und der Notwendigkeit einer speziellen Diät. Nebenwirkungen von Antidepressiva können Übelkeit, Schlaflosigkeit, sexuelle Dysfunktion und Gewichtszunahme umfassen. Es kann mehrere Wochen dauern, bis die volle Wirkung von Antidepressiva spürbar ist, und es ist wichtig, dass Patienten sie regelmäßig einnehmen, auch wenn sich ihr Zustand zunächst nicht verbessert.

Stimmungsstabilisatoren werden hauptsächlich zur Behandlung von bipolaren Störungen eingesetzt, insbesondere zur Vorbeugung von manischen und depressiven Episoden. Lithium ist das bekannteste Stimmungsstabilisator und wird seit Jahrzehnten erfolgreich zur Langzeitbehandlung von bipolaren Störungen eingesetzt. Es reguliert den Spiegel von Neurotransmittern im Gehirn und stabilisiert die Stimmung. Andere Stimmungsstabilisatoren umfassen Antikonvulsiva wie Valproinsäure (Valproat), Lamotrigin und Carbamazepin, die auch zur Vorbeugung von Stimmungsschwankungen eingesetzt werden können. Diese Medikamente haben unterschiedliche Wirkmechanismen und Nebenwirkungsprofile, und die Wahl des geeigneten Stimmungsstabilisators hängt von den individuellen Bedürfnissen und Vorlieben des Patienten ab.

Atypische Antipsychotika werden sowohl zur Behandlung von Depressionen als auch von manischen Episoden bei bipolaren Störungen eingesetzt. Sie wirken durch Modulation von Neurotransmittern wie Dopamin, Serotonin und Noradrenalin im Gehirn. Bei Depressionen können atypische Antipsychotika als Monotherapie oder in Kombination mit anderen Antidepressiva verschrieben werden, insbesondere bei Patienten mit schweren oder behandlungsresistenten Depressionen. Beispiele für atypische Antipsychotika sind Quetiapin, Olanzapin und Aripiprazol. Nebenwirkungen von atypischen Antipsychotika können Gewichtszunahme, metabolische Veränderungen, Sedierung und Bewegungsstörungen umfassen. Es ist wichtig, dass Patienten regelmäßig überwacht werden, um potenzielle Nebenwirkungen zu erkennen und zu managen.

Für Patienten mit schweren oder behandlungsresistenten Depressionen oder bipolaren Störungen können Augmentationsstrategien in Betracht gezogen werden. Dies beinhaltet die Zugabe eines zweiten Medikaments zu einem bestehenden Behandlungsplan, um die Wirksamkeit zu erhöhen. Beispiele für Augmentationsstrategien bei Depressionen sind die

Kombination von Antidepressiva mit Lithium, Thyroxin oder einem atypischen Antipsychotikum. Bei bipolaren Störungen können Stimmungsstabilisatoren mit atypischen Antipsychotika oder Antikonvulsiva kombiniert werden, um manische Episoden zu kontrollieren und depressive Symptome zu lindern.

Die Forschung im Bereich der pharmakologischen Behandlung von Depressionen und bipolaren Störungen schreitet ständig voran, und es werden ständig neue Medikamente entwickelt und getestet. Ein vielversprechender Bereich ist die Erforschung von Medikamenten mit neuartigen Wirkmechanismen, wie zum Beispiel Glutamatmodulatoren, Entzündungshemmern und Neuroplastizitätsförderern. Darüber hinaus wird die personalisierte Medizin immer wichtiger, da die Behandlung zunehmend auf die individuellen Merkmale und Bedürfnisse des Patienten zugeschnitten wird. Dies könnte die Entwicklung von Biomarkern umfassen, um die Wirksamkeit von Medikamenten vorherzusagen, sowie die Nutzung von genetischen Informationen, um maßgeschneiderte Behandlungspläne zu erstellen.

Insgesamt spielen pharmakologische Behandlungen eine wichtige Rolle bei der Therapie von Depressionen und bipolaren Störungen. Sie können dazu beitragen, Symptome zu lindern, Stimmungsstabilität zu verbessern und das Risiko von Rückfällen zu verringern. Die Wahl des geeigneten Medikaments hängt von verschiedenen Faktoren ab, einschließlich der Symptomatik des Patienten, des Schweregrads der Erkrankung, früherer Behandlungserfahrungen und möglicher Nebenwirkungen. Es ist wichtig, dass pharmakologische Behandlungen unter ärztlicher Aufsicht erfolgen und regelmäßig überwacht werden, um ihre Wirksamkeit und Sicherheit zu gewährleisten.

Psychotherapeutische Ansätze bei Depression und bipolaren Störungen
Psychotherapie ist ein integraler Bestandteil der Behandlung von Depressionen und bipolaren Störungen und kann eine wirksame

Ergänzung oder Alternative zur medikamentösen Therapie sein. In dieser ausführlichen Zusammenfassung werden verschiedene psychotherapeutische Ansätze bei Depressionen und bipolaren Störungen beleuchtet, ihre theoretischen Grundlagen, Techniken und Wirksamkeit diskutiert sowie aktuelle Entwicklungen und Herausforderungen aufgezeigt.

Die kognitive Verhaltenstherapie ist einer der am häufigsten angewandten psychotherapeutischen Ansätze bei Depressionen und bipolaren Störungen. Sie basiert auf der Annahme, dass unsere Gedanken, Gefühle und Verhaltensweisen miteinander verbunden sind und dass negative Denkmuster zu emotionalen Problemen beitragen können. In der KVT arbeiten Therapeuten mit ihren Patienten daran, negative Denkmuster zu identifizieren und zu hinterfragen, adaptive Denkweisen zu fördern und Verhaltensänderungen anzustreben. Techniken wie kognitive Umstrukturierung, Verhaltensexperimente und Problemlösungsstrategien werden eingesetzt, um den Patienten dabei zu helfen, ihre Symptome zu bewältigen und ihre Lebensqualität zu verbessern. Studien haben gezeigt, dass die KVT wirksam bei der Reduzierung depressiver Symptome und der Verhinderung von Rückfällen bei Depressionen ist. Bei bipolaren Störungen kann die KVT auch bei der Bewältigung von Stimmungsschwankungen und der Vermeidung von Rückfällen hilfreich sein, insbesondere in Kombination mit medikamentöser Therapie.

Die interpersonelle Therapie konzentriert sich auf die Verbesserung der zwischenmenschlichen Beziehungen und die Bewältigung von Beziehungsproblemen als Hauptfaktor bei der Entstehung und Aufrechterhaltung von Depressionen. IPT basiert auf der Annahme, dass zwischenmenschliche Konflikte, Verluste, Rollenübergänge und soziale Isolation zu depressiven Symptomen beitragen können. Therapeuten arbeiten mit ihren Patienten daran, ihre zwischenmenschlichen Probleme zu identifizieren, neue Kommunikationsfertigkeiten zu erlernen, Beziehungen zu stärken und soziale Unterstützungssysteme aufzubauen. IPT ist zeitlich begrenzt und strukturiert und konzentriert sich in der Regel auf spezifische Problembereiche, wie beispielsweise Trauer, Konflikte in zwischenmenschlichen Beziehungen oder Rollenübergänge. Studien haben gezeigt, dass IPT effektiv bei der Behandlung von Depressionen ist, insbesondere bei Patienten mit zwischenmenschlichen Schwierigkeiten und Belastungen.

Die psychodynamische Therapie basiert auf der Annahme, dass unbewusste Konflikte und innere Dynamiken zu psychischen Problemen beitragen können. In der psychodynamischen Therapie werden diese unbewussten Konflikte erforscht und analysiert, um ein tieferes Verständnis der zugrunde liegenden psychischen Prozesse zu erreichen. Therapeuten arbeiten mit ihren Patienten daran, vergangene Erfahrungen, traumatische Ereignisse und Beziehungsmuster zu erkunden, um verborgene Konflikte und ihre Auswirkungen auf das gegenwärtige Erleben und Verhalten zu verstehen. Durch die psychotherapeutische Beziehung und den Prozess der Übertragung und Gegenübertragung können Patienten emotionale Einsichten gewinnen und alternative Wege der Bewältigung entwickeln. Psychodynamische Therapie kann bei der Behandlung von Depressionen und bipolaren Störungen hilfreich sein, insbesondere bei Patienten mit komplexen psychischen Dynamiken und einer Geschichte von Trauma oder Beziehungsschwierigkeiten.

Achtsamkeitsbasierte Therapien, wie die Achtsamkeitsbasierte kognitive Therapie (MBCT) und die Achtsamkeitsbasierte kognitive Therapie für Depressionen (MBCT-D), integrieren Prinzipien der Achtsamkeit und Meditation in den therapeutischen Prozess. Diese Ansätze basieren auf der Idee, dass Achtsamkeit – die Fähigkeit, im gegenwärtigen Moment präsent zu sein und ohne Urteil auf die eigenen Gedanken, Gefühle und Körperempfindungen zu achten – dazu beitragen kann, depressive Rückfälle zu verhindern und emotionale Regulation zu fördern. In der MBCT und MBCT-D lernen Patienten Achtsamkeitsübungen wie Atemmeditation, Body-Scan und achtsames Gehen, um sich ihrer Gedankenmuster bewusst zu werden, negative Denkmuster zu unterbrechen und alternative

Reaktionen zu kultivieren. Studien haben gezeigt, dass Achtsamkeitsbasierte Therapien wirksam bei der Reduzierung von depressiven Symptomen und der Verhinderung von Rückfällen sind, insbesondere bei Patienten mit rezidivierender Depression.

Familien- und systemische Therapien richten sich auf die Behandlung von psychischen Störungen im Kontext von familiären und zwischenmenschlichen Beziehungen aus. Diese Ansätze betonen die Bedeutung des familiären Systems, der Familiendynamik und der sozialen Unterstützung bei der Entstehung und Bewältigung von Depressionen und bipolaren Störungen. In der Familientherapie arbeiten Therapeuten mit dem gesamten Familiensystem zusammen, um Kommunikationsmuster zu verbessern, Konflikte zu lösen, Ressourcen zu mobilisieren und das Familienumfeld unterstützender zu gestalten. Systemische Therapien betonen die Wechselwirkungen zwischen Individuen und ihrem sozialen Umfeld und zielen darauf ab, Veränderungen auf verschiedenen Ebenen des Systems zu fördern. Diese Ansätze können besonders hilfreich sein, wenn zwischenmenschliche Konflikte, familiäre Belastungen oder dysfunktionale Beziehungsmuster zur Aufrechterhaltung der psychischen Symptome beitragen.

Integrierte Behandlungsansätze kombinieren verschiedene psychotherapeutische Techniken und Interventionen, um die individuellen Bedürfnisse und Ziele der Patienten zu adressieren. Diese Ansätze berücksichtigen die Komplexität und Vielfalt der psychischen Symptome und versuchen, eine umfassende und maßgeschneiderte Behandlung anzubieten. Zum Beispiel können Programme zur integrierten Behandlung von Depression und Suchterkrankungen sowohl kognitive Verhaltenstherapie als auch Substanzmissbrauchsinterventionen umfassen, um sowohl die depressiven Symptome als auch den Substanzkonsum zu adressieren. Integrierte Behandlungsansätze können auch pharmakologische Therapien, Selbsthilfegruppen, Beratung und andere Unterstützungsangebote umfassen, um eine ganzheitliche Versorgung zu gewährleisten.

Insgesamt bieten psychotherapeutische Ansätze eine Vielzahl von wirksamen Behandlungsmöglichkeiten für Menschen mit Depressionen und bipolaren Störungen. Die Wahl des geeigneten Ansatzes hängt von verschiedenen Faktoren ab, einschließlich der individuellen Symptomatik, der Präferenzen des Patienten, der Verfügbarkeit von Ressourcen und der Expertise des Therapeuten. Durch eine evidenzbasierte, individuell angepasste und ganzheitliche Behandlung können psychotherapeutische Ansätze dazu beitragen, die Lebensqualität zu verbessern, Symptome zu reduzieren und langfristige Stabilität zu fördern.

Suizidalität und affektive Störungen
Suizidalität und affektive Störungen sind zwei eng miteinander verbundene Bereiche innerhalb der Psychiatrie, die eine ernste Bedrohung für die psychische Gesundheit und das Wohlbefinden einer Person darstellen können. Affektive Störungen, wie Depressionen und bipolare Störungen, zeichnen sich durch anhaltende Veränderungen im Stimmungs- und Emotionsniveau aus, während Suizidalität das Risiko bezeichnet, dass eine Person den Wunsch oder die Absicht hat, sich selbst Schaden zuzufügen oder sich das Leben zu nehmen. Diese beiden Themen sind von großer klinischer Bedeutung und erfordern eine umfassende Betrachtung, um effektive Präventions- und Interventionsstrategien zu entwickeln.

Affektive Störungen wie Depressionen sind oft eng mit Suizidalität verbunden. Menschen, die an Depressionen leiden, können ein erhöhtes Risiko für suizidales Verhalten haben, da die Krankheit mit einer tiefen Verzweiflung, Hoffnungslosigkeit und einem Gefühl der Wertlosigkeit einhergeht. Diese negativen Emotionen können zu dem Gefühl führen, dass das Leben keinen Sinn mehr hat und dass der Tod die einzige Lösung für ihre Probleme ist. In ähnlicher Weise können Menschen mit bipolarer Störung, die zwischen extremen Stimmungsschwankungen von Manie und Depression hin und her wechseln, ein erhöhtes Risiko für suizidales Verhalten haben, insbesondere während depressiver Episoden, wenn die Stimmung stark gedrückt ist.

Ein wichtiger Aspekt bei der Untersuchung der Beziehung zwischen affektiven Störungen und Suizidalität ist die Identifizierung von Risikofaktoren. Es gibt eine Vielzahl von Faktoren, die das Risiko für suizidales Verhalten bei Menschen mit affektiven Störungen erhöhen können, darunter frühere Suizidversuche, familiäre Vorbelastung für Suizid, der Verlust eines geliebten Menschen, chronischer Stress, soziale Isolation, substanzbezogene Störungen und bestimmte Persönlichkeitsmerkmale wie Impulsivität und Aggressivität. Das Verständnis dieser Risikofaktoren ist entscheidend, um gefährdete Personen frühzeitig zu identifizieren und angemessene Interventionen einzuleiten.

Die Diagnose und Behandlung von affektiven Störungen spielen eine entscheidende Rolle bei der Prävention von suizidalem Verhalten. Eine frühzeitige Erkennung und angemessene Behandlung von Depressionen und anderen affektiven Störungen können das Risiko für suizidales Verhalten erheblich verringern. Hierbei kommen verschiedene therapeutische Ansätze zum Einsatz, darunter medikamentöse Therapien wie Antidepressiva und stimmungsstabilisierende Medikamente sowie psychotherapeutische Interventionen wie kognitive Verhaltenstherapie, dialektisch-behaviorale Therapie und Interpersonelle Therapie. Darüber hinaus kann die Einbindung von Familienmitgliedern und anderen Unterstützungspersonen in den Behandlungsprozess dazu beitragen, die Genesung zu fördern und das Risiko für suizidales Verhalten zu verringern.

Es ist wichtig anzumerken, dass nicht alle Menschen mit affektiven Störungen suizidale Gedanken oder Verhaltensweisen entwickeln. Viele Menschen mit Depressionen oder bipolarer Störung suchen aktiv Hilfe und finden Wege, mit ihren Erkrankungen umzugehen, ohne sich selbst zu verletzen. In der Tat können positive Bewältigungsstrategien und ein starkes soziales Netzwerk dazu beitragen, das Risiko für suizidales Verhalten zu mindern und die Resilienz zu stärken.

Dennoch bleibt Suizidalität eine ernsthafte und komplexe Herausforderung, die eine sorgfältige und koordinierte Herangehensweise erfordert. Dies umfasst die Entwicklung von umfassenden Präventionsstrategien auf individueller, zwischenmenschlicher und gesellschaftlicher Ebene sowie die Bereitstellung von leicht zugänglichen Hilfsangeboten und Unterstützungsdiensten für Menschen in Not. Die Sensibilisierung für das Thema Suizidalität und die Entstigmatisierung von psychischen Erkrankungen sind ebenfalls von entscheidender Bedeutung, um Betroffenen die Möglichkeit zu geben, offen über ihre Gefühle zu sprechen und rechtzeitig die Hilfe zu erhalten, die sie benötigen.

Insgesamt verdeutlicht die Verbindung zwischen Suizidalität und affektiven Störungen die Notwendigkeit eines integrativen und ganzheitlichen Ansatzes zur psychischen Gesundheit. Durch eine verbesserte Prävention, Früherkennung und Behandlung von affektiven Störungen sowie durch die Förderung von Bewältigungsstrategien und die Bereitstellung von Unterstützung für gefährdete Personen können wir dazu beitragen, suizidales Verhalten zu reduzieren und das Wohlbefinden und die Lebensqualität von Menschen mit affektiven Störungen zu verbessern.

Affektive Störungen im Kindes- und Jugendalter
Affektive Störungen im Kindes- und Jugendalter stellen einen bedeutenden Bereich der psychischen Gesundheit dar, der oft übersehen oder unterschätzt wird. Diese Störungen, zu denen Depressionen, bipolare Störungen und andere affektive Erkrankungen gehören, können schwerwiegende Auswirkungen auf das emotionale Wohlbefinden, das Verhalten und die Entwicklung junger Menschen haben. Diese ausführliche Zusammenfassung bietet einen tiefen Einblick in die Präsentation, Diagnose, Ursachen,

Behandlung und Prävention affektiver Störungen im Kindes- und Jugendalter.

Affektive Störungen im Kindes- und Jugendalter werden oft von ähnlichen Symptomen begleitet wie bei Erwachsenen, jedoch können sie sich aufgrund der Entwicklungsstufe und des Alters der betroffenen Personen anders manifestieren. Bei Depressionen können Symptome wie gedrückte Stimmung, Verlust an Interesse oder Freude an Aktivitäten, Schlafstörungen, Veränderungen im Appetit, Konzentrationsprobleme, Müdigkeit, Gefühle von Wertlosigkeit oder Schuld und Suizidgedanken auftreten. Bei bipolaren Störungen können junge Menschen extreme Stimmungsschwankungen erleben, die von intensiver Euphorie und Energie (Manie oder Hypomanie) bis hin zu tiefen Depressionen reichen. Andere affektive Störungen im Kindes- und Jugendalter können auch eine Vielzahl von Symptomen aufweisen, die das emotionale und soziale Funktionieren beeinträchtigen.

Die Diagnose affektiver Störungen im Kindes- und Jugendalter ist eine komplexe Aufgabe, da die Symptome oft von anderen psychiatrischen Erkrankungen oder von normalen Entwicklungsschwierigkeiten unterscheidbar sein müssen. Psychologische Tests, klinische Interviews, Beobachtungen und Berichte von Eltern, Lehrern und anderen Bezugspersonen können bei der Beurteilung helfen. Es ist wichtig, die Symptome im Kontext der individuellen Entwicklung, des familiären Umfelds und anderer Lebensumstände zu verstehen, um eine genaue Diagnose zu stellen und einen angemessenen Behandlungsplan zu entwickeln.

Die Ursachen affektiver Störungen im Kindes- und Jugendalter sind vielschichtig und können eine Kombination aus genetischen, biologischen, psychologischen, sozialen und Umweltfaktoren umfassen. Eine familiäre Vorbelastung für affektive Störungen erhöht das Risiko für das Auftreten dieser Erkrankungen bei Kindern und Jugendlichen. Neurobiologische Faktoren wie Veränderungen im Gehirnchemie und im neuroendokrinen System können ebenfalls eine Rolle spielen. Psychosoziale Stressoren wie traumatische Ereignisse, familiäre Konflikte, Missbrauch, Vernachlässigung, Armut und soziale Isolation können das Risiko für affektive Störungen erhöhen und deren Verlauf beeinflussen.

Die Behandlung affektiver Störungen im Kindes- und Jugendalter erfordert eine multidisziplinäre Herangehensweise, die medizinische, psychotherapeutische und unterstützende Interventionen umfasst. Medikamentöse Therapien wie Antidepressiva, Stimmungsstabilisatoren und Antipsychotika können zur Symptomlinderung eingesetzt werden, insbesondere bei schweren und chronischen Fällen. Psychotherapeutische Ansätze wie kognitive Verhaltenstherapie, dialektisch-behaviorale Therapie, Familientherapie und unterstützende Therapie können helfen, negative Denkmuster zu verändern, Bewältigungsstrategien zu entwickeln, zwischenmenschliche Beziehungen zu verbessern und die soziale Funktionsfähigkeit zu fördern. Eine frühzeitige Intervention und eine kontinuierliche Betreuung sind entscheidend, um das Risiko für Rückfälle zu verringern und die langfristige Genesung zu unterstützen.

Die Prävention affektiver Störungen im Kindes- und Jugendalter erfordert eine umfassende Strategie, die auf verschiedenen Ebenen ansetzt. Auf individueller Ebene können Schutzfaktoren wie soziale Unterstützung, emotionale Intelligenz, positive Bewältigungsstrategien, gesunde Lebensgewohnheiten und eine sichere Bindung an Bezugspersonen dazu beitragen, das Risiko für affektive Störungen zu verringern. Auf der Ebene der Gemeinschaft und der Gesellschaft sind Maßnahmen zur Förderung der psychischen Gesundheit, zur Entstigmatisierung psychischer Erkrankungen, zur Verbesserung des Zugangs zu mentalen Gesundheitsdiensten und zur Reduzierung von Risikofaktoren wie Armut, Missbrauch und Vernachlässigung erforderlich.

Insgesamt verdeutlicht die Betrachtung affektiver Störungen im Kindes- und Jugendalter die Notwendigkeit eines umfassenden Ansatzes zur Förderung der psychischen Gesundheit junger Menschen. Durch frühzeitige Intervention, angemessene

Behandlung und präventive Maßnahmen können wir dazu beitragen, das Wohlbefinden, die Entwicklung und die Lebensqualität von Kindern und Jugendlichen zu verbessern und langfristige positive Ergebnisse zu fördern.

Affektive Störungen und körperliche Gesundheit
Affektive Störungen, wie Depressionen und bipolare Störungen, sind ernsthafte psychische Erkrankungen, die nicht nur das emotionale Wohlbefinden beeinträchtigen, sondern auch erhebliche Auswirkungen auf die körperliche Gesundheit haben können. Diese ausführliche Zusammenfassung beleuchtet die komplexen Zusammenhänge zwischen affektiven Störungen und körperlicher Gesundheit sowie die verschiedenen Mechanismen, durch die sie miteinander interagieren.

Es ist bekannt, dass affektive Störungen und körperliche Gesundheitsprobleme oft Hand in Hand gehen. Menschen mit Depressionen oder bipolaren Störungen haben ein erhöhtes Risiko für eine Vielzahl von körperlichen Erkrankungen, darunter Herz-Kreislauf-Erkrankungen, Diabetes, Fettleibigkeit, Schmerzsyndrome, Magen-Darm-Probleme und Autoimmunerkrankungen. Diese Zusammenhänge sind nicht rein zufällig, sondern können auf komplexe Weise miteinander verflochten sein.

Eine mögliche Erklärung für die Verbindung zwischen affektiven Störungen und körperlicher Gesundheit liegt in der Stressreaktion des Körpers. Depressionen und Stress können das Hormonsystem beeinflussen und zu einer übermäßigen Freisetzung von Stresshormonen wie Cortisol führen, die wiederum Entzündungen im Körper fördern können. Chronische Entzündungen sind ein bekannter Risikofaktor für eine Vielzahl von körperlichen Erkrankungen, einschließlich Herz-Kreislauf-Erkrankungen und Diabetes.

Darüber hinaus können Verhaltensweisen, die häufig mit affektiven Störungen einhergehen, die körperliche Gesundheit negativ beeinflussen. Menschen mit Depressionen neigen oft dazu, einen ungesunden Lebensstil zu führen, der durch mangelnde körperliche Aktivität, ungesunde Ernährung, Schlafstörungen und den Missbrauch von Substanzen gekennzeichnet sein kann. Diese Verhaltensweisen können das Risiko für körperliche Erkrankungen erhöhen und die allgemeine Gesundheit beeinträchtigen.

Die Auswirkungen affektiver Störungen auf die körperliche Gesundheit können auch durch die Auswirkungen von Medikamenten beeinflusst werden, die zur Behandlung dieser Erkrankungen eingesetzt werden. Einige Medikamente, insbesondere Antipsychotika und stimmungsstabilisierende Medikamente, können das Risiko für Gewichtszunahme, Stoffwechselstörungen und andere körperliche Nebenwirkungen erhöhen. Dies kann langfristig zu Komplikationen führen und die körperliche Gesundheit beeinträchtigen.

Es ist wichtig anzumerken, dass die Beziehung zwischen affektiven Störungen und körperlicher Gesundheit eine bidirektionale ist. Das heißt, nicht nur affektive Störungen können die körperliche Gesundheit beeinflussen, sondern auch umgekehrt. Menschen mit schweren körperlichen Erkrankungen haben ein erhöhtes Risiko für affektive Störungen, da die Belastung durch die Krankheit, Schmerzen, Einschränkungen der Lebensqualität und die Angst vor der Zukunft zu psychischem Stress führen können.

Die Integration von psychischer und körperlicher Gesundheitsversorgung ist entscheidend, um die Bedürfnisse von Menschen mit affektiven Störungen und körperlichen Erkrankungen umfassend zu adressieren. Dies erfordert eine ganzheitliche Herangehensweise, die sowohl die psychischen als auch die körperlichen Aspekte der Gesundheit berücksichtigt und eine enge Zusammenarbeit zwischen Psychiatrie, Allgemeinmedizin, Psychologie und anderen Fachgebieten ermöglicht.

Die Behandlung von affektiven Störungen und körperlichen Gesundheitsproblemen erfordert eine individuell angepasste

Herangehensweise, die auf die spezifischen Bedürfnisse und Herausforderungen des Einzelnen eingeht. Dies kann eine Kombination aus medizinischen Behandlungen, psychotherapeutischen Interventionen, Lebensstiländerungen, Selbstmanagementstrategien und Unterstützungsdiensten umfassen. Eine frühzeitige Intervention und eine kontinuierliche Betreuung sind entscheidend, um das Risiko für Komplikationen zu verringern und die Gesundheit und Lebensqualität zu verbessern.

Insgesamt verdeutlicht die Betrachtung der Verbindung zwischen affektiven Störungen und körperlicher Gesundheit die Notwendigkeit eines integrativen Ansatzes zur Förderung der Gesundheit und des Wohlbefindens. Durch eine ganzheitliche Betreuung, die sowohl die psychischen als auch die körperlichen Aspekte der Gesundheit berücksichtigt, können wir dazu beitragen, die Lebensqualität und das Funktionieren von Menschen mit affektiven Störungen und körperlichen Gesundheitsproblemen zu verbessern.

Genetische Prädisposition und affektive Störungen
Genetische Prädisposition und affektive Störungen bilden ein komplexes und faszinierendes Forschungsgebiet in der Psychiatrie und Genetik. Diese ausführliche Zusammenfassung wird die Rolle der Genetik bei der Entstehung von affektiven Störungen wie Depressionen und bipolaren Störungen beleuchten, die zugrunde liegenden genetischen Mechanismen untersuchen und die Herausforderungen sowie die Potenziale der genetischen Forschung auf diesem Gebiet diskutieren.

Affektive Störungen wie Depressionen und bipolare Störungen haben eine starke genetische Komponente, was bedeutet, dass sie in Familien gehäuft auftreten und dass Menschen, die Angehörige mit einer affektiven Störung haben, ein erhöhtes Risiko haben, selbst eine solche Störung zu entwickeln. Zahlreiche Studien haben gezeigt, dass die Wahrscheinlichkeit, eine affektive Störung zu entwickeln, bei Verwandten von Personen mit der gleichen Störung höher ist als in der allgemeinen Bevölkerung. Zwillingstudien haben ebenfalls eine hohe Konkordanzraten bei eineiigen Zwillingen im Vergleich zu zweieiigen Zwillingen gefunden, was darauf hindeutet, dass genetische Faktoren eine wichtige Rolle spielen.

Die Suche nach den genetischen Ursachen affektiver Störungen hat zu zahlreichen Fortschritten geführt, obwohl die genauen genetischen Mechanismen noch nicht vollständig verstanden sind. Es wird angenommen, dass affektive Störungen polygenetische Erkrankungen sind, was bedeutet, dass sie von mehreren Genen beeinflusst werden, die jeweils einen kleinen Beitrag zum Gesamtrisiko leisten. Es wurden auch bestimmte genetische Varianten identifiziert, die mit einem erhöhten Risiko für affektive Störungen in Verbindung gebracht wurden, darunter Varianten in Genen, die mit der Regulation von Neurotransmittern, der Funktion des Gehirns und der Reaktion auf Stress verbunden sind.

Eine der vielversprechendsten Methoden zur Identifizierung genetischer Risikofaktoren für affektive Störungen ist die Genomweite Assoziationsstudie (GWAS). Diese Studien analysieren das gesamte Genom von Tausenden von Menschen, um genetische Varianten zu identifizieren, die mit einer bestimmten Krankheit oder Eigenschaft in Verbindung stehen. GWAS haben bereits eine Reihe von Genen und Genvarianten identifiziert, die mit Depressionen und bipolaren Störungen assoziiert sind, darunter Gene, die mit der Neurotransmitterregulation, der Neuroplastizität und der Reaktion auf Stress verbunden sind.

Obwohl die genetische Forschung zu affektiven Störungen Fortschritte gemacht hat, gibt es noch viele Herausforderungen und offene Fragen auf diesem Gebiet. Eine Herausforderung besteht darin, die gefundenen genetischen Varianten in funktionelle Mechanismen zu übersetzen und zu verstehen, wie sie zur Entwicklung von affektiven Störungen beitragen. Darüber hinaus können Umweltfaktoren wie traumatische Ereignisse, Stress und Lebensereignisse die Expression von Genen beeinflussen und das Risiko für affektive Störungen modulieren, was die genetische Forschung kompliziert.

Ein weiteres Problem ist die Komplexität der genetischen Landschaft affektiver Störungen. Es ist unwahrscheinlich, dass es ein einzelnes "Depressionsgen" oder "bipolares Gen" gibt, sondern vielmehr eine Vielzahl von Genen und genetischen Varianten, die zusammenwirken, um das Risiko für affektive Störungen zu beeinflussen. Diese polygenetische Architektur erschwert die Identifizierung und Interpretation genetischer Risikofaktoren.

Trotz dieser Herausforderungen bietet die genetische Forschung zu affektiven Störungen auch viele Potenziale. Ein besseres Verständnis der genetischen Grundlagen affektiver Störungen könnte dazu beitragen, die Diagnosegenauigkeit zu verbessern, personalisierte Behandlungsansätze zu entwickeln und neue therapeutische Ziele zu identifizieren. Darüber hinaus könnte die genetische Forschung zu affektiven Störungen dazu beitragen, das Stigma psychischer Erkrankungen abzubauen, indem sie sie als komplexe biologische Phänomene darstellt, die nicht auf Schwäche oder persönliches Versagen zurückzuführen sind.

Insgesamt verdeutlicht die Betrachtung der genetischen Prädisposition und affektiven Störungen die komplexe Wechselwirkung zwischen Genetik, Umwelt und psychischer Gesundheit. Obwohl die genetischen Grundlagen affektiver Störungen noch nicht vollständig verstanden sind, bietet die genetische Forschung vielversprechende Möglichkeiten zur Verbesserung der Prävention, Diagnose und Behandlung dieser weit verbreiteten und schwerwiegenden Erkrankungen.

Neue Ansätze in der Behandlung affektiver Störungen
Die Behandlung affektiver Störungen, zu denen Depressionen, bipolare Störungen und andere Stimmungsstörungen gehören, hat sich im Laufe der Jahre weiterentwickelt und verbessert. Neue Ansätze in der Behandlung affektiver Störungen umfassen eine breite Palette von Interventionen, die sowohl pharmakologische als auch nicht-pharmakologische Methoden umfassen. Diese ausführliche Zusammenfassung beleuchtet einige der innovativen Ansätze und Fortschritte in der Behandlung affektiver Störungen

und diskutiert deren Wirksamkeit, Vor- und Nachteile sowie potenzielle Anwendungen.

Eine vielversprechende Entwicklung in der Behandlung affektiver Störungen ist die Weiterentwicklung von Medikamenten zur Pharmakotherapie. Antidepressiva und stimmungsstabilisierende Medikamente sind nach wie vor die Hauptstütze der medikamentösen Behandlung von Depressionen und bipolaren Störungen. In den letzten Jahren wurden jedoch auch neue Medikamente eingeführt, die auf neuartigen Wirkmechanismen basieren und möglicherweise effektiver oder besser verträglich sind als ältere Medikamente. Dazu gehören beispielsweise Ketamin und Esketamin, die als schnelle und potenziell lebensrettende Behandlungsmöglichkeiten für schwerwiegende und therapieresistente Depressionen betrachtet werden.

Darüber hinaus hat die Forschung gezeigt, dass nicht nur traditionelle psychotrope Medikamente bei der Behandlung affektiver Störungen helfen können, sondern auch einige Medikamente, die ursprünglich für andere Erkrankungen entwickelt wurden. Zum Beispiel haben einige Studien gezeigt, dass bestimmte Antikonvulsiva und Antipsychotika zur Behandlung von bipolaren Störungen wirksam sein können, auch wenn sie nicht primär für diese Indikation zugelassen sind. Diese sogenannten "off-label" Anwendungen erweitern das Spektrum der verfügbaren Behandlungsoptionen und ermöglichen eine individuellere Therapie.

Neben der medikamentösen Therapie haben auch nicht-pharmakologische Ansätze in der Behandlung affektiver Störungen an Bedeutung gewonnen. Psychotherapeutische Interventionen spielen eine wichtige Rolle bei der Behandlung von Depressionen und bipolaren Störungen und umfassen verschiedene Ansätze wie kognitive Verhaltenstherapie, Interpersonelle Therapie, dialektisch-behaviorale Therapie und psychodynamische Therapie. Diese Therapien zielen darauf ab, negative Denkmuster zu verändern, Bewältigungsstrategien zu verbessern, zwischenmenschliche Beziehungen zu stärken und die emotionale Regulation zu fördern.

Ein vielversprechender Ansatz in der Psychotherapie für affektive Störungen ist die sogenannte Achtsamkeitsbasierte kognitive Therapie (MBCT). Diese Therapie kombiniert Elemente der kognitiven Verhaltenstherapie mit Achtsamkeitspraktiken und hat sich als wirksam erwiesen, um Rückfälle bei Depressionen zu reduzieren und das emotionale Wohlbefinden zu verbessern. MBCT zielt darauf ab, die Fähigkeit zu entwickeln, mit belastenden Gedanken und Emotionen auf eine akzeptierende und nicht-wertende Weise umzugehen und die Aufmerksamkeit auf den gegenwärtigen Moment zu lenken.

Darüber hinaus gewinnen auch alternative und ergänzende Therapien an Beliebtheit und werden von einigen Menschen als hilfreiche Ergänzung oder Alternative zu herkömmlichen Behandlungen betrachtet. Dazu gehören beispielsweise Sport- und Bewegungstherapie, Musiktherapie, Kunsttherapie, Tiergestützte Therapie und Heilpflanzenmedizin. Obwohl die Evidenz für die Wirksamkeit dieser Therapien gemischt ist, zeigen einige Studien vielversprechende Ergebnisse und weisen darauf hin, dass sie für bestimmte Personen eine sinnvolle Option sein können.

Ein weiterer innovativer Ansatz in der Behandlung affektiver Störungen ist die Nutzung von Technologie und digitalen Gesundheitslösungen. Mobile Apps, Online-Programme und Teletherapie ermöglichen einen einfacheren Zugang zu psychotherapeutischen Interventionen und Selbsthilfestrategien und können dazu beitragen, die Kontinuität der Behandlung zu verbessern. Darüber hinaus haben Forscher begonnen, Technologie-basierte Ansätze wie die transkranielle Magnetstimulation (TMS) und die tiefen Hirnstimulation (DBS) zu erforschen, um neuromodulatorische Effekte zu erzeugen und die Symptome affektiver Störungen zu lindern.

Trotz dieser vielversprechenden Fortschritte und Innovationen gibt es noch viele Herausforderungen in der Behandlung affektiver Störungen. Einige Menschen reagieren nicht ausreichend auf herkömmliche Behandlungen oder erleben unerwünschte

Nebenwirkungen von Medikamenten. Darüber hinaus ist der Zugang zu qualitativ hochwertiger psychischer Gesundheitsversorgung nach wie vor eine Herausforderung, insbesondere für Menschen in ländlichen Gebieten oder mit begrenzten Ressourcen.

Insgesamt verdeutlicht die Betrachtung neuer Ansätze in der Behandlung affektiver Störungen die Vielfalt und den Fortschritt in der psychiatrischen Versorgung. Durch die Integration von pharmakologischen und nicht-pharmakologischen Interventionen, die Individualisierung der Behandlung und die Nutzung von Technologie und Innovationen können wir dazu beitragen, die Lebensqualität und das Wohlbefinden von Menschen mit affektiven Störungen zu verbessern und langfristig positive Ergebnisse zu fördern.

Angststörungen

Generalisierte Angststörung (GAS)

Die generalisierte Angststörung (GAS) ist eine häufige psychische Erkrankung, die durch anhaltende und übermäßige Sorgen und Ängste gekennzeichnet ist, die über einen Zeitraum von mindestens sechs Monaten bestehen. Diese Ängste sind oft unkontrollierbar und stehen nicht in einem angemessenen Verhältnis zu den tatsächlichen Bedrohungen oder Herausforderungen des täglichen Lebens. Die GAS kann das tägliche Funktionieren erheblich beeinträchtigen und zu erheblichem Leiden führen.

Menschen mit generalisierter Angststörung erleben eine Vielzahl von emotionalen, körperlichen und kognitiven Symptomen. Zu den häufigsten Symptomen gehören anhaltende Sorgen und Ängste über verschiedene Bereiche des Lebens, wie Arbeit, Beziehungen, Gesundheit oder Finanzen. Diese Ängste sind oft schwer zu kontrollieren und können dazu führen, dass die Person sich ständig besorgt oder nervös fühlt. Körperliche Symptome wie Muskelverspannungen, Schlafstörungen, Müdigkeit, Magen-Darm-Beschwerden und Herzrasen können ebenfalls auftreten. Darüber hinaus können Menschen mit GAS dazu neigen, sich übermäßig Sorgen zu machen, dass etwas Schlimmes passieren könnte, auch wenn es keine konkreten Hinweise oder Gründe dafür gibt.

Die genauen Ursachen der generalisierten Angststörung sind nicht vollständig verstanden, aber es wird angenommen, dass eine Kombination von genetischen, biologischen, psychologischen und Umweltfaktoren eine Rolle spielt. Menschen mit einer Familiengeschichte von Angststörungen haben ein erhöhtes Risiko, selbst eine GAS zu entwickeln, was auf eine genetische Veranlagung hinweisen könnte. Neurotransmitter wie Serotonin, Noradrenalin und Gamma-Aminobuttersäure (GABA) könnten ebenfalls eine Rolle bei der Regulation von Angst und Stress spielen. Psychologische Faktoren wie frühe Lebenserfahrungen, traumatische Ereignisse oder ungünstige Erziehungsmuster könnten ebenfalls das Risiko für die Entwicklung einer generalisierten Angststörung erhöhen.

Die Diagnose einer generalisierten Angststörung erfolgt in der Regel durch eine gründliche psychiatrische Untersuchung und Bewertung. Der Arzt wird die Symptome der Person bewerten, ihre medizinische Vorgeschichte erfragen und möglicherweise psychometrische Tests verwenden, um den Schweregrad und die Auswirkungen der Symptome zu beurteilen. Es ist wichtig, andere mögliche Ursachen für die Symptome auszuschließen, wie körperliche Erkrankungen, Drogenmissbrauch oder andere psychische Störungen. Die Diagnosekriterien nach dem Diagnostischen und Statistischen Handbuch Psychischer Störungen (DSM-5) der American Psychiatric Association umfassen eine übermäßige Angst und Sorge über verschiedene Themenbereiche, die über einen Zeitraum von mindestens sechs Monaten andauern, sowie begleitende körperliche und psychische Symptome.

Die Behandlung der generalisierten Angststörung umfasst in der Regel eine Kombination aus Psychotherapie, Medikamenten und Selbsthilfestrategien. Kognitive Verhaltenstherapie (KVT) hat sich als wirksame Behandlungsmethode erwiesen und zielt darauf ab, negative Denkmuster und Verhaltensweisen zu identifizieren und zu ändern, die zur Angst beitragen könnten. Entspannungstechniken wie progressive Muskelentspannung, Achtsamkeitsmeditation und tiefes Atmen können ebenfalls hilfreich sein, um die körperliche Entspannung zu fördern und Stress abzubauen. Medikamente wie selektive Serotonin-Wiederaufnahmehemmer (SSRI), Serotonin-Noradrenalin-Wiederaufnahmehemmer (SNRI) oder Benzodiazepine können in einigen Fällen verschrieben werden, um die Symptome der Angst zu lindern.

Die Prognose der generalisierten Angststörung hängt von verschiedenen Faktoren ab, einschließlich des Schweregrads der Symptome, des Zugangs zu angemessener Behandlung und der individuellen Reaktion auf Therapien. Für viele Menschen verbessern sich die Symptome mit einer angemessenen Behandlung und Unterstützung. Einige Personen können jedoch weiterhin unter chronischen oder rezidivierenden Symptomen leiden, die ihr tägliches Funktionieren beeinträchtigen können. Es ist wichtig, die Behandlung konsequent fortzusetzen und regelmäßige Nachuntersuchungen durchzuführen, um Rückfälle zu verhindern und die Lebensqualität zu verbessern.

Insgesamt ist die generalisierte Angststörung eine ernsthafte psychische Erkrankung, die das Leben der Betroffenen erheblich beeinträchtigen kann. Durch eine frühzeitige Diagnose, angemessene Behandlung und Unterstützung können viele Menschen mit GAS jedoch ein erfülltes und produktives Leben führen. Es ist wichtig, die Bedeutung der psychischen Gesundheit zu erkennen und Ressourcen für Menschen mit Angststörungen bereitzustellen, um ihnen dabei zu helfen, Unterstützung zu finden und ihre Symptome zu bewältigen.

Panikstörung und Panikattacken

Die Panikstörung ist eine ernsthafte psychische Erkrankung, die durch wiederkehrende und unerwartete Panikattacken gekennzeichnet ist. Diese Attacken können plötzlich auftreten und intensive körperliche und emotionale Symptome verursachen, die oft mit einem Gefühl von Todesangst oder Kontrollverlust einhergehen. Menschen mit Panikstörung leben oft in ständiger Furcht vor weiteren Attacken, was ihr tägliches Leben erheblich beeinträchtigen kann. In dieser ausführlichen Zusammenfassung werden die Symptome, Ursachen, Diagnose, Behandlungsmöglichkeiten und Prognose der Panikstörung sowie Panikattacken eingehend betrachtet.

Die Panikstörung ist durch wiederkehrende und unerwartete Panikattacken gekennzeichnet, die plötzlich auftreten und intensive körperliche und emotionale Symptome verursachen. Zu den häufigsten Symptomen gehören plötzliche Angst oder Furcht, Herzklopfen oder beschleunigter Herzschlag, Schwitzen, Zittern oder Beben, Atemnot oder das Gefühl des Erstickens,

Brustschmerzen oder Unbehagen, Schwindelgefühle, Benommenheit oder Ohnmachtsgefühle, sowie Kälte- oder Hitzewallungen. Diese Symptome können innerhalb weniger Minuten auftreten und erreichen oft ihren Höhepunkt innerhalb von zehn Minuten.

Menschen mit Panikstörung leben oft in ständiger Furcht vor weiteren Panikattacken und können versuchen, Situationen oder Orte zu vermeiden, die sie mit früheren Attacken in Verbindung bringen. Diese Vermeidungsverhaltensweisen können ihr tägliches Leben erheblich beeinträchtigen und zu sozialer Isolation, Arbeitsplatzproblemen und anderen Schwierigkeiten führen. Die Panikstörung kann auch mit anderen psychischen Erkrankungen wie Depressionen, Angststörungen oder Substanzmissbrauchsstörungen einhergehen.

Die genauen Ursachen der Panikstörung sind nicht vollständig verstanden, aber es wird angenommen, dass eine Kombination von genetischen, biologischen, psychologischen und Umweltfaktoren eine Rolle spielt. Menschen mit einer familiären Vorgeschichte von Panikstörungen oder anderen Angststörungen haben ein erhöhtes Risiko, selbst eine Panikstörung zu entwickeln, was auf eine genetische Veranlagung hinweisen könnte. Neurotransmitter wie Serotonin, Noradrenalin und Gamma-Aminobuttersäure (GABA) könnten ebenfalls eine Rolle bei der Regulation von Angst und Stress spielen. Psychologische Faktoren wie frühe Lebenserfahrungen, traumatische Ereignisse oder ungünstige Erziehungsmuster könnten ebenfalls das Risiko für die Entwicklung einer Panikstörung erhöhen.

Die Diagnose einer Panikstörung erfolgt in der Regel durch eine gründliche psychiatrische Untersuchung und Bewertung. Der Arzt wird die Symptome der Person bewerten, ihre medizinische Vorgeschichte erfragen und möglicherweise psychometrische Tests verwenden, um den Schweregrad und die Auswirkungen der Symptome zu beurteilen. Es ist wichtig, andere mögliche Ursachen für die Symptome auszuschließen, wie körperliche Erkrankungen,

Drogenmissbrauch oder andere psychische Störungen. Die Diagnosekriterien nach dem Diagnostischen und Statistischen Handbuch Psychischer Störungen (DSM-5) der American Psychiatric Association umfassen wiederholte und unerwartete Panikattacken sowie anhaltende Sorgen oder Ängste vor weiteren Attacken und deren Auswirkungen.

Die Behandlung der Panikstörung umfasst in der Regel eine Kombination aus Psychotherapie, Medikamenten und Selbsthilfestrategien. Kognitive Verhaltenstherapie (KVT) hat sich als wirksame Behandlungsmethode erwiesen und zielt darauf ab, negative Denkmuster und Verhaltensweisen zu identifizieren und zu ändern, die zur Panik beitragen könnten. Entspannungstechniken wie progressive Muskelentspannung, Achtsamkeitsmeditation und tiefes Atmen können ebenfalls hilfreich sein, um die körperliche Entspannung zu fördern und Stress abzubauen. Medikamente wie selektive Serotonin-Wiederaufnahmehemmer (SSRI), Serotonin-Noradrenalin-Wiederaufnahmehemmer (SNRI) oder Benzodiazepine können in einigen Fällen verschrieben werden, um die Symptome der Panik zu lindern.

Die Prognose der Panikstörung hängt von verschiedenen Faktoren ab, einschließlich des Schweregrads der Symptome, des Zugangs zu angemessener Behandlung und der individuellen Reaktion auf Therapien. Für viele Menschen verbessern sich die Symptome mit einer angemessenen Behandlung und Unterstützung. Einige Personen können jedoch weiterhin unter chronischen oder rezidivierenden Symptomen leiden, die ihr tägliches Funktionieren beeinträchtigen können. Es ist wichtig, die Behandlung konsequent fortzusetzen und regelmäßige Nachuntersuchungen durchzuführen, um Rückfälle zu verhindern und die Lebensqualität zu verbessern.

Insgesamt ist die Panikstörung eine ernsthafte psychische Erkrankung, die das Leben der Betroffenen erheblich beeinträchtigen kann. Durch eine frühzeitige Diagnose, angemessene Behandlung und Unterstützung können viele Menschen mit Panikstörung jedoch ein erfülltes und produktives

Leben führen. Es ist wichtig, die Bedeutung der psychischen Gesundheit zu erkennen und Ressourcen für Menschen mit Panikstörungen bereitzustellen, um ihnen dabei zu helfen, Unterstützung zu finden und ihre Symptome zu bewältigen.

Soziale Angststörung (Soziale Phobie)
Die soziale Angststörung, auch bekannt als soziale Phobie, ist eine ernsthafte psychische Erkrankung, die durch übermäßige Angst vor sozialen Situationen oder Interaktionen gekennzeichnet ist. Menschen mit sozialer Angststörung fürchten sich oft davor, von anderen beobachtet, bewertet oder negativ beurteilt zu werden, was zu starken emotionalen und körperlichen Symptomen führen kann. Diese Angst kann das tägliche Leben erheblich beeinträchtigen und zu sozialer Isolation, beruflichen Problemen und anderen Schwierigkeiten führen. In dieser ausführlichen Zusammenfassung werden die Symptome, Ursachen, Diagnose, Behandlungsmöglichkeiten und Prognose der sozialen Angststörung eingehend betrachtet.

Menschen mit sozialer Angststörung erleben eine überwältigende Angst in sozialen Situationen, in denen sie im Mittelpunkt der Aufmerksamkeit stehen oder von anderen beurteilt werden könnten. Zu den häufigsten angstauslösenden Situationen gehören öffentliche Reden oder Präsentationen, Gespräche mit Fremden, Treffen oder Feiern, Vorstellungsgespräche oder das Essen oder Trinken in der Öffentlichkeit. Diese Ängste können zu intensiven körperlichen und emotionalen Symptomen führen, darunter Erröten, Zittern, Schwitzen, Herzrasen, Übelkeit, Atemnot, Schwindelgefühle, Gedankenblockaden, sowie das Gefühl von Erstickungsgefühlen oder Ohnmacht.

Die soziale Angststörung kann das tägliche Leben erheblich beeinträchtigen und zu Problemen in verschiedenen Lebensbereichen führen, einschließlich sozialer Beziehungen, Bildung, Arbeit und Freizeitaktivitäten. Menschen mit sozialer Angststörung können versuchen, Situationen oder Orte zu vermeiden, die ihre Angst auslösen könnten, was zu sozialer

Isolation und Einsamkeit führen kann. Sie könnten auch Schwierigkeiten haben, berufliche oder akademische Ziele zu erreichen, und könnten sich in ihrer Lebensqualität stark eingeschränkt fühlen.

Die genauen Ursachen der sozialen Angststörung sind nicht vollständig verstanden, aber es wird angenommen, dass eine Kombination von genetischen, biologischen, psychologischen und Umweltfaktoren eine Rolle spielt. Menschen mit einer familiären Vorgeschichte von Angststörungen oder anderen psychischen Erkrankungen haben ein erhöhtes Risiko, selbst eine soziale Angststörung zu entwickeln, was auf eine genetische Veranlagung hinweisen könnte. Neurotransmitter wie Serotonin, Noradrenalin und Gamma-Aminobuttersäure (GABA) könnten ebenfalls eine Rolle bei der Regulation von Angst und Stress spielen. Psychologische Faktoren wie frühe Lebenserfahrungen, traumatische Ereignisse oder ungünstige Erziehungsmuster könnten ebenfalls das Risiko für die Entwicklung einer sozialen Angststörung erhöhen.

Die Diagnose einer sozialen Angststörung erfolgt in der Regel durch eine gründliche psychiatrische Untersuchung und Bewertung. Der Arzt wird die Symptome der Person bewerten, ihre medizinische Vorgeschichte erfragen und möglicherweise psychometrische Tests verwenden, um den Schweregrad und die Auswirkungen der Symptome zu beurteilen. Es ist wichtig, andere mögliche Ursachen für die Symptome auszuschließen, wie körperliche Erkrankungen, Drogenmissbrauch oder andere psychische Störungen. Die Diagnosekriterien nach dem Diagnostischen und Statistischen Handbuch Psychischer Störungen (DSM-5) der American Psychiatric Association umfassen eine übermäßige Angst in sozialen Situationen, die über einen Zeitraum von mindestens sechs Monaten anhält, sowie begleitende körperliche und psychische Symptome.

Die Behandlung der sozialen Angststörung umfasst in der Regel eine Kombination aus Psychotherapie, Medikamenten und

Selbsthilfestrategien. Kognitive Verhaltenstherapie (KVT) hat sich als wirksame Behandlungsmethode erwiesen und zielt darauf ab, negative Denkmuster und Verhaltensweisen zu identifizieren und zu ändern, die zur Angst in sozialen Situationen beitragen könnten. Expositionstherapie, eine Form der KVT, zielt darauf ab, die Angst vor angstauslösenden Situationen schrittweise zu verringern, indem die Person allmählich und kontrolliert solchen Situationen ausgesetzt wird. Entspannungstechniken wie progressive Muskelentspannung, Achtsamkeitsmeditation und tiefes Atmen können ebenfalls hilfreich sein, um die körperliche Entspannung zu fördern und Stress abzubauen. Medikamente wie selektive Serotonin-Wiederaufnahmehemmer (SSRI) oder Benzodiazepine können in einigen Fällen verschrieben werden, um die Symptome der sozialen Angststörung zu lindern.

Die Prognose der sozialen Angststörung hängt von verschiedenen Faktoren ab, einschließlich des Schweregrads der Symptome, des Zugangs zu angemessener Behandlung und der individuellen Reaktion auf Therapien. Für viele Menschen verbessern sich die Symptome mit einer angemessenen Behandlung und Unterstützung. Einige Personen können jedoch weiterhin unter chronischen oder rezidivierenden Symptomen leiden, die ihr tägliches Funktionieren beeinträchtigen können. Es ist wichtig, die Behandlung konsequent fortzusetzen und regelmäßige Nachuntersuchungen durchzuführen, um Rückfälle zu verhindern und die Lebensqualität zu verbessern.

Insgesamt ist die soziale Angststörung eine ernsthafte psychische Erkrankung, die das Leben der Betroffenen erheblich beeinträchtigen kann. Durch eine frühzeitige Diagnose, angemessene Behandlung und Unterstützung können viele Menschen mit sozialer Angststörung jedoch ein erfülltes und produktives Leben führen. Es ist wichtig, die Bedeutung der psychischen Gesundheit zu erkennen und Ressourcen für Menschen mit sozialen Angststörungen bereitzustellen, um ihnen dabei zu helfen, Unterstützung zu finden und ihre Symptome zu bewältigen.

Spezifische Phobien

Spezifische Phobien sind eine Form von Angststörungen, die durch übermäßige, irrationale und unangemessene Ängste vor bestimmten Objekten, Situationen oder Aktivitäten gekennzeichnet sind. Diese Ängste können das tägliche Leben erheblich beeinträchtigen und zu erheblichem Leiden führen. In dieser ausführlichen Zusammenfassung werden die Symptome, Ursachen, Diagnose, Behandlungsmöglichkeiten und Prognose von spezifischen Phobien eingehend betrachtet.

Spezifische Phobien sind gekennzeichnet durch ausgeprägte Ängste vor bestimmten Objekten oder Situationen, die normalerweise als ungefährlich angesehen werden. Zu den häufigsten Arten von spezifischen Phobien gehören die Angst vor Spinnen (Arachnophobie), die Angst vor Höhen (Akrophobie), die Angst vor dem Fliegen (Flugphobie), die Angst vor engen Räumen (Klaustrophobie), die Angst vor Spritzen oder medizinischen Eingriffen (Trypanophobie) und die Angst vor öffentlichen Reden (Glossophobie). Diese Ängste können zu intensiven körperlichen und emotionalen Symptomen führen, darunter Panikattacken, schneller Herzschlag, Schwitzen, Zittern, Übelkeit, Schwindelgefühle, Atemnot und das Gefühl von Kontrollverlust.

Menschen mit spezifischen Phobien neigen dazu, Situationen oder Orte zu vermeiden, die ihre Angst auslösen könnten, was zu Einschränkungen in verschiedenen Lebensbereichen führen kann, einschließlich Arbeit, Schule, soziale Beziehungen und Freizeitaktivitäten. Diese Vermeidungsverhaltensweisen können dazu führen, dass die Phobie bestehen bleibt oder sich verschlimmert, da die Person keine Gelegenheit hat, sich der angstauslösenden Situation zu stellen und zu lernen, dass die Angst unbegründet ist. Spezifische Phobien können auch mit anderen psychischen Erkrankungen wie Depressionen, Angststörungen oder Substanzmissbrauchsstörungen einhergehen.

Die genauen Ursachen spezifischer Phobien sind nicht vollständig verstanden, aber es wird angenommen, dass eine Kombination von genetischen, biologischen, psychologischen und Umweltfaktoren eine Rolle spielt. Menschen mit einer familiären Vorgeschichte von Phobien oder anderen Angststörungen haben ein erhöhtes Risiko, selbst eine spezifische Phobie zu entwickeln, was auf eine genetische Veranlagung hinweisen könnte. Frühe Lebenserfahrungen, traumatische Ereignisse oder negative Erlebnisse in Verbindung mit dem phobischen Objekt oder der Situation könnten ebenfalls das Risiko für die Entwicklung einer spezifischen Phobie erhöhen.

Die Diagnose einer spezifischen Phobie erfolgt in der Regel durch eine gründliche psychiatrische Untersuchung und Bewertung. Der Arzt wird die Symptome der Person bewerten, ihre medizinische Vorgeschichte erfragen und möglicherweise psychometrische Tests verwenden, um den Schweregrad und die Auswirkungen der Symptome zu beurteilen. Es ist wichtig, andere mögliche Ursachen für die Symptome auszuschließen, wie körperliche Erkrankungen, Drogenmissbrauch oder andere psychische Störungen. Die Diagnosekriterien nach dem Diagnostischen und Statistischen Handbuch Psychischer Störungen (DSM-5) der American Psychiatric Association umfassen eine übermäßige und unangemessene Angst vor einem bestimmten Objekt oder einer bestimmten Situation, die über einen Zeitraum von mindestens sechs Monaten anhält, sowie begleitende körperliche und psychische Symptome.

Die Behandlung spezifischer Phobien umfasst in der Regel eine Kombination aus Psychotherapie, Medikamenten und Selbsthilfestrategien. Kognitive Verhaltenstherapie (KVT) hat sich als wirksame Behandlungsmethode erwiesen und zielt darauf ab, negative Denkmuster und Verhaltensweisen zu identifizieren und zu ändern, die zur Angst vor dem phobischen Objekt oder der Situation beitragen könnten. Expositionstherapie, eine Form der KVT, zielt darauf ab, die Angst vor dem phobischen Objekt oder der Situation schrittweise zu verringern, indem die Person allmählich und kontrolliert solchen Situationen ausgesetzt wird. Entspannungstechniken wie progressive Muskelentspannung, Achtsamkeitsmeditation und tiefes Atmen können ebenfalls hilfreich sein, um die körperliche Entspannung zu fördern und Stress abzubauen. Medikamente wie Benzodiazepine oder Betablocker können in einigen Fällen verschrieben werden, um die Symptome der spezifischen Phobie zu lindern.

Die Prognose einer spezifischen Phobie hängt von verschiedenen Faktoren ab, einschließlich des Schweregrads der Symptome, des Zugangs zu angemessener Behandlung und der individuellen Reaktion auf Therapien. Für viele Menschen verbessern sich die Symptome mit einer angemessenen Behandlung und Unterstützung. Einige Personen können jedoch weiterhin unter chronischen oder rezidivierenden Symptomen leiden, die ihr tägliches Funktionieren beeinträchtigen können. Es ist wichtig, die Behandlung konsequent fortzusetzen und regelmäßige Nachuntersuchungen durchzuführen, um Rückfälle zu verhindern und die Lebensqualität zu verbessern.

Insgesamt ist die spezifische Phobie eine ernsthafte psychische Erkrankung, die das Leben der Betroffenen erheblich beeinträchtigen kann. Durch eine frühzeitige Diagnose, angemessene Behandlung und Unterstützung können viele Menschen mit spezifischen Phobien jedoch ein erfülltes und produktives Leben führen. Es ist wichtig, die Bedeutung der psychischen Gesundheit zu erkennen und Ressourcen für Menschen mit spezifischen Phobien bereitzustellen, um ihnen dabei zu helfen, Unterstützung zu finden und ihre Symptome zu bewältigen.

Agoraphobie und Platzangst
Die Agoraphobie und Platzangst sind ernsthafte psychische Erkrankungen, die durch übermäßige Ängste vor bestimmten Orten oder Situationen gekennzeichnet sind. Menschen mit Agoraphobie haben oft Angst vor Situationen, in denen sie sich schwer oder unmöglich fühlen könnten, zu fliehen oder Hilfe zu erhalten, wenn

sie Panik oder andere unangenehme Symptome erleben. Diese Ängste können zu erheblicher Einschränkung der Lebensqualität und zu sozialer Isolation führen. In dieser ausführlichen Zusammenfassung werden die Symptome, Ursachen, Diagnose, Behandlungsmöglichkeiten und Prognose der Agoraphobie und Platzangst eingehend betrachtet.

Agoraphobie ist eine Angststörung, die durch die Angst vor Situationen gekennzeichnet ist, in denen es schwierig sein könnte, zu fliehen oder Hilfe zu bekommen, wenn unangenehme Symptome auftreten. Diese Situationen können Menschenansammlungen, öffentliche Verkehrsmittel, offene Plätze, enge Räume oder Orte abseits von zu Hause sein. Menschen mit Agoraphobie können sich oft sicher fühlen, wenn sie zu Hause sind, aber Angst haben, das Haus zu verlassen oder sich in Situationen zu befinden, in denen sie sich nicht leicht zurückziehen können. Die Agoraphobie kann zu erheblicher Einschränkung der Lebensqualität und zu sozialer Isolation führen, da die Betroffenen oft versuchen, Situationen oder Orte zu vermeiden, die ihre Angst auslösen könnten.

Die genauen Ursachen der Agoraphobie sind nicht vollständig verstanden, aber es wird angenommen, dass eine Kombination von genetischen, biologischen, psychologischen und Umweltfaktoren eine Rolle spielt. Menschen mit einer familiären Vorgeschichte von Agoraphobie oder anderen Angststörungen haben ein erhöhtes Risiko, selbst eine Agoraphobie zu entwickeln, was auf eine genetische Veranlagung hinweisen könnte. Frühe Lebenserfahrungen, traumatische Ereignisse oder negative Erlebnisse in Verbindung mit bestimmten Orten oder Situationen könnten ebenfalls das Risiko für die Entwicklung einer Agoraphobie erhöhen.

Die Diagnose einer Agoraphobie erfolgt in der Regel durch eine gründliche psychiatrische Untersuchung und Bewertung. Der Arzt wird die Symptome der Person bewerten, ihre medizinische Vorgeschichte erfragen und möglicherweise psychometrische Tests verwenden, um den Schweregrad und die Auswirkungen der

Symptome zu beurteilen. Es ist wichtig, andere mögliche Ursachen für die Symptome auszuschließen, wie körperliche Erkrankungen, Drogenmissbrauch oder andere psychische Störungen. Die Diagnosekriterien nach dem Diagnostischen und Statistischen Handbuch Psychischer Störungen (DSM-5) der American Psychiatric Association umfassen eine übermäßige Angst vor Situationen, in denen Flucht schwierig oder peinlich sein könnte, sowie begleitende körperliche und psychische Symptome.

Die Behandlung der Agoraphobie umfasst in der Regel eine Kombination aus Psychotherapie, Medikamenten und Selbsthilfestrategien. Kognitive Verhaltenstherapie (KVT) hat sich als wirksame Behandlungsmethode erwiesen und zielt darauf ab, negative Denkmuster und Verhaltensweisen zu identifizieren und zu ändern, die zur Angst vor bestimmten Orten oder Situationen beitragen könnten. Expositionstherapie, eine Form der KVT, zielt darauf ab, die Angst vor angstauslösenden Situationen schrittweise zu verringern, indem die Person allmählich und kontrolliert solchen Situationen ausgesetzt wird. Entspannungstechniken wie progressive Muskelentspannung, Achtsamkeitsmeditation und tiefes Atmen können ebenfalls hilfreich sein, um die körperliche Entspannung zu fördern und Stress abzubauen. Medikamente wie selektive Serotonin-Wiederaufnahmehemmer (SSRI) oder Benzodiazepine können in einigen Fällen verschrieben werden, um die Symptome der Agoraphobie zu lindern.

Platzangst, auch bekannt als Klaustrophobie, ist eine spezifische Phobie, die durch die Angst vor engen Räumen oder Orten gekennzeichnet ist, in denen eine Flucht schwierig oder unmöglich erscheint. Menschen mit Platzangst können in Situationen wie Fahrstühlen, Tunneln, engen Fahrzeugen, Höhlen oder Menschenmengen Angst erleben. Diese Ängste können zu intensiven körperlichen und emotionalen Symptomen führen, darunter Panikattacken, schneller Herzschlag, Schwitzen, Zittern, Übelkeit, Schwindelgefühle, Atemnot und das Gefühl von Kontrollverlust. Menschen mit Platzangst neigen dazu, Situationen oder Orte zu vermeiden, die ihre Angst auslösen könnten, was zu Einschränkungen in verschiedenen Lebensbereichen führen kann.

Die Prognose von Agoraphobie und Platzangst hängt von verschiedenen Faktoren ab, einschließlich des Schweregrads der Symptome, des Zugangs zu angemessener Behandlung und der individuellen Reaktion auf Therapien. Für viele Menschen verbessern sich die Symptome mit einer angemessenen Behandlung und Unterstützung. Einige Personen können jedoch weiterhin unter chronischen oder rezidivierenden Symptomen leiden, die ihr tägliches Funktionieren beeinträchtigen können. Es ist wichtig, die Behandlung konsequent fortzusetzen und regelmäßige Nachuntersuchungen durchzuführen, um Rückfälle zu verhindern und die Lebensqualität zu verbessern.

Insgesamt sind Agoraphobie und Platzangst ernsthafte psychische Erkrankungen, die das Leben der Betroffenen erheblich beeinträchtigen können. Durch eine frühzeitige Diagnose, angemessene Behandlung und Unterstützung können jedoch viele Menschen mit Agoraphobie und Platzangst ein erfülltes und produktives Leben führen. Es ist wichtig, die Bedeutung der psychischen Gesundheit zu erkennen und Ressourcen für Menschen mit Agoraphobie und Platzangst bereitzustellen, um ihnen dabei zu helfen, Unterstützung zu finden und ihre Symptome zu bewältigen.

Posttraumatische Belastungsstörung (PTBS)
Posttraumatische Belastungsstörung (PTBS) ist eine ernsthafte psychische Erkrankung, die als Reaktion auf ein traumatisches Ereignis entsteht und durch anhaltende Symptome wie Wiedererleben des Traumas, Vermeidung von damit verbundenen Reizen, negative Veränderungen in Gedanken und Stimmungen sowie eine erhöhte Erregung oder Reaktivität gekennzeichnet ist. PTBS kann das tägliche Leben erheblich beeinträchtigen und zu Problemen in verschiedenen Lebensbereichen führen. Diese Zusammenfassung wird die Symptome, Ursachen, Diagnose,

Behandlungsmöglichkeiten und Prognose der PTBS eingehend betrachten.

Symptome der PTBS können vielfältig sein und sich auf verschiedene Aspekte des Lebens auswirken. Zu den häufigsten Symptomen gehören Wiedererleben des Traumas, beispielsweise in Form von belastenden Erinnerungen, Albträumen oder Flashbacks, die das Gefühl vermitteln, das traumatische Ereignis erneut zu erleben. Menschen mit PTBS können auch versuchen, Ereignissen, Orten oder Personen, die sie an das Trauma erinnern, aus dem Weg zu gehen, was als Vermeidungsverhalten bekannt ist. Dies kann zu sozialer Isolation und Schwierigkeiten bei der Bewältigung des täglichen Lebens führen. Darüber hinaus können negative Veränderungen in Gedanken und Stimmungen auftreten, wie beispielsweise Schuldgefühle, Scham, Gefühl der Entfremdung von anderen, anhaltende negative Emotionen und Verlust des Interesses an früheren Aktivitäten. Eine erhöhte Erregung oder Reaktivität kann sich durch Schlafstörungen, Reizbarkeit, Wutausbrüche, Konzentrationsprobleme, übermäßige Wachsamkeit und ein erhöhtes Schreckempfinden äußern.

Die Ursachen der PTBS können traumatische Ereignisse wie Kriegserlebnisse, Naturkatastrophen, sexuelle oder physische Gewalt, schwere Unfälle oder andere lebensbedrohliche Ereignisse umfassen. Menschen, die traumatische Ereignisse erlebt haben, können unterschiedlich darauf reagieren, und nicht jeder, der ein traumatisches Ereignis erlebt hat, entwickelt zwangsläufig PTBS. Es gibt jedoch bestimmte Risikofaktoren, die das Risiko für die Entwicklung von PTBS erhöhen können, wie beispielsweise frühere traumatische Erfahrungen, genetische Veranlagung, ungünstige Umweltbedingungen, Mangel an sozialer Unterstützung, hohe Belastung durch das Trauma und bestimmte Persönlichkeitsmerkmale wie Neurotizismus oder Introversion.

Die Diagnose einer PTBS erfolgt in der Regel durch eine gründliche psychiatrische Untersuchung und Bewertung. Der Arzt wird die Symptome der Person bewerten, ihre medizinische Vorgeschichte erfragen und möglicherweise psychometrische Tests verwenden, um den Schweregrad und die Auswirkungen der Symptome zu beurteilen. Es ist wichtig, andere mögliche Ursachen für die Symptome auszuschließen, wie körperliche Erkrankungen, Drogenmissbrauch oder andere psychische Störungen. Die Diagnosekriterien nach dem Diagnostischen und Statistischen Handbuch Psychischer Störungen (DSM-5) der American Psychiatric Association umfassen das Vorhandensein bestimmter Symptome, die mindestens einen Monat lang anhalten, sowie die Beziehung der Symptome zu einem traumatischen Ereignis.

Die Behandlung der PTBS umfasst in der Regel eine Kombination aus Psychotherapie, Medikamenten und Selbsthilfestrategien. Kognitive Verhaltenstherapie (KVT) hat sich als wirksame Behandlungsmethode erwiesen und zielt darauf ab, negative Denkmuster und Verhaltensweisen zu identifizieren und zu ändern, die zur PTBS beitragen könnten. Expositionstherapie, eine Form der KVT, zielt darauf ab, die Angst vor traumatischen Erinnerungen oder Situationen schrittweise zu verringern, indem die Person allmählich und kontrolliert solchen Situationen ausgesetzt wird. Entspannungstechniken wie progressive Muskelentspannung, Achtsamkeitsmeditation und tiefes Atmen können ebenfalls hilfreich sein, um die körperliche Entspannung zu fördern und Stress abzubauen. Medikamente wie selektive Serotonin-Wiederaufnahmehemmer (SSRI), Serotonin-Noradrenalin-Wiederaufnahmehemmer (SNRI) oder Prazosin können in einigen Fällen verschrieben werden, um die Symptome der PTBS zu lindern.

Die Prognose der PTBS hängt von verschiedenen Faktoren ab, einschließlich des Schweregrads der Symptome, des Zugangs zu angemessener Behandlung und der individuellen Reaktion auf Therapien. Für viele Menschen verbessern sich die Symptome mit einer angemessenen Behandlung und Unterstützung. Einige Personen können jedoch weiterhin unter chronischen oder rezidivierenden Symptomen leiden, die ihr tägliches Funktionieren beeinträchtigen können. Es ist wichtig, die Behandlung konsequent fortzusetzen und regelmäßige Nachuntersuchungen durchzuführen, um Rückfälle zu verhindern und die Lebensqualität zu verbessern.

Insgesamt ist die PTBS eine ernsthafte psychische Erkrankung, die das Leben der Betroffenen erheblich beeinträchtigen kann. Durch eine frühzeitige Diagnose, angemessene Behandlung und Unterstützung können jedoch viele Menschen mit PTBS ein erfülltes und produktives Leben führen. Es ist wichtig, die Bedeutung der psychischen Gesundheit zu erkennen und Ressourcen für Menschen mit PTBS bereitzustellen, um ihnen dabei zu helfen, Unterstützung zu finden und ihre Symptome zu bewältigen.

Ursachen und Risikofaktoren für Angststörungen
Angststörungen sind eine häufige Form psychischer Erkrankungen, die sich durch übermäßige und unkontrollierbare Ängste und Sorgen auszeichnen, die das tägliche Leben beeinträchtigen können. Die Ursachen und Risikofaktoren für Angststörungen sind vielfältig und können genetische, biologische, psychologische und Umweltfaktoren umfassen. In dieser ausführlichen Zusammenfassung werden die verschiedenen Ursachen und Risikofaktoren für Angststörungen detailliert betrachtet, um ein besseres Verständnis für diese Erkrankungen zu vermitteln.

Genetische Faktoren spielen eine wichtige Rolle bei der Entstehung von Angststörungen. Studien haben gezeigt, dass Menschen, die Familienmitglieder mit Angststörungen haben, ein höheres Risiko haben, selbst eine Angststörung zu entwickeln. Es wird angenommen, dass dies auf genetische Veranlagungen zurückzuführen ist, die dazu führen können, dass bestimmte Personen anfälliger für Angstsymptome sind. Es gibt Hinweise darauf, dass bestimmte Gene mit einem erhöhten Risiko für Angststörungen in Verbindung stehen, obwohl die genauen Mechanismen komplex und noch nicht vollständig verstanden sind.

Biologische Faktoren spielen ebenfalls eine Rolle bei der Entstehung von Angststörungen. Neurotransmitter wie Serotonin,

Noradrenalin und Gamma-Aminobuttersäure (GABA) sind chemische Botenstoffe im Gehirn, die an der Regulation von Stimmung, Angst und Stress beteiligt sind. Ungleichgewichte oder Veränderungen in der Funktion dieser Neurotransmitter können das Risiko für die Entwicklung von Angststörungen erhöhen. Darüber hinaus haben Studien gezeigt, dass bestimmte Bereiche des Gehirns, wie der Mandelkern und der präfrontale Kortex, eine Schlüsselrolle bei der Entstehung und Regulation von Angst haben können.

Psychologische Faktoren können ebenfalls zur Entwicklung von Angststörungen beitragen. Frühe Lebenserfahrungen, insbesondere traumatische Ereignisse oder belastende Lebensereignisse, können das Risiko für die Entwicklung von Angststörungen erhöhen. Menschen, die in ihrer Kindheit Missbrauch, Vernachlässigung oder andere traumatische Ereignisse erlebt haben, haben ein erhöhtes Risiko für die Entwicklung von Angststörungen im späteren Leben. Darüber hinaus können ungünstige Erziehungsmuster oder mangelnde Bewältigungsstrategien für Stress das Risiko für die Entwicklung von Angststörungen erhöhen.

Umweltfaktoren spielen ebenfalls eine wichtige Rolle bei der Entstehung von Angststörungen. Stressige Lebensereignisse wie Trennungen, Verlust eines geliebten Menschen, finanzielle Probleme oder berufliche Schwierigkeiten können das Risiko für die Entwicklung von Angststörungen erhöhen. Menschen, die in einer Umgebung mit hohem Stress leben, wie beispielsweise in einem konfliktreichen oder unsicheren Umfeld, haben ebenfalls ein erhöhtes Risiko für die Entwicklung von Angststörungen. Darüber hinaus können kulturelle oder gesellschaftliche Faktoren, wie beispielsweise soziale Erwartungen oder Stigmatisierung psychischer Erkrankungen, das Risiko für die Entwicklung von Angststörungen beeinflussen.

Ein weiterer wichtiger Risikofaktor für Angststörungen ist eine persönliche oder familiäre Vorgeschichte von psychischen

Erkrankungen. Menschen, die bereits andere psychische Erkrankungen wie Depressionen, bipolare Störungen oder Substanzgebrauchsstörungen haben, haben ein erhöhtes Risiko, auch an einer Angststörung zu erkranken. Darüber hinaus können bestimmte Persönlichkeitsmerkmale wie Neurotizismus oder introvertierte Persönlichkeitsmerkmale das Risiko für die Entwicklung von Angststörungen erhöhen.

Es ist wichtig zu beachten, dass Angststörungen oft multifaktoriell bedingt sind, was bedeutet, dass eine Kombination von genetischen, biologischen, psychologischen und Umweltfaktoren zur Entstehung dieser Erkrankungen beitragen kann. Darüber hinaus können individuelle Unterschiede in der Anfälligkeit für Angststörungen dazu führen, dass nicht alle Menschen, die ähnlichen Risikofaktoren ausgesetzt sind, zwangsläufig eine Angststörung entwickeln.

Die Identifizierung von Ursachen und Risikofaktoren für Angststörungen ist wichtig, da sie helfen kann, das Verständnis für diese Erkrankungen zu verbessern und die Entwicklung präventiver Strategien zu fördern. Durch die frühzeitige Erkennung und Behandlung von Risikofaktoren können Menschen möglicherweise einem erhöhten Risiko für die Entwicklung von Angststörungen entgegenwirken und die psychische Gesundheit fördern. Es ist jedoch wichtig zu betonen, dass Angststörungen behandelbar sind und dass eine frühzeitige Diagnose und Behandlung dazu beitragen können, die Symptome zu lindern und die Lebensqualität zu verbessern.

Psychotherapeutische Ansätze bei Angststörungen
Psychotherapeutische Ansätze spielen eine entscheidende Rolle bei der Behandlung von Angststörungen und bieten eine Vielzahl von Techniken und Strategien, um die Symptome zu lindern und den Betroffenen zu helfen, ein erfülltes Leben zu führen. In dieser ausführlichen Zusammenfassung werden die verschiedenen psychotherapeutischen Ansätze bei Angststörungen betrachtet, darunter kognitive Verhaltenstherapie (KVT), Expositionstherapie,

psychoanalytische Therapie, psychodynamische Therapie, humanistische Therapie und andere therapeutische Ansätze.

Kognitive Verhaltenstherapie (KVT) ist einer der am häufigsten verwendeten psychotherapeutischen Ansätze bei der Behandlung von Angststörungen. KVT basiert auf der Annahme, dass negative Denkmuster und Verhaltensweisen zur Entwicklung und Aufrechterhaltung von Angstsymptomen beitragen können. Durch die KVT lernen die Betroffenen, diese negativen Denkmuster zu identifizieren und zu hinterfragen und alternative, realistischere Denkmuster zu entwickeln. Darüber hinaus werden Techniken zur Stressbewältigung und Problemlösung vermittelt, um den Umgang mit belastenden Situationen zu verbessern. Expositionstherapie ist eine spezifische Form der KVT, die darauf abzielt, die Angst vor angstauslösenden Situationen schrittweise zu verringern, indem die Betroffenen allmählich und kontrolliert solchen Situationen ausgesetzt werden.

Die psychoanalytische Therapie, entwickelt von Sigmund Freud, zielt darauf ab, die zugrunde liegenden unbewussten Konflikte und Dynamiken zu erkunden, die zur Entwicklung von Angststörungen beitragen könnten. Durch die Analyse von Träumen, Erinnerungen und freien Assoziationen können die Betroffenen ein besseres Verständnis für ihre Gefühle, Gedanken und Verhaltensweisen gewinnen und neue Einsichten gewinnen, die zur Bewältigung ihrer Angstsymptome beitragen können. Die psychodynamische Therapie ist eine Weiterentwicklung der psychoanalytischen Therapie und konzentriert sich auf die Untersuchung der aktuellen zwischenmenschlichen Beziehungen und der Übertragung und Gegenübertragung zwischen Therapeut und Patient.

Humanistische Therapieansätze wie die personenzentrierte Therapie und die Gestalttherapie legen den Schwerpunkt auf die Förderung des persönlichen Wachstums, der Selbstakzeptanz und der Selbstverwirklichung. Durch die Schaffung eines unterstützenden und nicht wertenden therapeutischen Umfelds können die Betroffenen ihre Gefühle, Bedürfnisse und Wünsche erkunden und ein tieferes Verständnis für sich selbst entwickeln. Die Gestalttherapie konzentriert sich darauf, das Bewusstsein für die gegenwärtigen Gedanken, Gefühle und Verhaltensweisen zu erhöhen und die Betroffenen zu ermutigen, Verantwortung für ihr Leben zu übernehmen und positive Veränderungen herbeizuführen.

Andere therapeutische Ansätze, die bei der Behandlung von Angststörungen eingesetzt werden können, umfassen die kognitive Umstrukturierung, die Dialektisch-Behaviorale Therapie (DBT), die Akzeptanz- und Commitment-Therapie (ACT), die interpersonelle Therapie (IPT), die hypnotherapeutische Behandlung und die Eye Movement Desensitization and Reprocessing (EMDR). Diese Ansätze bieten verschiedene Techniken und Strategien zur Bewältigung von Angstsymptomen und zur Förderung des psychischen Wohlbefindens.

Die Wirksamkeit psychotherapeutischer Ansätze bei der Behandlung von Angststörungen wurde in zahlreichen Studien nachgewiesen. KVT und Expositionstherapie gelten als besonders wirksam und werden oft als Behandlung der ersten Wahl für Angststörungen empfohlen. Psychotherapie kann sowohl allein als auch in Kombination mit Medikamenten eingesetzt werden, um die Symptome zu lindern und die Lebensqualität der Betroffenen zu verbessern.

Die Wahl des geeigneten psychotherapeutischen Ansatzes hängt von verschiedenen Faktoren ab, darunter die individuellen Bedürfnisse und Vorlieben des Betroffenen, die Schwere der Symptome, die Verfügbarkeit von Ressourcen und die Expertise des Therapeuten. Es ist wichtig, dass die Betroffenen eine Behandlung erhalten, die auf ihre spezifischen Bedürfnisse zugeschnitten ist, und dass sie einen Therapeuten finden, dem sie vertrauen und mit dem sie eine positive therapeutische Beziehung aufbauen können.

Insgesamt bieten psychotherapeutische Ansätze eine wirksame und ganzheitliche Behandlungsmöglichkeit für Menschen mit

Angststörungen. Durch die Teilnahme an Psychotherapie können die Betroffenen lernen, mit ihren Ängsten umzugehen, positive Veränderungen in ihrem Leben vorzunehmen und ein erfülltes und produktives Leben zu führen. Es ist wichtig, die Bedeutung der psychischen Gesundheit zu erkennen und Ressourcen für Menschen mit Angststörungen bereitzustellen, um ihnen dabei zu helfen, Unterstützung zu finden und ihre Symptome zu bewältigen.

Medikamentöse Therapien von Angststörungen
Medikamentöse Therapien spielen eine wichtige Rolle bei der Behandlung von Angststörungen und bieten eine effektive Möglichkeit, die Symptome zu lindern und den Betroffenen zu helfen, ein erfülltes Leben zu führen. In dieser ausführlichen Zusammenfassung werden die verschiedenen medikamentösen Therapien von Angststörungen betrachtet, darunter Antidepressiva, Benzodiazepine, Buspiron, Beta-Blocker und andere Medikamente.

Antidepressiva sind eine der häufigsten Klassen von Medikamenten, die zur Behandlung von Angststörungen eingesetzt werden. Selektive Serotonin-Wiederaufnahmehemmer (SSRI) wie Sertralin, Fluoxetin und Escitalopram sind häufig verschriebene Antidepressiva zur Behandlung von Angststörungen. Diese Medikamente erhöhen die Verfügbarkeit von Serotonin im Gehirn, einem Neurotransmitter, der an der Regulation von Stimmung und Angst beteiligt ist. Serotonin-Noradrenalin-Wiederaufnahmehemmer (SNRI) wie Venlafaxin und Duloxetin wirken ähnlich wie SSRI, indem sie die Verfügbarkeit von Serotonin und Noradrenalin erhöhen. Trizyklische Antidepressiva (TZA) wie Amitriptylin und Imipramin können ebenfalls zur Behandlung von Angststörungen eingesetzt werden, obwohl sie aufgrund ihres Nebenwirkungsprofils weniger häufig verschrieben werden.

Benzodiazepine sind eine andere Klasse von Medikamenten, die zur Behandlung von Angststörungen eingesetzt werden können. Diese Medikamente, darunter Diazepam, Alprazolam und Lorazepam, wirken durch Erhöhung der Aktivität des Neurotransmitters Gamma-Aminobuttersäure (GABA), der an der

Hemmung von Gehirnfunktionen beteiligt ist. Benzodiazepine wirken schnell und können rasche Linderung von Angstsymptomen bieten, sind jedoch mit einem hohen Missbrauchs- und Abhängigkeitspotenzial verbunden. Aufgrund dieser Risiken werden Benzodiazepine normalerweise nur kurzfristig und in niedriger Dosierung verschrieben.

Buspiron ist ein weiteres Medikament, das zur Behandlung von Angststörungen eingesetzt werden kann. Es wirkt als partieller Agonist an den Serotonin- und Dopaminrezeptoren im Gehirn und wird häufig zur Behandlung von generalisierter Angststörung verschrieben. Buspiron hat ein geringeres Missbrauchs- und Abhängigkeitspotenzial als Benzodiazepine und kann daher langfristig sicherer sein. Es kann jedoch einige Wochen dauern, bis die volle Wirkung erreicht ist, und es kann bei einigen Patienten Nebenwirkungen wie Schwindel, Kopfschmerzen und Übelkeit verursachen.

Beta-Blocker wie Propranolol werden manchmal zur Behandlung von bestimmten Angststörungen eingesetzt, insbesondere zur Behandlung von sozialer Angststörung. Diese Medikamente blockieren die Wirkung von Stresshormonen wie Adrenalin und können körperliche Symptome von Angst wie schnellen Herzschlag, Zittern und Erröten reduzieren. Beta-Blocker sind besonders nützlich für Menschen, die unter körperlichen Symptomen von Angst leiden und können kurzfristig vor angstauslösenden Situationen eingenommen werden.

Andere Medikamente, die zur Behandlung von Angststörungen eingesetzt werden können, umfassen Antikonvulsiva wie Pregabalin und Gabapentin, die zur Behandlung von generalisierter Angststörung eingesetzt werden können, sowie Atypische Antipsychotika wie Quetiapin, die zur Behandlung von Angstsymptomen im Zusammenhang mit anderen psychischen Erkrankungen wie posttraumatischer Belastungsstörung eingesetzt werden können.

Die Auswahl des geeigneten Medikaments für die Behandlung von Angststörungen hängt von verschiedenen Faktoren ab, darunter die Art und Schwere der Symptome, die individuellen Bedürfnisse des Patienten, das Vorhandensein von Begleiterkrankungen und mögliche Nebenwirkungen. Es ist wichtig, dass die Betroffenen einen qualifizierten Arzt oder Psychiater aufsuchen, um eine umfassende Bewertung und eine individuelle Behandlungsplanung zu erhalten.

Die medikamentöse Therapie von Angststörungen kann allein oder in Kombination mit anderen Behandlungsformen wie Psychotherapie eingesetzt werden. Die Kombination von Medikamenten und Psychotherapie kann oft die besten Ergebnisse erzielen, indem sie sowohl die Symptome der Angst lindert als auch die zugrunde liegenden Ursachen und Auslöser der Angst behandelt. Es ist wichtig, dass die Betroffenen eng mit ihren Ärzten zusammenarbeiten, um die Wirksamkeit der Behandlung zu überwachen und mögliche Nebenwirkungen zu bewerten.

Insgesamt bieten medikamentöse Therapien eine wirksame Möglichkeit, die Symptome von Angststörungen zu lindern und den Betroffenen zu helfen, ein erfülltes und produktives Leben zu führen. Durch eine frühzeitige Diagnose und angemessene Behandlung können viele Menschen mit Angststörungen positive Veränderungen in ihrem Leben vornehmen und eine verbesserte Lebensqualität erreichen. Es ist wichtig, die Bedeutung der psychischen Gesundheit zu erkennen und Ressourcen für Menschen mit Angststörungen bereitzustellen, um ihnen dabei zu helfen, Unterstützung zu finden und ihre Symptome zu bewältigen.

Bewältigungsstrategien und Selbsthilfe bei Angststörungen
Bewältigungsstrategien und Selbsthilfemaßnahmen spielen eine entscheidende Rolle bei der Bewältigung von Angststörungen und können den Betroffenen helfen, mit ihren Symptomen umzugehen, ihre Lebensqualität zu verbessern und ein erfülltes Leben zu führen. In dieser ausführlichen Zusammenfassung werden verschiedene Bewältigungsstrategien und Selbsthilfemaßnahmen

bei Angststörungen betrachtet, darunter Lebensstiländerungen, Stressbewältigungstechniken, Entspannungstechniken, Selbsthilfebücher und unterstützende soziale Netzwerke.

Eine der wichtigsten Bewältigungsstrategien bei Angststörungen ist die Anpassung des Lebensstils, um Stress zu reduzieren und das Wohlbefinden zu fördern. Dazu gehören regelmäßige körperliche Bewegung, gesunde Ernährung, ausreichend Schlaf und die Vermeidung von Substanzen wie Alkohol, Nikotin und Drogen, die die Angstsymptome verschlimmern können. Regelmäßige Bewegung, insbesondere aerobe Übungen wie Gehen, Laufen, Schwimmen oder Radfahren, kann die Stimmung verbessern, den Stress abbauen und das Selbstvertrauen stärken. Eine ausgewogene Ernährung, die reich an Obst, Gemüse, Vollkornprodukten und mageren Proteinen ist, kann die körperliche Gesundheit fördern und das Immunsystem stärken. Ausreichender Schlaf ist ebenfalls wichtig für die Bewältigung von Angstsymptomen, da Schlafmangel die Stressreaktion des Körpers verschlimmern und die Fähigkeit zur Stressbewältigung beeinträchtigen kann.

Stressbewältigungstechniken können ebenfalls hilfreich sein, um mit Angstsymptomen umzugehen und die Stressreaktion des Körpers zu reduzieren. Dazu gehören Techniken wie Zeitmanagement, Problemlösung, positive Selbstgespräche und das Setzen realistischer Ziele. Zeitmanagementtechniken wie die Priorisierung von Aufgaben, das Festlegen von klaren Zielen und das Erstellen eines Zeitplans können helfen, Stress zu reduzieren und ein Gefühl der Kontrolle über das Leben zurückzugewinnen. Problemlösungstechniken wie das Identifizieren von Problemen, das Entwickeln von Lösungsstrategien und das Evaluieren von Ergebnissen können helfen, belastende Situationen besser zu bewältigen und das Selbstvertrauen zu stärken. Positive Selbstgespräche, bei denen man sich selbst ermutigt und unterstützt, können dazu beitragen, negative Gedankenmuster zu durchbrechen und ein positives Selbstbild aufzubauen.

Entspannungstechniken sind eine weitere wichtige Bewältigungsstrategie bei Angststörungen und können helfen, die körperliche und mentale Entspannung zu fördern. Dazu gehören Techniken wie progressive Muskelentspannung, tiefes Atmen, Achtsamkeitsmeditation, Yoga und autogenes Training. Progressive Muskelentspannung beinhaltet das bewusste Anspannen und Entspannen der Muskeln im Körper, um Spannungen abzubauen und Entspannung zu fördern. Tiefes Atmen, bei dem man langsam und tief durch die Nase einatmet und durch den Mund ausatmet, kann die Atmung vertiefen, den Herzschlag verlangsamen und die Entspannung fördern. Achtsamkeitsmeditation und Yoga können helfen, das Bewusstsein für den gegenwärtigen Moment zu schärfen, den Geist zu beruhigen und Stress abzubauen. Autogenes Training beinhaltet das Wiederholen von beruhigenden Sätzen oder Formeln, um den Körper und den Geist zu entspannen und Stress abzubauen.

Selbsthilfebücher und Online-Ressourcen können ebenfalls eine wertvolle Unterstützung für Menschen mit Angststörungen sein, indem sie Informationen, Tipps und Strategien zur Bewältigung von Angstsymptomen bieten. Selbsthilfebücher, die auf kognitiver Verhaltenstherapie (KVT) basieren, können helfen, negative Denkmuster zu identifizieren und zu ändern, Angstsymptome zu bewältigen und positive Veränderungen im Leben vorzunehmen. Online-Ressourcen wie Websites, Foren und soziale Medien können ebenfalls eine Möglichkeit bieten, sich mit anderen Betroffenen auszutauschen, Unterstützung zu finden und Informationen über verschiedene Behandlungsmöglichkeiten zu erhalten.

Unterstützende soziale Netzwerke spielen eine wichtige Rolle bei der Bewältigung von Angststörungen und können eine wertvolle Unterstützung bieten, indem sie emotionale Unterstützung, praktische Hilfe und soziale Unterstützung bereitstellen. Familie, Freunde, Kollegen und Unterstützungsgruppen können eine wichtige Rolle spielen, indem sie den Betroffenen zuhören, ermutigen, unterstützen und ihnen dabei helfen, sich weniger isoliert zu fühlen. Der Austausch von Erfahrungen mit anderen Betroffenen kann dazu beitragen, das Gefühl der Normalität zu fördern und das Selbstbewusstsein zu stärken. Selbsthilfegruppen und Online-Communitys bieten eine Möglichkeit, sich mit anderen Betroffenen auszutauschen, Unterstützung zu finden und Informationen über Bewältigungsstrategien und Selbsthilfemaßnahmen auszutauschen.

Insgesamt bieten Bewältigungsstrategien und Selbsthilfemaßnahmen eine wichtige Möglichkeit, mit Angststörungen umzugehen, Symptome zu lindern und ein erfülltes Leben zu führen. Durch die Anpassung des Lebensstils, den Einsatz von Stressbewältigungstechniken, die Anwendung von Entspannungstechniken, den Zugang zu Selbsthilfebüchern und Online-Ressourcen sowie die Unterstützung durch unterstützende soziale Netzwerke können Menschen mit Angststörungen positive Veränderungen in ihrem Leben vornehmen und ihre Lebensqualität verbessern. Es ist wichtig, die Bedeutung der psychischen Gesundheit zu erkennen und Ressourcen für Menschen mit Angststörungen bereitzustellen, um ihnen dabei zu helfen, Unterstützung zu finden und ihre Symptome zu bewältigen.

Persönlichkeitsstörungen

Borderline-Persönlichkeitsstörung (BPS)

Die Borderline-Persönlichkeitsstörung (BPS) ist eine komplexe und oft missverstandene psychische Erkrankung, die durch Instabilität in der Stimmung, im Verhalten, in den Beziehungen und im Selbstbild gekennzeichnet ist. In dieser ausführlichen Zusammenfassung werden die verschiedenen Aspekte der Borderline-Persönlichkeitsstörung betrachtet, einschließlich ihrer Symptome, Ursachen, Diagnose, Behandlungsmöglichkeiten und Auswirkungen auf das tägliche Leben der Betroffenen.

Die Borderline-Persönlichkeitsstörung wird durch eine Vielzahl von Symptomen gekennzeichnet, die sich in den Bereichen Emotionen, Verhalten, Beziehungen und Selbstbild manifestieren können. Zu den häufigsten Symptomen gehören intensive Stimmungsschwankungen, impulsives Verhalten, instabile zwischenmenschliche Beziehungen, Identitätsunsicherheit, chronisches Gefühl der Leere, Selbstverletzungsverhalten und wiederholte Suizidgedanken oder -versuche. Diese Symptome können dazu führen, dass Menschen mit Borderline-Persönlichkeitsstörung Schwierigkeiten haben, ein stabiles und befriedigendes Leben zu führen, und oft anhaltende emotionale und soziale Probleme erfahren.

Die genauen Ursachen der Borderline-Persönlichkeitsstörung sind nicht vollständig verstanden, aber es wird angenommen, dass eine Kombination von genetischen, biologischen, psychologischen und Umweltfaktoren eine Rolle spielen kann. Genetische Veranlagung kann dazu beitragen, dass bestimmte Personen anfälliger für die Entwicklung von Borderline-Persönlichkeitsstörungen sind, während biologische Faktoren wie Neurotransmitterungleichgewichte im Gehirn die Stimmungsschwankungen und impulsiven Verhaltensweisen beeinflussen können. Frühe Lebenserfahrungen, insbesondere traumatische Ereignisse wie Missbrauch, Vernachlässigung oder Trennung von wichtigen Bezugspersonen, können ebenfalls das Risiko für die Entwicklung von Borderline-

Persönlichkeitsstörungen erhöhen. Darüber hinaus können ungünstige Erziehungsmuster und unzureichende Bewältigungsmechanismen die Entwicklung und Aufrechterhaltung von Symptomen der Borderline-Persönlichkeitsstörung fördern.

Die Diagnose der Borderline-Persönlichkeitsstörung basiert auf einer umfassenden Beurteilung der Symptome, der Krankheitsgeschichte und des aktuellen Funktionsniveaus des Patienten. Es gibt keine spezifischen Labortests oder bildgebenden Verfahren, die zur Diagnose von Borderline-Persönlichkeitsstörungen verwendet werden können, aber Ärzte können verschiedene Screening-Tools und klinische Interviews verwenden, um die Symptome zu bewerten und eine Diagnose zu stellen. Es ist wichtig, dass die Diagnose von qualifizierten Fachleuten gestellt wird, die mit den diagnostischen Kriterien und Behandlungsoptionen für Borderline-Persönlichkeitsstörungen vertraut sind.

Die Behandlung der Borderline-Persönlichkeitsstörung kann eine Kombination aus Psychotherapie, Medikamenten und unterstützenden Maßnahmen umfassen. Psychotherapie ist in der Regel die Behandlung der Wahl für Borderline-Persönlichkeitsstörungen und kann verschiedene Ansätze umfassen, darunter kognitive Verhaltenstherapie (KVT), Dialektisch-Behaviorale Therapie (DBT), psychodynamische Therapie und andere spezialisierte Therapieformen. Kognitive Verhaltenstherapie konzentriert sich darauf, negative Denkmuster und Verhaltensweisen zu identifizieren und zu ändern, während Dialektisch-Behaviorale Therapie darauf abzielt, die emotionale Regulation, zwischenmenschliche Fähigkeiten und Stressbewältigungsfähigkeiten zu verbessern. Psychodynamische Therapie zielt darauf ab, die zugrunde liegenden unbewussten Konflikte und Dynamiken zu erkunden, die zur Entwicklung von Borderline-Persönlichkeitsstörungen beitragen könnten, und neue Einsichten und Bewältigungsstrategien zu fördern. Darüber hinaus können Medikamente wie Antidepressiva, Stimmungsstabilisatoren und Antipsychotika zur Behandlung bestimmter Symptome wie

Depressionen, Stimmungsschwankungen und psychotischen Symptomen eingesetzt werden. Unterstützende Maßnahmen wie Selbsthilfegruppen, Tagesstrukturierung und Krisenintervention können ebenfalls dazu beitragen, die Symptome zu bewältigen und das tägliche Funktionieren zu verbessern.

Die Borderline-Persönlichkeitsstörung kann erhebliche Auswirkungen auf das tägliche Leben der Betroffenen haben und zu schwerwiegenden Belastungen in zwischenmenschlichen Beziehungen, Arbeits- und Schulleistung, körperlicher Gesundheit und allgemeinem Wohlbefinden führen. Menschen mit Borderline-Persönlichkeitsstörungen können Schwierigkeiten haben, stabile und befriedigende Beziehungen aufrechtzuerhalten, Probleme mit der Impulskontrolle und der Selbstregulation haben und ein erhöhtes Risiko für Selbstverletzungsverhalten oder Suizidgedanken und -versuche haben. Darüber hinaus können sie Probleme mit der Arbeitsplatzstabilität und der beruflichen Entwicklung haben, aufgrund von häufigen Arbeitsplatzwechseln, Schwierigkeiten in der Zusammenarbeit mit anderen und Beeinträchtigungen der Arbeitsleistung. Körperliche Gesundheitsprobleme wie Schlafstörungen, Essstörungen und Substanzmissbrauch sind ebenfalls häufig bei Menschen mit Borderline-Persönlichkeitsstörungen zu finden. Insgesamt kann die Borderline-Persönlichkeitsstörung eine erhebliche Belastung für die Betroffenen und ihre Familien darstellen und erfordert eine umfassende und multidisziplinäre Behandlung.

Es ist wichtig zu betonen, dass Borderline-Persönlichkeitsstörungen behandelbar sind und dass viele Menschen mit dieser Erkrankung eine signifikante Verbesserung ihrer Symptome und ihres täglichen Funktionierens erleben können, wenn sie die richtige Unterstützung und Behandlung erhalten. Frühzeitige Diagnose, angemessene Behandlung und eine ganzheitliche Herangehensweise an die Pflege sind entscheidend für eine erfolgreiche Bewältigung der Borderline-Persönlichkeitsstörung und die Förderung des Wohlbefindens und der Lebensqualität der Betroffenen. Es ist wichtig, die Bedeutung der psychischen Gesundheit zu erkennen und Ressourcen für Menschen mit Borderline-Persönlichkeitsstörungen bereitzustellen, um ihnen dabei zu helfen, Unterstützung zu finden und ihre Symptome zu bewältigen.

Narzisstische Persönlichkeitsstörung (NPS)

Die narzisstische Persönlichkeitsstörung (NPS) ist eine komplexe psychische Erkrankung, die durch ein übermäßiges Bedürfnis nach Bewunderung, eine übertriebene Vorstellung von der eigenen Bedeutung, Schwierigkeiten bei der Empathie für andere und eine fragile Selbstachtung gekennzeichnet ist. Diese ausführliche Zusammenfassung untersucht die verschiedenen Aspekte der narzisstischen Persönlichkeitsstörung, einschließlich ihrer Definition, Symptome, Ursachen, Diagnose, Behandlungsmöglichkeiten und Auswirkungen auf das tägliche Leben der Betroffenen.

Die narzisstische Persönlichkeitsstörung wird durch eine Vielzahl von Symptomen gekennzeichnet, die das Selbstbild, das Verhalten und die zwischenmenschlichen Beziehungen beeinflussen können. Zu den häufigsten Symptomen gehören ein übertriebenes Gefühl der eigenen Wichtigkeit und Überlegenheit, Fantasien von unbegrenztem Erfolg, Macht oder Schönheit, das Bedürfnis nach übermäßiger Bewunderung, ein Mangel an Empathie für die Bedürfnisse und Gefühle anderer, übertriebene Erwartungen an besondere Behandlung und Anerkennung, Neid auf andere und das Gefühl, dass andere sie beneiden, sowie ein ständiges Verlangen nach Bewunderung und Aufmerksamkeit. Diese Symptome können dazu führen, dass Menschen mit narzisstischer Persönlichkeitsstörung Schwierigkeiten haben, stabile und befriedigende Beziehungen aufrechtzuerhalten, Probleme mit der Impulskontrolle und der Selbstregulation haben und ein erhöhtes Risiko für emotionale Probleme wie Depressionen und Angststörungen haben.

Die genauen Ursachen der narzisstischen Persönlichkeitsstörung sind nicht vollständig verstanden, aber es wird angenommen, dass eine Kombination von genetischen, biologischen, psychologischen und Umweltfaktoren eine Rolle spielen kann. Genetische Veranlagung kann dazu beitragen, dass bestimmte Personen anfälliger für die Entwicklung von narzisstischen Persönlichkeitsstörungen sind, während biologische Faktoren wie neurobiologische Unterschiede im Gehirn die Selbstwahrnehmung und das Verhalten beeinflussen können. Frühe Lebenserfahrungen, insbesondere traumatische Ereignisse wie Vernachlässigung, Ablehnung oder Übermäßige Verehrung während der Kindheit, können ebenfalls das Risiko für die Entwicklung von narzisstischen Persönlichkeitsstörungen erhöhen. Darüber hinaus können ungünstige Erziehungsmuster und unzureichende Bewältigungsmechanismen die Entwicklung und Aufrechterhaltung von Symptomen der narzisstischen Persönlichkeitsstörung fördern.

Die Diagnose der narzisstischen Persönlichkeitsstörung basiert auf einer umfassenden Beurteilung der Symptome, der Krankheitsgeschichte und des aktuellen Funktionsniveaus des Patienten. Ärzte können verschiedene Screening-Tools und klinische Interviews verwenden, um die Symptome zu bewerten und eine Diagnose zu stellen. Es ist wichtig, dass die Diagnose von qualifizierten Fachleuten gestellt wird, die mit den diagnostischen Kriterien und Behandlungsoptionen für narzisstische Persönlichkeitsstörungen vertraut sind.

Die Behandlung der narzisstischen Persönlichkeitsstörung kann eine Kombination aus Psychotherapie, Medikamenten und unterstützenden Maßnahmen umfassen. Psychotherapie ist in der Regel die Behandlung der Wahl für narzisstische Persönlichkeitsstörungen und kann verschiedene Ansätze umfassen, darunter kognitive Verhaltenstherapie (KVT), psychodynamische Therapie und andere spezialisierte Therapieformen. Kognitive Verhaltenstherapie konzentriert sich darauf, negative Denkmuster und Verhaltensweisen zu identifizieren und zu ändern, während psychodynamische Therapie darauf abzielt, die zugrunde liegenden unbewussten Konflikte und Dynamiken zu erkunden, die zur Entwicklung von narzisstischen Persönlichkeitsstörungen beitragen könnten, und neue Einsichten und Bewältigungsstrategien zu fördern. Medikamente können zur Behandlung begleitender Symptome wie Depressionen, Angstzustände oder Stimmungsstörungen eingesetzt werden, obwohl sie nicht spezifisch für die Behandlung der narzisstischen Persönlichkeitsstörung zugelassen sind. Unterstützende Maßnahmen wie Selbsthilfegruppen, Tagesstrukturierung und Krisenintervention können ebenfalls dazu beitragen, die Symptome zu bewältigen und das tägliche Funktionieren zu verbessern.

Die narzisstische Persönlichkeitsstörung kann erhebliche Auswirkungen auf das tägliche Leben der Betroffenen haben und zu schwerwiegenden Belastungen in zwischenmenschlichen Beziehungen, Arbeits- und Schulleistung, körperlicher Gesundheit und allgemeinem Wohlbefinden führen. Menschen mit narzisstischer Persönlichkeitsstörung können Schwierigkeiten haben, stabile und befriedigende Beziehungen aufrechtzuerhalten, Probleme mit der Impulskontrolle und der Selbstregulation haben und ein erhöhtes Risiko für emotionale Probleme wie Depressionen und Angststörungen haben. Darüber hinaus können sie Probleme mit der Arbeitsplatzstabilität und der beruflichen Entwicklung haben, aufgrund von häufigen Arbeitsplatzwechseln, Schwierigkeiten in der Zusammenarbeit mit anderen und Beeinträchtigungen der Arbeitsleistung. Körperliche Gesundheitsprobleme wie Schlafstörungen, Essstörungen und Substanzmissbrauch sind ebenfalls häufig bei Menschen mit narzisstischer Persönlichkeitsstörung zu finden. Insgesamt kann die narzisstische Persönlichkeitsstörung eine erhebliche Belastung für die Betroffenen und ihre Familien darstellen und erfordert eine umfassende und multidisziplinäre Behandlung.

Es ist wichtig zu betonen, dass narzisstische Persönlichkeitsstörungen behandelbar sind und dass viele Menschen mit dieser Erkrankung eine signifikante Verbesserung ihrer Symptome und ihres täglichen Funktionierens erleben können, wenn sie die richtige Unterstützung und Behandlung erhalten. Frühzeitige Diagnose, angemessene Behandlung und eine ganzheitliche Herangehensweise an die Pflege sind entscheidend für eine erfolgreiche Bewältigung der narzisstischen Persönlichkeitsstörung und die Förderung des Wohlbefindens und der Lebensqualität der Betroffenen. Es ist wichtig, die Bedeutung der psychischen Gesundheit zu erkennen und Ressourcen für Menschen mit narzisstischer Persönlichkeitsstörung bereitzustellen, um ihnen dabei zu helfen, Unterstützung zu finden und ihre Symptome zu bewältigen.

Histrionische Persönlichkeitsstörung (HPS)
Die histrionische Persönlichkeitsstörung (HPS) ist eine psychische Erkrankung, die durch übermäßige Emotionalität, dramatische Verhaltensweisen und das Bedürfnis nach ständiger Aufmerksamkeit gekennzeichnet ist. In dieser ausführlichen Zusammenfassung werden die verschiedenen Aspekte der histrionischen Persönlichkeitsstörung betrachtet, einschließlich ihrer Definition, Symptome, Ursachen, Diagnose, Behandlungsmöglichkeiten und Auswirkungen auf das tägliche Leben der Betroffenen.

Die histrionische Persönlichkeitsstörung wird durch eine Vielzahl von Symptomen gekennzeichnet, die das Verhalten, die Emotionen und die zwischenmenschlichen Beziehungen beeinflussen können. Zu den häufigsten Symptomen gehören übermäßige Emotionalität und Dramatik, das Bedürfnis nach ständiger Bestätigung und Bewunderung, eine Tendenz zur Selbstdarstellung und übertriebene Empfindlichkeit gegenüber Kritik oder Ablehnung, ein übermäßiger Wunsch nach Aufmerksamkeit und Anerkennung sowie eine Neigung zu impulsivem Verhalten und starken Stimmungsschwankungen. Menschen mit histrionischer Persönlichkeitsstörung neigen dazu, ihre Emotionen auf eine übertriebene und theatralische Weise auszudrücken und suchen ständig nach neuen Reizen und Aufregungen, um sich lebendig zu fühlen.

Die genauen Ursachen der histrionischen Persönlichkeitsstörung sind nicht vollständig verstanden, aber es wird angenommen, dass eine Kombination von genetischen, biologischen, psychologischen und Umweltfaktoren eine Rolle spielen kann. Genetische Veranlagung kann dazu beitragen, dass bestimmte Personen anfälliger für die Entwicklung von histrionischen Persönlichkeitsstörungen sind, während biologische Faktoren wie neurobiologische Unterschiede im Gehirn die emotionale Regulation und die Wahrnehmung von Belohnung beeinflussen können. Frühe Lebenserfahrungen, insbesondere traumatische Ereignisse wie Vernachlässigung, Überprotektion oder Missbrauch während der Kindheit, können ebenfalls das Risiko für die Entwicklung von histrionischen Persönlichkeitsstörungen erhöhen. Darüber hinaus können ungünstige Erziehungsmuster und unzureichende Bewältigungsmechanismen die Entwicklung und Aufrechterhaltung von Symptomen der histrionischen Persönlichkeitsstörung fördern.

Die Diagnose der histrionischen Persönlichkeitsstörung basiert auf einer umfassenden Beurteilung der Symptome, der Krankheitsgeschichte und des aktuellen Funktionsniveaus des Patienten. Ärzte können verschiedene Screening-Tools und klinische Interviews verwenden, um die Symptome zu bewerten und eine Diagnose zu stellen. Es ist wichtig, dass die Diagnose von qualifizierten Fachleuten gestellt wird, die mit den diagnostischen Kriterien und Behandlungsoptionen für histrionische Persönlichkeitsstörungen vertraut sind.

Die Behandlung der histrionischen Persönlichkeitsstörung kann eine Kombination aus Psychotherapie, Medikamenten und unterstützenden Maßnahmen umfassen. Psychotherapie ist in der Regel die Behandlung der Wahl für histrionische Persönlichkeitsstörungen und kann verschiedene Ansätze umfassen, darunter kognitive Verhaltenstherapie (KVT), psychodynamische Therapie und andere spezialisierte Therapieformen. Kognitive Verhaltenstherapie konzentriert sich darauf, negative Denkmuster und Verhaltensweisen zu identifizieren und zu ändern, während psychodynamische Therapie darauf abzielt, die zugrunde liegenden unbewussten Konflikte und Dynamiken zu erkunden, die zur Entwicklung von histrionischen

Persönlichkeitsstörungen beitragen könnten, und neue Einsichten und Bewältigungsstrategien zu fördern. Medikamente können zur Behandlung begleitender Symptome wie Depressionen, Angstzustände oder Stimmungsstörungen eingesetzt werden, obwohl sie nicht spezifisch für die Behandlung der histrionischen Persönlichkeitsstörung zugelassen sind. Unterstützende Maßnahmen wie Selbsthilfegruppen, Tagesstrukturierung und Krisenintervention können ebenfalls dazu beitragen, die Symptome zu bewältigen und das tägliche Funktionieren zu verbessern.

Die histrionische Persönlichkeitsstörung kann erhebliche Auswirkungen auf das tägliche Leben der Betroffenen haben und zu schwerwiegenden Belastungen in zwischenmenschlichen Beziehungen, Arbeits- und Schulleistung, körperlicher Gesundheit und allgemeinem Wohlbefinden führen. Menschen mit histrionischer Persönlichkeitsstörung können Schwierigkeiten haben, stabile und befriedigende Beziehungen aufrechtzuerhalten, Probleme mit der Impulskontrolle und der Selbstregulation haben und ein erhöhtes Risiko für emotionale Probleme wie Depressionen und Angststörungen haben. Darüber hinaus können sie Probleme mit der Arbeitsplatzstabilität und der beruflichen Entwicklung haben, aufgrund von häufigen Arbeitsplatzwechseln, Schwierigkeiten in der Zusammenarbeit mit anderen und Beeinträchtigungen der Arbeitsleistung. Körperliche Gesundheitsprobleme wie Schlafstörungen, Essstörungen und Substanzmissbrauch sind ebenfalls häufig bei Menschen mit histrionischer Persönlichkeitsstörung zu finden. Insgesamt kann die histrionische Persönlichkeitsstörung eine erhebliche Belastung für die Betroffenen und ihre Familien darstellen und erfordert eine umfassende und multidisziplinäre Behandlung.

Es ist wichtig zu betonen, dass histrionische Persönlichkeitsstörungen behandelbar sind und dass viele Menschen mit dieser Erkrankung eine signifikante Verbesserung ihrer Symptome und ihres täglichen Funktionierens erleben können, wenn sie die richtige Unterstützung und Behandlung erhalten. Frühzeitige Diagnose, angemessene Behandlung und eine ganzheitliche Herangehensweise an die Pflege sind entscheidend für eine erfolgreiche Bewältigung der histrionischen Persönlichkeitsstörung und die Förderung des Wohlbefindens und der Lebensqualität der Betroffenen. Es ist wichtig, die Bedeutung der psychischen Gesundheit zu erkennen und Ressourcen für Menschen mit histrionischer Persönlichkeitsstörung bereitzustellen, um ihnen dabei zu helfen, Unterstützung zu finden und ihre Symptome zu bewältigen.

Antisoziale Persönlichkeitsstörung (APS)
Die antisoziale Persönlichkeitsstörung (APS) ist eine komplexe psychische Erkrankung, die durch ein Muster von antisozialem Verhalten, mangelnder Empathie und Missachtung sozialer Normen gekennzeichnet ist. In dieser ausführlichen Zusammenfassung werden die verschiedenen Aspekte der antisozialen Persönlichkeitsstörung betrachtet, einschließlich ihrer Definition, Symptome, Ursachen, Diagnose, Behandlungsmöglichkeiten und Auswirkungen auf das tägliche Leben der Betroffenen.

Die antisoziale Persönlichkeitsstörung wird durch eine Reihe von Verhaltensweisen und Merkmalen gekennzeichnet, die gegen soziale Normen und Regeln verstoßen. Zu den Symptomen gehören häufiges Lügen und Manipulieren anderer zum eigenen Vorteil, eine Tendenz zu impulsivem Verhalten und mangelnde Reue oder Schuldbewusstsein für Fehlverhalten. Menschen mit antisozialer Persönlichkeitsstörung zeigen oft ein rücksichtsloses und egozentrisches Verhalten, das die Rechte anderer missachtet und zu rechtlichen Problemen führen kann. Sie haben oft Schwierigkeiten, langfristige zwischenmenschliche Beziehungen aufrechtzuerhalten und neigen dazu, oberflächliche Charme und Manipulationstechniken einzusetzen, um ihre Ziele zu erreichen. Diese Verhaltensmuster treten oft schon in der Kindheit oder Adoleszenz auf und können sich im Erwachsenenalter weiter verstärken, wenn sie unbehandelt bleiben.

Die genauen Ursachen der antisozialen Persönlichkeitsstörung sind nicht vollständig verstanden, aber es wird angenommen, dass eine

Kombination von genetischen, biologischen, psychologischen und Umweltfaktoren eine Rolle spielen kann. Genetische Veranlagung kann dazu beitragen, dass bestimmte Personen anfälliger für die Entwicklung von antisozialen Persönlichkeitsstörungen sind, während biologische Faktoren wie neurobiologische Unterschiede im Gehirn die Impulskontrolle und die emotionale Regulation beeinflussen können. Frühe Lebenserfahrungen, insbesondere traumatische Ereignisse wie Vernachlässigung, Missbrauch oder familiäre Instabilität, können ebenfalls das Risiko für die Entwicklung von antisozialen Persönlichkeitsstörungen erhöhen. Darüber hinaus können ungünstige Erziehungsmuster und unzureichende elterliche Überwachung die Entwicklung und Aufrechterhaltung von antisozialem Verhalten fördern.

Die Diagnose der antisozialen Persönlichkeitsstörung basiert auf einer umfassenden Beurteilung der Symptome, der Krankheitsgeschichte und des aktuellen Funktionsniveaus des Patienten. Ärzte können verschiedene Screening-Tools und klinische Interviews verwenden, um die Symptome zu bewerten und eine Diagnose zu stellen. Es ist wichtig, dass die Diagnose von qualifizierten Fachleuten gestellt wird, die mit den diagnostischen Kriterien und Behandlungsoptionen für antisoziale Persönlichkeitsstörungen vertraut sind.

Die Behandlung der antisozialen Persönlichkeitsstörung kann eine Herausforderung darstellen, da Menschen mit dieser Erkrankung oft wenig Einsicht in ihre Probleme haben und wenig Motivation zur Veränderung zeigen. Dennoch können verschiedene Ansätze zur Behandlung von Symptomen und zur Förderung des Funktionsniveaus eingesetzt werden. Psychotherapie, insbesondere kognitive Verhaltenstherapie (KVT), kann dazu beitragen, problematische Denkmuster und Verhaltensweisen zu identifizieren und zu ändern, und die Entwicklung alternativer Bewältigungsstrategien fördern. Gruppentherapie und Unterstützungsgruppen können ebenfalls hilfreich sein, um soziale Fähigkeiten zu verbessern und den Austausch von Erfahrungen und Ressourcen zu ermöglichen. In einigen Fällen können

Medikamente wie Antidepressiva oder Stimmungsstabilisatoren zur Behandlung begleitender Symptome wie Depressionen oder impulsives Verhalten eingesetzt werden. Es ist wichtig zu betonen, dass die Behandlung der antisozialen Persönlichkeitsstörung langfristig und multidisziplinär sein sollte und die Beteiligung verschiedener Fachkräfte wie Psychiater, Psychologen, Sozialarbeiter und andere Gesundheitsdienstleister umfassen kann.

Die antisoziale Persönlichkeitsstörung kann erhebliche Auswirkungen auf das tägliche Leben der Betroffenen haben und zu schwerwiegenden Belastungen in zwischenmenschlichen Beziehungen, Arbeits- und Schulleistung, körperlicher Gesundheit und allgemeinem Wohlbefinden führen. Menschen mit antisozialer Persönlichkeitsstörung haben ein erhöhtes Risiko für rechtliche Probleme, Drogenmissbrauch, Arbeitsplatzprobleme und zwischenmenschliche Konflikte. Sie können Schwierigkeiten haben, stabile und befriedigende Beziehungen aufrechtzuerhalten, und haben oft ein eingeschränktes soziales Netzwerk. Körperliche Gesundheitsprobleme wie Schlafstörungen, Essstörungen und chronische Krankheiten sind ebenfalls häufig bei Menschen mit antisozialer Persönlichkeitsstörung zu finden. Insgesamt kann die antisoziale Persönlichkeitsstörung eine erhebliche Belastung für die Betroffenen und ihre Familien darstellen und erfordert eine umfassende und multidisziplinäre Behandlung.

Es ist wichtig zu betonen, dass antisoziale Persönlichkeitsstörungen behandelbar sind und dass viele Menschen mit dieser Erkrankung eine signifikante Verbesserung ihrer Symptome und ihres täglichen Funktionierens erleben können, wenn sie die richtige Unterstützung und Behandlung erhalten. Frühzeitige Diagnose, angemessene Behandlung und eine ganzheitliche Herangehensweise an die Pflege sind entscheidend für eine erfolgreiche Bewältigung der antisozialen Persönlichkeitsstörung und die Förderung des Wohlbefindens und der Lebensqualität der Betroffenen. Es ist wichtig, die Bedeutung der psychischen Gesundheit zu erkennen und Ressourcen für Menschen mit antisozialer Persönlichkeitsstörung bereitzustellen, um ihnen dabei zu helfen, Unterstützung zu finden und ihre Symptome zu bewältigen.

Vermeidende Persönlichkeitsstörung (VPS)
Die vermeidende Persönlichkeitsstörung (VPS) ist eine psychische Erkrankung, die sich durch ein anhaltendes Muster von sozialer Zurückhaltung, Gefühlen von Unzulänglichkeit und Angst vor Ablehnung auszeichnet. In dieser ausführlichen Zusammenfassung werden die verschiedenen Aspekte der vermeidenden Persönlichkeitsstörung betrachtet, einschließlich ihrer Definition, Symptome, Ursachen, Diagnose, Behandlungsmöglichkeiten und Auswirkungen auf das tägliche Leben der Betroffenen.

Die vermeidende Persönlichkeitsstörung wird durch eine Reihe von Verhaltensweisen und Merkmalen gekennzeichnet, die sich auf die zwischenmenschlichen Beziehungen und das allgemeine Wohlbefinden auswirken können. Zu den Symptomen gehören ein starkes Vermeiden von sozialen Aktivitäten und zwischenmenschlichen Beziehungen aus Angst vor Ablehnung oder Kritik, ein starkes Bedürfnis nach Bestätigung und Zuneigung von anderen, aber gleichzeitig ein Gefühl der Unbeholfenheit und Unfähigkeit, enge Beziehungen aufzubauen, sowie ein Gefühl der Unzulänglichkeit und Selbstkritik. Menschen mit vermeidender Persönlichkeitsstörung neigen dazu, sich in neuen sozialen Situationen unsicher oder unwohl zu fühlen und haben oft Schwierigkeiten, ihre Gedanken und Gefühle angemessen auszudrücken. Diese Symptome können das tägliche Funktionieren und die Lebensqualität erheblich beeinträchtigen und zu einem erheblichen Leidensdruck führen.

Die genauen Ursachen der vermeidenden Persönlichkeitsstörung sind nicht vollständig verstanden, aber es wird angenommen, dass eine Kombination von genetischen, biologischen, psychologischen und Umweltfaktoren eine Rolle spielen kann. Genetische Veranlagung kann dazu beitragen, dass bestimmte Personen anfälliger für die Entwicklung von vermeidenden Persönlichkeitsstörungen sind, während biologische Faktoren wie neurobiologische Unterschiede im Gehirn die Wahrnehmung von Belohnung und Bestrafung beeinflussen können. Frühe Lebenserfahrungen, insbesondere traumatische Ereignisse wie Ablehnung, Vernachlässigung oder Missbrauch während der Kindheit, können ebenfalls das Risiko für die Entwicklung von vermeidenden Persönlichkeitsstörungen erhöhen. Darüber hinaus können ungünstige Erziehungsmuster und unzureichende elterliche Unterstützung die Entwicklung und Aufrechterhaltung von Symptomen der vermeidenden Persönlichkeitsstörung fördern.

Die Diagnose der vermeidenden Persönlichkeitsstörung basiert auf einer umfassenden Beurteilung der Symptome, der Krankheitsgeschichte und des aktuellen Funktionsniveaus des Patienten. Ärzte können verschiedene Screening-Tools und klinische Interviews verwenden, um die Symptome zu bewerten und eine Diagnose zu stellen. Es ist wichtig, dass die Diagnose von qualifizierten Fachleuten gestellt wird, die mit den diagnostischen Kriterien und Behandlungsoptionen für vermeidende Persönlichkeitsstörungen vertraut sind.

Die Behandlung der vermeidenden Persönlichkeitsstörung kann eine Kombination aus Psychotherapie, Medikamenten und unterstützenden Maßnahmen umfassen. Psychotherapie ist in der Regel die Behandlung der Wahl für vermeidende Persönlichkeitsstörungen und kann verschiedene Ansätze umfassen, darunter kognitive Verhaltenstherapie (KVT), psychodynamische Therapie und andere spezialisierte Therapieformen. Kognitive Verhaltenstherapie konzentriert sich darauf, negative Denkmuster und Verhaltensweisen zu identifizieren und zu ändern, während psychodynamische Therapie darauf abzielt, die zugrunde liegenden unbewussten Konflikte und Dynamiken zu erkunden, die zur Entwicklung von vermeidenden Persönlichkeitsstörungen beitragen könnten, und neue Einsichten und Bewältigungsstrategien zu fördern. Medikamente können zur Behandlung begleitender Symptome wie Depressionen oder Angstzustände eingesetzt werden, obwohl sie nicht spezifisch für die Behandlung der vermeidenden Persönlichkeitsstörung zugelassen sind. Unterstützende Maßnahmen wie Selbsthilfegruppen, Tagesstrukturierung und Krisenintervention können ebenfalls dazu beitragen, die Symptome zu bewältigen und das tägliche Funktionieren zu verbessern.

Die vermeidende Persönlichkeitsstörung kann erhebliche Auswirkungen auf das tägliche Leben der Betroffenen haben und zu schwerwiegenden Belastungen in zwischenmenschlichen Beziehungen, Arbeits- und Schulleistung, körperlicher Gesundheit und allgemeinem Wohlbefinden führen. Menschen mit vermeidender Persönlichkeitsstörung haben oft Schwierigkeiten, stabile und befriedigende Beziehungen aufrechtzuerhalten, und neigen dazu, soziale Aktivitäten zu vermeiden oder sich von anderen zurückzuziehen. Sie können ein geringes Selbstwertgefühl und ein Gefühl der Unzulänglichkeit erleben, das ihr tägliches Funktionieren beeinträchtigt. Körperliche Gesundheitsprobleme wie Schlafstörungen, Essstörungen und chronische Krankheiten sind ebenfalls häufig bei Menschen mit vermeidender Persönlichkeitsstörung zu finden. Insgesamt kann die vermeidende Persönlichkeitsstörung eine erhebliche Belastung für die Betroffenen und ihre Familien darstellen und erfordert eine umfassende und multidisziplinäre Behandlung.

Es ist wichtig zu betonen, dass vermeidende Persönlichkeitsstörungen behandelbar sind und dass viele Menschen mit dieser Erkrankung eine signifikante Verbesserung ihrer Symptome und ihres täglichen Funktionierens erleben können, wenn sie die richtige Unterstützung und Behandlung erhalten. Frühzeitige Diagnose, angemessene Behandlung und eine ganzheitliche Herangehensweise an die Pflege sind entscheidend für eine erfolgreiche Bewältigung der vermeidenden Persönlichkeitsstörung und die Förderung des Wohlbefindens und der Lebensqualität der Betroffenen. Es ist wichtig, die Bedeutung der psychischen Gesundheit zu erkennen und Ressourcen für Menschen mit vermeidender Persönlichkeitsstörung bereitzustellen, um ihnen dabei zu helfen, Unterstützung zu finden und ihre Symptome zu bewältigen.

Abhängige Persönlichkeitsstörung (APS)

Die abhängige Persönlichkeitsstörung (APS) ist eine psychische Erkrankung, die durch ein tiefgreifendes Muster von Unterwürfigkeit, übermäßiger Abhängigkeit von anderen Menschen und einem starken Bedürfnis nach Bestätigung und Fürsorge gekennzeichnet ist. In dieser umfassenden Zusammenfassung werden die verschiedenen Aspekte der abhängigen Persönlichkeitsstörung betrachtet, einschließlich ihrer Definition, Symptome, Ursachen, Diagnose, Behandlungsmöglichkeiten und Auswirkungen auf das tägliche Leben der Betroffenen.

Die abhängige Persönlichkeitsstörung wird durch eine Reihe von Verhaltensweisen und Merkmalen gekennzeichnet, die sich auf die zwischenmenschlichen Beziehungen und das allgemeine Wohlbefinden auswirken können. Zu den Symptomen gehören ein übermäßiges Bedürfnis nach Unterstützung und Bestätigung von anderen, eine Neigung, die eigenen Bedürfnisse und Wünsche zugunsten der Wünsche anderer zu vernachlässigen, ein Gefühl der Hilflosigkeit und Unfähigkeit, Entscheidungen ohne die Zustimmung anderer zu treffen, sowie eine starke Angst vor Ablehnung oder Verlassenwerden. Menschen mit abhängiger Persönlichkeitsstörung neigen dazu, sich passiv und unterwürfig zu verhalten, um die Zuneigung und Fürsorge anderer zu gewinnen, und haben oft Schwierigkeiten, selbstständig zu handeln oder für sich selbst einzustehen. Diese Symptome können das tägliche Funktionieren und die Lebensqualität erheblich beeinträchtigen und zu einem erheblichen Leidensdruck führen.

Die genauen Ursachen der abhängigen Persönlichkeitsstörung sind nicht vollständig verstanden, aber es wird angenommen, dass eine Kombination von genetischen, biologischen, psychologischen und Umweltfaktoren eine Rolle spielen kann. Genetische Veranlagung kann dazu beitragen, dass bestimmte Personen anfälliger für die Entwicklung von abhängigen Persönlichkeitsstörungen sind, während biologische Faktoren wie neurobiologische Unterschiede im Gehirn die Wahrnehmung von Belohnung und Bestrafung beeinflussen können. Frühe Lebenserfahrungen, insbesondere traumatische Ereignisse wie Vernachlässigung, Missbrauch oder familiäre Instabilität, können ebenfalls das Risiko für die Entwicklung von abhängigen Persönlichkeitsstörungen erhöhen. Darüber hinaus können ungünstige Erziehungsmuster und unzureichende elterliche Unterstützung die Entwicklung und Aufrechterhaltung von Symptomen der abhängigen Persönlichkeitsstörung fördern.

Die Diagnose der abhängigen Persönlichkeitsstörung basiert auf einer umfassenden Beurteilung der Symptome, der Krankheitsgeschichte und des aktuellen Funktionsniveaus des Patienten. Ärzte können verschiedene Screening-Tools und klinische Interviews verwenden, um die Symptome zu bewerten und eine Diagnose zu stellen. Es ist wichtig, dass die Diagnose von qualifizierten Fachleuten gestellt wird, die mit den diagnostischen Kriterien und Behandlungsoptionen für abhängige Persönlichkeitsstörungen vertraut sind.

Die Behandlung der abhängigen Persönlichkeitsstörung kann eine Kombination aus Psychotherapie, Medikamenten und unterstützenden Maßnahmen umfassen. Psychotherapie ist in der Regel die Behandlung der Wahl für abhängige Persönlichkeitsstörungen und kann verschiedene Ansätze umfassen, darunter kognitive Verhaltenstherapie (KVT), psychodynamische Therapie und andere spezialisierte Therapieformen. Kognitive Verhaltenstherapie konzentriert sich darauf, negative Denkmuster und Verhaltensweisen zu identifizieren und zu ändern, während psychodynamische Therapie darauf abzielt, die zugrunde liegenden unbewussten Konflikte und Dynamiken zu erkunden, die zur Entwicklung von abhängigen Persönlichkeitsstörungen beitragen könnten, und neue Einsichten und Bewältigungsstrategien zu fördern. Medikamente können zur Behandlung begleitender Symptome wie Depressionen oder Angstzustände eingesetzt werden, obwohl sie nicht spezifisch für die Behandlung der abhängigen Persönlichkeitsstörung zugelassen sind. Unterstützende Maßnahmen wie Selbsthilfegruppen,

Tagesstrukturierung und Krisenintervention können ebenfalls dazu beitragen, die Symptome zu bewältigen und das tägliche Funktionieren zu verbessern.

Die abhängige Persönlichkeitsstörung kann erhebliche Auswirkungen auf das tägliche Leben der Betroffenen haben und zu schwerwiegenden Belastungen in zwischenmenschlichen Beziehungen, Arbeits- und Schulleistung, körperlicher Gesundheit und allgemeinem Wohlbefinden führen. Menschen mit abhängiger Persönlichkeitsstörung haben oft Schwierigkeiten, stabile und befriedigende Beziehungen aufrechtzuerhalten, und neigen dazu, sich passiv und unterwürfig zu verhalten, um die Zuneigung und Fürsorge anderer zu gewinnen. Sie können ein geringes Selbstwertgefühl und ein Gefühl der Unzulänglichkeit erleben, das ihr tägliches Funktionieren beeinträchtigt. Körperliche Gesundheitsprobleme wie Schlafstörungen, Essstörungen und chronische Krankheiten sind ebenfalls häufig bei Menschen mit abhängiger Persönlichkeitsstörung zu finden. Insgesamt kann die abhängige Persönlichkeitsstörung eine erhebliche Belastung für die Betroffenen und ihre Familien darstellen und erfordert eine umfassende und multidisziplinäre Behandlung.

Es ist wichtig zu betonen, dass abhängige Persönlichkeitsstörungen behandelbar sind und dass viele Menschen mit dieser Erkrankung eine signifikante Verbesserung ihrer Symptome und ihres täglichen Funktionierens erleben können, wenn sie die richtige Unterstützung und Behandlung erhalten. Frühzeitige Diagnose, angemessene Behandlung und eine ganzheitliche Herangehensweise an die Pflege sind entscheidend für eine erfolgreiche Bewältigung der abhängigen Persönlichkeitsstörung und die Förderung des Wohlbefindens und der Lebensqualität der Betroffenen. Es ist wichtig, die Bedeutung der psychischen Gesundheit zu erkennen und Ressourcen für Menschen mit abhängiger Persönlichkeitsstörung bereitzustellen, um ihnen dabei zu helfen, Unterstützung zu finden und ihre Symptome zu bewältigen.

Zwanghafte Persönlichkeitsstörung (ZPS)

Die zwanghafte Persönlichkeitsstörung (ZPS), auch bekannt als obsessiv-kompulsive Persönlichkeitsstörung (OKPS), ist eine psychische Erkrankung, die durch ein Muster von übermäßiger Ordnungsliebe, Perfektionismus und Kontrolle gekennzeichnet ist. Menschen mit zwanghafter Persönlichkeitsstörung neigen dazu, hohe Standards für sich selbst und andere zu setzen und fühlen sich unwohl, wenn sie diese Standards nicht erfüllen können. In dieser ausführlichen Zusammenfassung werden die verschiedenen Aspekte der zwanghaften Persönlichkeitsstörung betrachtet, einschließlich ihrer Definition, Symptome, Ursachen, Diagnose, Behandlungsmöglichkeiten und Auswirkungen auf das tägliche Leben der Betroffenen.

Die zwanghafte Persönlichkeitsstörung wird durch eine Reihe von Verhaltensweisen und Merkmalen gekennzeichnet, die sich auf die zwischenmenschlichen Beziehungen und das allgemeine Wohlbefinden auswirken können. Zu den Symptomen gehören ein übermäßiges Streben nach Ordnung, Sauberkeit und Perfektion, ein starkes Bedürfnis nach Kontrolle und Sicherheit, eine Tendenz zur Rigidität und Sturheit in Denken und Verhalten sowie eine übermäßige Hingabe an Arbeit und Produktivität. Menschen mit zwanghafter Persönlichkeitsstörung haben oft Schwierigkeiten, Flexibilität und Spontaneität zu zeigen und neigen dazu, sich selbst und andere streng zu beurteilen. Sie können auch Schwierigkeiten haben, ihre Gefühle angemessen auszudrücken und emotionale Nähe zu anderen aufzubauen. Diese Symptome können das tägliche Funktionieren und die Lebensqualität erheblich beeinträchtigen und zu einem erheblichen Leidensdruck führen.

Die genauen Ursachen der zwanghaften Persönlichkeitsstörung sind nicht vollständig verstanden, aber es wird angenommen, dass eine Kombination von genetischen, biologischen, psychologischen und Umweltfaktoren eine Rolle spielen kann. Genetische Veranlagung kann dazu beitragen, dass bestimmte Personen anfälliger für die Entwicklung von zwanghaften Persönlichkeitsstörungen sind, während biologische Faktoren wie neurobiologische Unterschiede im Gehirn die Wahrnehmung von Belohnung und Bestrafung beeinflussen können. Frühe Lebenserfahrungen, insbesondere traumatische Ereignisse wie Vernachlässigung, Missbrauch oder familiäre Instabilität, können ebenfalls das Risiko für die Entwicklung von zwanghaften Persönlichkeitsstörungen erhöhen. Darüber hinaus können ungünstige Erziehungsmuster und unzureichende elterliche Unterstützung die Entwicklung und Aufrechterhaltung von Symptomen der zwanghaften Persönlichkeitsstörung fördern.

Die Diagnose der zwanghaften Persönlichkeitsstörung basiert auf einer umfassenden Beurteilung der Symptome, der Krankheitsgeschichte und des aktuellen Funktionsniveaus des Patienten. Ärzte können verschiedene Screening-Tools und klinische Interviews verwenden, um die Symptome zu bewerten und eine Diagnose zu stellen. Es ist wichtig, dass die Diagnose von qualifizierten Fachleuten gestellt wird, die mit den diagnostischen Kriterien und Behandlungsoptionen für zwanghafte Persönlichkeitsstörungen vertraut sind.

Die Behandlung der zwanghaften Persönlichkeitsstörung kann eine Kombination aus Psychotherapie, Medikamenten und unterstützenden Maßnahmen umfassen. Psychotherapie ist in der Regel die Behandlung der Wahl für zwanghafte Persönlichkeitsstörungen und kann verschiedene Ansätze umfassen, darunter kognitive Verhaltenstherapie (KVT), psychodynamische Therapie und andere spezialisierte Therapieformen. Kognitive Verhaltenstherapie konzentriert sich darauf, negative Denkmuster und Verhaltensweisen zu identifizieren und zu ändern, während psychodynamische Therapie darauf abzielt, die zugrunde liegenden unbewussten Konflikte und Dynamiken zu erkunden, die zur Entwicklung von zwanghaften Persönlichkeitsstörungen beitragen könnten, und neue Einsichten und Bewältigungsstrategien zu fördern. Medikamente können zur Behandlung begleitender Symptome wie Depressionen oder Angstzustände eingesetzt werden, obwohl sie nicht spezifisch für die Behandlung der zwanghaften Persönlichkeitsstörung zugelassen sind. Unterstützende Maßnahmen wie Selbsthilfegruppen, Tagesstrukturierung und Krisenintervention können ebenfalls dazu beitragen, die Symptome zu bewältigen und das tägliche Funktionieren zu verbessern.

Die zwanghafte Persönlichkeitsstörung kann erhebliche Auswirkungen auf das tägliche Leben der Betroffenen haben und zu schwerwiegenden Belastungen in zwischenmenschlichen Beziehungen, Arbeits- und Schulleistung, körperlicher Gesundheit und allgemeinem Wohlbefinden führen. Menschen mit zwanghafter Persönlichkeitsstörung haben oft Schwierigkeiten, stabile und befriedigende Beziehungen aufrechtzuerhalten, und neigen dazu, sich von anderen zurückzuziehen oder isoliert zu leben. Sie können auch ein erhöhtes Risiko für Angstzustände, Depressionen und andere psychische Erkrankungen haben. Insgesamt kann die zwanghafte Persönlichkeitsstörung eine erhebliche Belastung für die Betroffenen und ihre Familien darstellen und erfordert eine umfassende und multidisziplinäre Behandlung.

Es ist wichtig zu betonen, dass zwanghafte Persönlichkeitsstörungen behandelbar sind und dass viele Menschen mit dieser Erkrankung eine signifikante Verbesserung ihrer Symptome und ihres täglichen Funktionierens erleben können, wenn sie die richtige Unterstützung und Behandlung erhalten. Frühzeitige Diagnose, angemessene Behandlung und eine ganzheitliche Herangehensweise an die Pflege sind entscheidend für eine erfolgreiche Bewältigung der zwanghaften Persönlichkeitsstörung und die Förderung des Wohlbefindens und der Lebensqualität der Betroffenen. Es ist wichtig, die Bedeutung der psychischen Gesundheit zu erkennen und Ressourcen für Menschen mit zwanghafter Persönlichkeitsstörung bereitzustellen, um ihnen dabei zu helfen, Unterstützung zu finden und ihre Symptome zu bewältigen.

Paranoiden Persönlichkeitsstörung (PPS)

Die paranoide Persönlichkeitsstörung (PPS) ist eine komplexe psychische Erkrankung, die durch ein tiefgreifendes Misstrauen gegenüber anderen Menschen, übermäßige Wachsamkeit und die Tendenz zur Überinterpretation von neutralen oder freundlichen Handlungen als feindlich oder bedrohlich gekennzeichnet ist. In dieser ausführlichen Zusammenfassung werden die verschiedenen Aspekte der paranoiden Persönlichkeitsstörung betrachtet, einschließlich ihrer Definition, Symptome, Ursachen, Diagnose, Behandlungsmöglichkeiten und Auswirkungen auf das tägliche Leben der Betroffenen.

Die paranoide Persönlichkeitsstörung wird durch eine Reihe von Verhaltensweisen und Merkmalen gekennzeichnet, die sich auf die zwischenmenschlichen Beziehungen und das allgemeine Wohlbefinden auswirken können. Zu den Symptomen gehören ein tiefes Misstrauen gegenüber anderen Menschen und deren Motiven, eine Neigung zur Überinterpretation neutraler oder freundlicher Handlungen als feindlich oder bedrohlich, eine stark ausgeprägte Wachsamkeit und Skepsis gegenüber der Integrität anderer, eine Tendenz, persönliche Angriffe oder Verleumdungen zu vermuten, auch wenn keine Beweise dafür vorliegen, sowie ein Gefühl der Verletzlichkeit und Anfälligkeit gegenüber möglichen Bedrohungen. Menschen mit paranoider Persönlichkeitsstörung neigen dazu, sich zurückzuziehen und soziale Situationen zu vermeiden, um sich vor vermeintlichen Gefahren zu schützen, und haben oft Schwierigkeiten, enge Beziehungen aufrechtzuerhalten oder Vertrauen aufzubauen. Diese Symptome können das tägliche Funktionieren und die Lebensqualität erheblich beeinträchtigen und zu einem erheblichen Leidensdruck führen.

Die genauen Ursachen der paranoiden Persönlichkeitsstörung sind nicht vollständig verstanden, aber es wird angenommen, dass eine Kombination von genetischen, biologischen, psychologischen und Umweltfaktoren eine Rolle spielen kann. Genetische Veranlagung kann dazu beitragen, dass bestimmte Personen anfälliger für die Entwicklung von paranoiden Persönlichkeitsstörungen sind, während biologische Faktoren wie neurobiologische Unterschiede im Gehirn die Wahrnehmung von Bedrohungen und Belohnungen beeinflussen können. Frühe Lebenserfahrungen, insbesondere traumatische Ereignisse wie Missbrauch, Vernachlässigung oder Verlust, können ebenfalls das Risiko für die Entwicklung von paranoiden Persönlichkeitsstörungen erhöhen. Darüber hinaus können ungünstige Erziehungsmuster und unzureichende elterliche Unterstützung die Entwicklung und Aufrechterhaltung von Symptomen der paranoiden Persönlichkeitsstörung fördern.

Die Diagnose der paranoiden Persönlichkeitsstörung basiert auf einer umfassenden Beurteilung der Symptome, der Krankheitsgeschichte und des aktuellen Funktionsniveaus des Patienten. Ärzte können verschiedene Screening-Tools und klinische Interviews verwenden, um die Symptome zu bewerten und eine Diagnose zu stellen. Es ist wichtig, dass die Diagnose von qualifizierten Fachleuten gestellt wird, die mit den diagnostischen Kriterien und Behandlungsoptionen für paranoide Persönlichkeitsstörungen vertraut sind.

Die Behandlung der paranoiden Persönlichkeitsstörung kann eine Kombination aus Psychotherapie, Medikamenten und unterstützenden Maßnahmen umfassen. Psychotherapie ist in der Regel die Behandlung der Wahl für paranoide Persönlichkeitsstörungen und kann verschiedene Ansätze umfassen, darunter kognitive Verhaltenstherapie (KVT), psychodynamische Therapie und andere spezialisierte Therapieformen. Kognitive Verhaltenstherapie konzentriert sich darauf, negative Denkmuster und Verhaltensweisen zu identifizieren und zu ändern, während psychodynamische Therapie darauf abzielt, die zugrunde liegenden unbewussten Konflikte und Dynamiken zu erkunden, die zur Entwicklung von paranoiden Persönlichkeitsstörungen beitragen könnten, und neue Einsichten und Bewältigungsstrategien zu fördern. Medikamente können zur Behandlung begleitender Symptome wie Angstzustände oder Depressionen eingesetzt werden, obwohl sie nicht spezifisch für die Behandlung der paranoiden Persönlichkeitsstörung zugelassen sind. Unterstützende Maßnahmen wie Selbsthilfegruppen, Tagesstrukturierung und Krisenintervention können ebenfalls dazu beitragen, die Symptome zu bewältigen und das tägliche Funktionieren zu verbessern.

Die paranoide Persönlichkeitsstörung kann erhebliche Auswirkungen auf das tägliche Leben der Betroffenen haben und zu schwerwiegenden Belastungen in zwischenmenschlichen Beziehungen, Arbeits- und Schulleistung, körperlicher Gesundheit und allgemeinem Wohlbefinden führen. Menschen mit paranoider Persönlichkeitsstörung haben oft Schwierigkeiten, stabile und befriedigende Beziehungen aufrechtzuerhalten, und neigen dazu, sich von anderen zurückzuziehen oder isoliert zu leben. Sie können auch ein erhöhtes Risiko für Angstzustände, Depressionen und andere psychische Erkrankungen haben. Insgesamt kann die paranoide Persönlichkeitsstörung eine erhebliche Belastung für die Betroffenen und ihre Familien darstellen und erfordert eine umfassende und multidisziplinäre Behandlung.

Es ist wichtig zu betonen, dass paranoide Persönlichkeitsstörungen behandelbar sind und dass viele Menschen mit dieser Erkrankung eine signifikante Verbesserung ihrer Symptome und ihres täglichen Funktionierens erleben können, wenn sie die richtige Unterstützung und Behandlung erhalten. Frühzeitige Diagnose, angemessene Behandlung und eine ganzheitliche Herangehensweise an die Pflege sind entscheidend für eine erfolgreiche Bewältigung der paranoiden Persönlichkeitsstörung und die Förderung des Wohlbefindens und der Lebensqualität der Betroffenen. Es ist wichtig, die Bedeutung der psychischen Gesundheit zu erkennen und Ressourcen für Menschen mit paranoider Persönlichkeitsstörung bereitzustellen, um ihnen dabei zu helfen, Unterstützung zu finden und ihre Symptome zu bewältigen.

Schizoide Persönlichkeitsstörung (SPS)
Die schizoide Persönlichkeitsstörung (SPS) ist eine komplexe psychische Erkrankung, die durch ein tiefgreifendes Muster von sozialer Distanziertheit, eingeschränktem emotionalen Ausdruck und einem starken Fokus auf das eigene Innenleben gekennzeichnet ist. Menschen mit schizoider

Persönlichkeitsstörung neigen dazu, sich von sozialen Interaktionen zurückzuziehen, haben wenig Interesse an engen zwischenmenschlichen Beziehungen und zeigen oft eine eingeschränkte Bandbreite emotionaler Ausdrucksweisen. In dieser umfassenden Zusammenfassung werden die verschiedenen Aspekte der schizoiden Persönlichkeitsstörung betrachtet, einschließlich ihrer Definition, Symptome, Ursachen, Diagnose, Behandlungsmöglichkeiten und Auswirkungen auf das tägliche Leben der Betroffenen.

Die schizoide Persönlichkeitsstörung wird durch eine Reihe von Verhaltensweisen und Merkmalen gekennzeichnet, die sich auf die zwischenmenschlichen Beziehungen und das allgemeine Wohlbefinden auswirken können. Zu den Symptomen gehören eine ausgeprägte Vorliebe für Solitäraktivitäten und Isolation, eine eingeschränkte Fähigkeit, angemessene emotionale Reaktionen zu zeigen oder Empathie für andere zu empfinden, ein Mangel an Interesse an sozialen Beziehungen und zwischenmenschlichen Aktivitäten sowie eine Tendenz zur Vermeidung von engen Bindungen oder Beziehungen. Menschen mit schizoider Persönlichkeitsstörung bevorzugen oft Fantasie- und Tagträume gegenüber realen zwischenmenschlichen Interaktionen und zeigen wenig Interesse an den Bedürfnissen oder Gefühlen anderer. Diese Symptome können das tägliche Funktionieren und die Lebensqualität erheblich beeinträchtigen und zu einem erheblichen Leidensdruck führen.

Die genauen Ursachen der schizoiden Persönlichkeitsstörung sind nicht vollständig verstanden, aber es wird angenommen, dass eine Kombination von genetischen, biologischen, psychologischen und Umweltfaktoren eine Rolle spielen kann. Genetische Veranlagung kann dazu beitragen, dass bestimmte Personen anfälliger für die Entwicklung von schizoiden Persönlichkeitsstörungen sind, während biologische Faktoren wie neurobiologische Unterschiede im Gehirn die Wahrnehmung von Belohnung und Bestrafung beeinflussen können. Frühe Lebenserfahrungen, insbesondere traumatische Ereignisse wie Vernachlässigung, Missbrauch oder familiäre Instabilität, können ebenfalls das Risiko für die Entwicklung von schizoiden Persönlichkeitsstörungen erhöhen. Darüber hinaus können ungünstige Erziehungsmuster und unzureichende elterliche Unterstützung die Entwicklung und Aufrechterhaltung von Symptomen der schizoiden Persönlichkeitsstörung fördern.

Die Diagnose der schizoiden Persönlichkeitsstörung basiert auf einer umfassenden Beurteilung der Symptome, der Krankheitsgeschichte und des aktuellen Funktionsniveaus des Patienten. Ärzte können verschiedene Screening-Tools und klinische Interviews verwenden, um die Symptome zu bewerten und eine Diagnose zu stellen. Es ist wichtig, dass die Diagnose von qualifizierten Fachleuten gestellt wird, die mit den diagnostischen Kriterien und Behandlungsoptionen für schizoide Persönlichkeitsstörungen vertraut sind.

Die Behandlung der schizoiden Persönlichkeitsstörung kann eine Kombination aus Psychotherapie, Medikamenten und unterstützenden Maßnahmen umfassen. Psychotherapie ist in der Regel die Behandlung der Wahl für schizoide Persönlichkeitsstörungen und kann verschiedene Ansätze umfassen, darunter kognitive Verhaltenstherapie (KVT), psychodynamische Therapie und andere spezialisierte Therapieformen. Kognitive Verhaltenstherapie konzentriert sich darauf, negative Denkmuster und Verhaltensweisen zu identifizieren und zu ändern, während psychodynamische Therapie darauf abzielt, die zugrunde liegenden unbewussten Konflikte und Dynamiken zu erkunden, die zur Entwicklung von schizoiden Persönlichkeitsstörungen beitragen könnten, und neue Einsichten und Bewältigungsstrategien zu fördern. Medikamente können zur Behandlung begleitender Symptome wie Depressionen oder Angstzustände eingesetzt werden, obwohl sie nicht spezifisch für die Behandlung der schizoiden Persönlichkeitsstörung zugelassen sind. Unterstützende Maßnahmen wie Selbsthilfegruppen, Tagesstrukturierung und Krisenintervention können ebenfalls dazu beitragen, die Symptome zu bewältigen und das tägliche Funktionieren zu verbessern.

Die schizoide Persönlichkeitsstörung kann erhebliche Auswirkungen auf das tägliche Leben der Betroffenen haben und zu schwerwiegenden Belastungen in zwischenmenschlichen Beziehungen, Arbeits- und Schulleistung, körperlicher Gesundheit und allgemeinem Wohlbefinden führen. Menschen mit schizoider Persönlichkeitsstörung haben oft Schwierigkeiten, stabile und befriedigende Beziehungen aufrechtzuerhalten, und neigen dazu, sich von anderen zurückzuziehen oder isoliert zu leben. Sie können auch ein erhöhtes Risiko für Angstzustände, Depressionen und andere psychische Erkrankungen haben. Insgesamt kann die schizoide Persönlichkeitsstörung eine erhebliche Belastung für die Betroffenen und ihre Familien darstellen und erfordert eine umfassende und multidisziplinäre Behandlung.

Es ist wichtig zu betonen, dass schizoide Persönlichkeitsstörungen behandelbar sind und dass viele Menschen mit dieser Erkrankung eine signifikante Verbesserung ihrer Symptome und ihres täglichen Funktionierens erleben können, wenn sie die richtige Unterstützung und Behandlung erhalten. Frühzeitige Diagnose, angemessene Behandlung und eine ganzheitliche Herangehensweise an die Pflege sind entscheidend für eine erfolgreiche Bewältigung der schizoiden Persönlichkeitsstörung und die Förderung des Wohlbefindens und der Lebensqualität der Betroffenen. Es ist wichtig, die Bedeutung der psychischen Gesundheit zu erkennen und Ressourcen für Menschen mit schizoider Persönlichkeitsstörung bereitzustellen, um ihnen dabei zu helfen, Unterstützung zu finden und ihre Symptome zu bewältigen.

Ursachen, Behandlung und Management von Persönlichkeitsstörungen

Persönlichkeitsstörungen sind komplexe psychische Erkrankungen, die das Denken, Fühlen und Verhalten einer Person beeinflussen und oft zu erheblichen Beeinträchtigungen im täglichen Leben führen können. In dieser umfassenden Zusammenfassung werden die Ursachen, Behandlungsmöglichkeiten und das Management von Persönlichkeitsstörungen eingehend betrachtet.

Die genauen Ursachen von Persönlichkeitsstörungen sind oft vielschichtig und nicht vollständig verstanden. Es wird angenommen, dass eine Kombination von genetischen, biologischen, psychologischen und Umweltfaktoren zur Entwicklung von Persönlichkeitsstörungen beitragen kann. Genetische Veranlagung kann eine Rolle spielen, da bestimmte Persönlichkeitsmerkmale und -muster familiär gehäuft auftreten können. Biologische Faktoren wie neurobiologische Unterschiede im Gehirn können ebenfalls eine Rolle spielen, indem sie die Wahrnehmung von Belohnung, Bestrafung und emotionalen Reizen beeinflussen. Frühe Lebenserfahrungen, insbesondere traumatische Ereignisse wie Vernachlässigung, Missbrauch oder familiäre Instabilität, können die Entwicklung von Persönlichkeitsstörungen beeinflussen, indem sie das Selbstkonzept, die Beziehungsfähigkeiten und die Bewältigungsstrategien beeinträchtigen. Ungünstige Erziehungsmuster und unzureichende elterliche Unterstützung können ebenfalls dazu beitragen, die Entwicklung und Aufrechterhaltung von Persönlichkeitsstörungen zu fördern.

Persönlichkeitsstörungen manifestieren sich in einer Vielzahl von Symptomen und Merkmalen, die je nach Art der Störung variieren können. Zu den häufigsten Symptomen gehören starke emotionale Instabilität, Impulsivität, unangemessene Wutausbrüche, Beziehungsprobleme, geringes Selbstwertgefühl, Probleme bei der Regulation von Emotionen und ein starkes Bedürfnis nach Bestätigung und Anerkennung. Menschen mit Persönlichkeitsstörungen haben oft Schwierigkeiten, stabile und befriedigende Beziehungen aufrechtzuerhalten, und neigen dazu, sich in wiederkehrenden Mustern von Dysfunktion und Konflikt zu befinden. Sie können auch Schwierigkeiten haben, Verantwortung für ihr eigenes Verhalten zu übernehmen und die Konsequenzen ihrer Handlungen zu erkennen.

Die Diagnose von Persönlichkeitsstörungen erfolgt in der Regel durch qualifizierte Fachleute, wie Psychiater oder klinische Psychologen, anhand einer gründlichen klinischen Beurteilung und Beurteilung der Symptome und des Funktionsniveaus des Patienten. Es gibt verschiedene diagnostische Kriterien und Screening-Tools, die verwendet werden können, um Persönlichkeitsstörungen zu identifizieren und zu klassifizieren, darunter das Diagnostic and Statistical Manual of Mental Disorders (DSM-5) und das International Classification of Diseases (ICD-10). Eine genaue Diagnose ist entscheidend für die Entwicklung eines angemessenen Behandlungsplans und die Bereitstellung von Unterstützung und Ressourcen für den Betroffenen.

Die Behandlung von Persönlichkeitsstörungen umfasst in der Regel eine Kombination aus Psychotherapie, Medikamenten und unterstützenden Maßnahmen. Psychotherapie ist in der Regel die Behandlung der Wahl für Persönlichkeitsstörungen und kann verschiedene Ansätze umfassen, darunter kognitive Verhaltenstherapie (KVT), dialektisch-behaviorale Therapie (DBT), psychodynamische Therapie und andere spezialisierte Therapieformen. Kognitive Verhaltenstherapie zielt darauf ab, negative Denkmuster und Verhaltensweisen zu identifizieren und zu ändern, während dialektisch-behaviorale Therapie darauf abzielt, emotionale Regulation und zwischenmenschliche Fähigkeiten zu verbessern. Medikamente können zur Behandlung begleitender Symptome wie Depressionen, Angstzustände oder Impulskontrollstörungen eingesetzt werden, obwohl sie nicht spezifisch für die Behandlung von Persönlichkeitsstörungen zugelassen sind. Unterstützende Maßnahmen wie Selbsthilfegruppen, Tagesstrukturierung und Krisenintervention können ebenfalls dazu beitragen, die Symptome zu bewältigen und das tägliche Funktionieren zu verbessern.

Das Management von Persönlichkeitsstörungen erfordert in der Regel eine langfristige und ganzheitliche Herangehensweise, die auf die individuellen Bedürfnisse und Herausforderungen des Betroffenen zugeschnitten ist. Es ist wichtig, ein unterstützendes soziales Netzwerk aufzubauen und Ressourcen für den Betroffenen bereitzustellen, um ihm dabei zu helfen, Unterstützung zu finden und sich in schwierigen Zeiten zurechtzufinden. Die Entwicklung von Bewältigungsstrategien und Selbsthilfetechniken kann ebenfalls dazu beitragen, die Symptome zu bewältigen und das tägliche Funktionieren zu verbessern. Ein ganzheitlicher Ansatz, der körperliche, emotionale, soziale und spirituelle Aspekte des Wohlbefindens berücksichtigt, kann dazu beitragen, die Lebensqualität der Betroffenen zu verbessern und ihre Fähigkeit zur Bewältigung von Herausforderungen zu stärken.

Insgesamt ist die Behandlung und das Management von Persönlichkeitsstörungen eine komplexe und individuelle Herausforderung, die eine sorgfältige und umfassende Herangehensweise erfordert. Durch eine angemessene Diagnose, eine ganzheitliche Behandlung und ein unterstützendes soziales Netzwerk können Menschen mit Persönlichkeitsstörungen jedoch eine signifikante Verbesserung ihrer Symptome und ihres täglichen Funktionierens erleben. Es ist wichtig, die Bedeutung der psychischen Gesundheit zu erkennen und Ressourcen für Menschen mit Persönlichkeitsstörungen bereitzustellen, um ihnen dabei zu helfen, Unterstützung zu finden und ihre Symptome zu bewältigen.

Essstörungen

Anorexia Nervosa: Symptome und Diagnose

Anorexia nervosa, im Volksmund auch als Magersucht bekannt, ist eine ernste psychische Erkrankung, die durch eine gestörte Wahrnehmung des eigenen Körperbildes, eine übermäßige Angst vor Gewichtszunahme und ein obsessives Verhalten in Bezug auf Ernährung und Gewichtskontrolle gekennzeichnet ist. In dieser ausführlichen Zusammenfassung werden die Symptome, Diagnosekriterien, zugrunde liegenden Ursachen und die Bedeutung einer frühzeitigen Intervention bei Anorexia nervosa betrachtet.

Menschen, die an Anorexia nervosa leiden, zeigen eine Vielzahl von Symptomen, die sowohl physisch als auch emotional sein können. Zu den physischen Symptomen gehören extremes Untergewicht, ausgeprägter Gewichtsverlust, Amenorrhoe (Ausbleiben der Menstruation), Haarausfall, brüchige Nägel, dünne Haut, Muskelschwäche, Verstopfung, Blässe und Kälteempfindlichkeit. Diese körperlichen Anzeichen sind oft das Ergebnis von ernährungsbedingten Mängeln und einem starken Kaloriendefizit.

Darüber hinaus können Menschen mit Anorexia nervosa eine Vielzahl von Verhaltensweisen aufweisen, die auf ihre gestörte Wahrnehmung des eigenen Körperbildes und ihre übermäßige Angst vor Gewichtszunahme zurückzuführen sind. Dazu gehören eine strikte Nahrungsrestriktion, übermäßiges Training, Missbrauch von Abführmitteln oder Diuretika, Vermeidung von Mahlzeiten in sozialen Situationen, obsessives Wiegen und Messen des Körpers, Angst vor dem Verzehr bestimmter Lebensmittel und das Tragen von übergroßer Kleidung, um das wahrgenommene Körpergewicht zu verbergen.

Auf emotionaler Ebene können Menschen mit Anorexia nervosa Anzeichen von Depressionen, Angstzuständen, sozialem Rückzug, Perfektionismus, geringem Selbstwertgefühl,

Stimmungsschwankungen und einer starken Fixierung auf das Gewicht und die Körpergröße zeigen. Diese psychischen Symptome können zu erheblichem Leiden und Beeinträchtigungen im täglichen Leben führen und die Behandlung der Erkrankung erschweren.

Die Diagnose von Anorexia nervosa basiert auf einer umfassenden Beurteilung der Symptome, des Gesundheitszustands und der Krankheitsgeschichte des Patienten durch qualifizierte Fachkräfte, wie Psychiater, Psychologen oder Ernährungsspezialisten. Das Diagnostic and Statistical Manual of Mental Disorders (DSM-5) definiert die Diagnosekriterien für Anorexia nervosa und umfasst folgende Hauptmerkmale:

- Restriktive Nahrungsaufnahme, die zu einem signifikanten Gewichtsverlust führt, der unterhalb des normalen oder gesunden Körpergewichts liegt.
- Intensive Angst vor Gewichtszunahme oder Fett werden, selbst wenn das Gewicht bereits deutlich unter dem Normalgewicht liegt.
- Gestörte Wahrnehmung des eigenen Körpergewichts oder der Körperform, die zu einer übermäßigen Beeinträchtigung des Selbstbildes führt.
- Das Fehlen von Menstruationszyklen bei Frauen, die im gebärfähigen Alter sind, aufgrund von Unterernährung oder Mangel an Nahrungsaufnahme.

Um eine Diagnose von Anorexia nervosa zu stellen, müssen mindestens drei dieser Hauptkriterien erfüllt sein. Darüber hinaus können auch andere Symptome und Verhaltensweisen berücksichtigt werden, um eine umfassende Einschätzung des Zustands des Patienten zu erhalten.

Die Ursachen von Anorexia nervosa sind komplex und multifaktoriell und umfassen genetische, biologische, psychologische und soziale Einflüsse. Es wird angenommen, dass genetische Veranlagung eine Rolle spielt, da Anorexia nervosa häufig in Familien gehäuft auftritt. Biologische Faktoren wie neurochemische Ungleichgewichte im Gehirn, insbesondere im Zusammenhang mit Serotonin, können ebenfalls eine Rolle spielen und die Stimmung, das Verhalten und die Regulation des Appetits beeinflussen. Psychologische Faktoren wie geringes Selbstwertgefühl, Perfektionismus, Angststörungen und depressive Symptome können ebenfalls zur Entwicklung von Anorexia nervosa beitragen, ebenso wie soziale Faktoren wie kulturelle Ideale von Schönheit und Schlankheit, Peer-Druck und traumatische Lebensereignisse wie Missbrauch oder Mobbing.

Eine frühzeitige Intervention bei Anorexia nervosa ist entscheidend, da die Erkrankung mit schwerwiegenden gesundheitlichen Komplikationen und sogar lebensbedrohlichen Folgen verbunden sein kann. Zu den möglichen Komplikationen gehören Dehydration, Elektrolytstörungen, Herzrhythmusstörungen, Knochenschwund, Organversagen, verzögerte kognitive Entwicklung bei Jugendlichen, Unfruchtbarkeit und ein erhöhtes Risiko für Suizidalität. Je früher Anorexia nervosa erkannt und behandelt wird, desto besser sind die Chancen auf eine vollständige Genesung und eine Wiederherstellung des gesunden Essverhaltens und Körperbildes.

Anorexia nervosa ist eine ernste psychische Erkrankung, die durch eine gestörte Wahrnehmung des eigenen Körperbildes, übermäßige Angst vor Gewichtszunahme und ein obsessives Verhalten in Bezug auf Ernährung und Gewichtskontrolle gekennzeichnet ist. Die Diagnose basiert auf einer umfassenden Beurteilung der Symptome und des Gesundheitszustands des Patienten und erfordert das Vorliegen bestimmter Diagnosekriterien gemäß dem DSM-5. Die Ursachen von Anorexia nervosa sind vielschichtig und umfassen genetische, biologische, psychologische und soziale Faktoren. Eine frühzeitige Intervention ist entscheidend, um schwerwiegende gesundheitliche Komplikationen zu vermeiden und die Chancen auf eine vollständige Genesung zu verbessern. Es ist wichtig, dass Menschen, die an Anorexia nervosa leiden, Unterstützung und Behandlung erhalten, um ihre Symptome zu bewältigen und ihre Lebensqualität zu verbessern.

Bulimia Nervosa: Symptome und Diagnose

Bulimia nervosa ist eine ernste Essstörung, die durch wiederkehrende Episoden von übermäßigem Essen, gefolgt von Verhaltensweisen zur Gewichtskontrolle wie Erbrechen, übermäßigem Sporttreiben oder Missbrauch von Abführmitteln gekennzeichnet ist. Diese Essanfälle und Gegenmaßnahmen können zu erheblichem Leiden und Beeinträchtigungen im täglichen Leben führen. In dieser ausführlichen Zusammenfassung werden die Symptome, Diagnosekriterien, zugrunde liegenden Ursachen und die Bedeutung einer frühzeitigen Intervention bei Bulimia nervosa betrachtet.

Bulimia nervosa manifestiert sich in einer Vielzahl von Symptomen, die physisch, emotional und Verhaltensstörungen umfassen. Zu den physischen Symptomen gehören wiederholte Episoden von übermäßigem Essen, bei denen große Mengen an Nahrung in kurzer Zeit konsumiert werden, gefolgt von Verhaltensweisen zur Gewichtskontrolle wie Erbrechen, übermäßigem Sporttreiben oder Missbrauch von Abführmitteln. Diese Verhaltensweisen können zu erheblichen gesundheitlichen Komplikationen führen, darunter Dehydration, Elektrolytstörungen, Zahnschäden, Magen- und Darmprobleme, Schilddrüsenprobleme und Herzrhythmusstörungen.

Auf emotionaler Ebene können Menschen mit Bulimia nervosa Anzeichen von Depressionen, Angstzuständen, Scham, Schuldgefühlen, geringem Selbstwertgefühl und einem starken Bedürfnis nach Kontrolle zeigen. Diese emotionalen Symptome können zu erheblichem Leiden und Beeinträchtigungen im täglichen Leben führen und die Behandlung der Erkrankung erschweren.

Die Diagnose von Bulimia nervosa basiert auf einer umfassenden Beurteilung der Symptome, des Gesundheitszustands und der Krankheitsgeschichte des Patienten durch qualifizierte Fachkräfte, wie Psychiater, Psychologen oder Ernährungsspezialisten. Das Diagnostic and Statistical Manual of Mental Disorders (DSM-5) definiert die Diagnosekriterien für Bulimia nervosa und umfasst folgende Hauptmerkmale:

- Wiederholte Episoden von Essanfällen, die durch einen Verlust der Kontrolle über die Nahrungsaufnahme gekennzeichnet sind und zu einer übermäßigen Menge an Nahrung führen.
- Wiederholte Verhaltensweisen zur Gewichtskontrolle wie Erbrechen, übermäßiges Sporttreiben, Missbrauch von Abführmitteln oder Fasten, die in einem Versuch unternommen werden, die Auswirkungen der Essanfälle zu kompensieren.
- Der Körpergewichts- und Figurzwang spielt eine übermäßig wichtige Rolle im Selbstwertgefühl des Einzelnen.

Um eine Diagnose von Bulimia nervosa zu stellen, müssen mindestens drei dieser Hauptkriterien erfüllt sein. Darüber hinaus können auch andere Symptome und Verhaltensweisen berücksichtigt werden, um eine umfassende Einschätzung des Zustands des Patienten zu erhalten.

Die Ursachen von Bulimia nervosa sind vielschichtig und umfassen genetische, biologische, psychologische und soziale Faktoren. Es wird angenommen, dass genetische Veranlagung eine Rolle spielt, da Bulimia nervosa häufig in Familien gehäuft auftritt. Biologische Faktoren wie neurochemische Ungleichgewichte im Gehirn, insbesondere im Zusammenhang mit Serotonin, können ebenfalls eine Rolle spielen und die Stimmung, das Verhalten und die Regulation des Appetits beeinflussen. Psychologische Faktoren wie geringes Selbstwertgefühl, Perfektionismus, Angststörungen und depressive Symptome können ebenfalls zur Entwicklung von Bulimia nervosa beitragen, ebenso wie soziale Faktoren wie kulturelle Ideale von Schönheit und Körpergewicht, Peer-Druck und traumatische Lebensereignisse wie Missbrauch oder Mobbing.

Eine frühzeitige Intervention bei Bulimia nervosa ist entscheidend, da die Erkrankung mit schwerwiegenden gesundheitlichen Komplikationen und sogar lebensbedrohlichen Folgen verbunden sein kann. Zu den möglichen Komplikationen gehören Dehydration,

Elektrolytstörungen, Zahnschäden, Magen- und Darmprobleme, Schilddrüsenprobleme und Herzrhythmusstörungen. Je früher Bulimia nervosa erkannt und behandelt wird, desto besser sind die Chancen auf eine vollständige Genesung und eine Wiederherstellung des gesunden Essverhaltens und Körperbildes.

Es ist wichtig, dass Menschen, die an Bulimia nervosa leiden, Unterstützung und Behandlung erhalten, um ihre Symptome zu bewältigen und ihre Lebensqualität zu verbessern. Psychotherapie, insbesondere kognitive Verhaltenstherapie (KVT) und dialektisch-behaviorale Therapie (DBT), kann hilfreich sein, um negative Denkmuster und Verhaltensweisen zu identifizieren und zu ändern und emotionale Regulationstechniken zu erlernen. Medikamente können zur Behandlung begleitender Symptome wie Depressionen oder Angstzustände eingesetzt werden, obwohl sie nicht spezifisch für die Behandlung von Bulimia nervosa zugelassen sind. Eine ganzheitliche Herangehensweise, die körperliche, emotionale, soziale und spirituelle Aspekte des Wohlbefindens berücksichtigt, kann dazu beitragen, die Lebensqualität der Betroffenen zu verbessern und ihre Fähigkeit zur Bewältigung von Herausforderungen zu stärken.

Insgesamt ist Bulimia nervosa eine ernste Essstörung, die eine frühzeitige Intervention und eine ganzheitliche Behandlung erfordert, um schwerwiegende gesundheitliche Komplikationen zu vermeiden und die Chancen auf eine vollständige Genesung zu verbessern. Es ist wichtig, dass Menschen, die an Bulimia nervosa leiden, Unterstützung und Behandlung erhalten, um ihre Symptome zu bewältigen und ihre Lebensqualität zu verbessern.

Binge-Eating-Störung
Die Binge-Eating-Störung (BED) ist eine ernsthafte Essstörung, die durch wiederholte Episoden von zwanghaftem übermäßigem Essen gekennzeichnet ist, bei denen ein Gefühl des Kontrollverlusts herrscht. Im Gegensatz zur Bulimia nervosa werden nach diesen Essanfällen jedoch keine Gegenmaßnahmen ergriffen, wie beispielsweise Erbrechen oder übermäßiger Sport. BED kann zu

erheblichen körperlichen, emotionalen und sozialen Problemen führen und erfordert eine umfassende Behandlung und Unterstützung. In dieser ausführlichen Zusammenfassung werden die Symptome, Diagnosekriterien, Ursachen und Behandlungsmöglichkeiten für die Binge-Eating-Störung betrachtet.

Menschen mit Binge-Eating-Störung erleben regelmäßige Episoden von übermäßigem Essen, bei denen sie das Gefühl haben, die Kontrolle über ihr Essverhalten zu verlieren. Diese Essanfälle sind oft von einem starken Verlangen nach Essen begleitet und werden häufig in kurzer Zeit konsumiert, manchmal sogar in einer einzelnen Sitzung. Nach den Essanfällen erleben Betroffene oft Gefühle von Scham, Schuldgefühlen und Unbehagen aufgrund ihres Essverhaltens, aber im Gegensatz zu Bulimie-Patienten ergreifen sie keine Gegenmaßnahmen wie Erbrechen oder übermäßiges Sporttreiben, um die Kalorienzufuhr zu kompensieren.

Binge-Eating-Episoden treten häufig im Geheimen auf, und die Betroffenen fühlen sich oft sehr unglücklich über ihr Essverhalten. Dies kann zu einem Teufelskreis führen, in dem die Essanfälle dazu führen, dass sich die Person schlecht fühlt, was wiederum zu weiteren Essanfällen führt. Dies kann zu einem erheblichen Gewichtszuwachs führen, was das Gefühl der Scham und des Selbsthasses verstärken kann.

Darüber hinaus können Menschen mit Binge-Eating-Störung eine Vielzahl von emotionalen und psychologischen Symptomen zeigen, darunter Depressionen, Angstzustände, geringes Selbstwertgefühl, emotionale Labilität und Probleme mit der Stressbewältigung. Diese Symptome können zu erheblichem Leiden und Beeinträchtigungen im täglichen Leben führen und die Lebensqualität der Betroffenen stark beeinträchtigen.

Die Diagnose der Binge-Eating-Störung basiert auf bestimmten Diagnosekriterien, die im Diagnostic and Statistical Manual of Mental Disorders (DSM-5) festgelegt sind. Zu den Hauptmerkmalen der BED gehören wiederholte Episoden von Essanfällen, bei denen eine große Menge an Nahrung in kurzer Zeit konsumiert wird, ein Gefühl des Kontrollverlusts während der Essanfälle und das Fehlen von Gegenmaßnahmen wie Erbrechen oder übermäßiges Sporttreiben, um die Kalorienzufuhr zu kompensieren. Diese Essanfälle müssen mindestens einmal pro Woche über einen Zeitraum von drei Monaten auftreten, um die Diagnose der BED zu erfüllen.

Zusätzlich zu den Hauptkriterien können auch andere Symptome und Verhaltensweisen berücksichtigt werden, um eine umfassende Beurteilung des Zustands des Patienten zu erhalten. Dazu gehören emotionale und psychologische Symptome wie Depressionen, Angstzustände, geringes Selbstwertgefühl und Probleme mit der Stressbewältigung.

Die Ursachen der Binge-Eating-Störung sind komplex und multifaktoriell und können genetische, biologische, psychologische und soziale Faktoren umfassen. Es wird angenommen, dass genetische Veranlagung eine Rolle spielen kann, da BED in Familien gehäuft auftritt. Biologische Faktoren wie neurochemische Ungleichgewichte im Gehirn, insbesondere im Zusammenhang mit Serotonin, können ebenfalls eine Rolle spielen und das Essverhalten, die Stimmung und die Regulation des Appetits beeinflussen.

Psychologische Faktoren wie geringes Selbstwertgefühl, emotionale Instabilität, Perfektionismus und Probleme mit der Stressbewältigung können ebenfalls zur Entwicklung von BED beitragen. Soziale Faktoren wie traumatische Lebensereignisse, familiäre Konflikte, Missbrauch oder Mobbing können ebenfalls das Risiko für die Entwicklung von BED erhöhen.

Die Behandlung der Binge-Eating-Störung erfordert in der Regel eine umfassende und individuell angepasste Herangehensweise, die medizinische, psychologische und ernährungsbezogene Interventionen umfassen kann. Psychotherapie, insbesondere kognitive Verhaltenstherapie (KVT) und dialektisch-behaviorale

Therapie (DBT), kann hilfreich sein, um negative Denkmuster und Verhaltensweisen zu identifizieren und zu ändern, emotionale Regulationstechniken zu erlernen und die Beziehung zum Essen zu verbessern.

Medikamente können ebenfalls zur Behandlung begleitender Symptome wie Depressionen oder Angstzustände eingesetzt werden, obwohl sie nicht spezifisch für die Behandlung von BED zugelassen sind. Ernährungsberatung und Unterstützung können helfen, gesunde Essgewohnheiten zu entwickeln und eine ausgewogene Ernährung zu erreichen.

Eine ganzheitliche Herangehensweise, die körperliche, emotionale, soziale und spirituelle Aspekte des Wohlbefindens berücksichtigt, kann dazu beitragen, die Lebensqualität der Betroffenen zu verbessern und ihre Fähigkeit zur Bewältigung von Herausforderungen zu stärken. Es ist wichtig, dass Menschen mit BED Unterstützung und Behandlung erhalten, um ihre Symptome zu bewältigen und ihre Lebensqualität zu verbessern.

Insgesamt ist die Binge-Eating-Störung eine ernsthafte Essstörung, die eine frühzeitige Intervention und eine umfassende Behandlung erfordert, um schwerwiegende gesundheitliche Komplikationen zu vermeiden und die Chancen auf eine vollständige Genesung zu verbessern. Es ist wichtig, dass Menschen mit BED Unterstützung und Behandlung erhalten, um ihre Symptome zu bewältigen und ihre Lebensqualität zu verbessern.

Ursachen und Risikofaktoren für Essstörungen
Essstörungen sind komplexe psychische Erkrankungen, die durch gestörtes Essverhalten und eine dysfunktionale Wahrnehmung des eigenen Körpers gekennzeichnet sind. Die Ursachen und Risikofaktoren für Essstörungen sind vielfältig und können genetische, biologische, psychologische und soziale Einflüsse umfassen. In dieser ausführlichen Zusammenfassung werden die verschiedenen Faktoren betrachtet, die zur Entwicklung von

Essstörungen beitragen können, sowie die komplexen Zusammenhänge zwischen diesen Faktoren.

Genetische Veranlagung spielt eine bedeutende Rolle bei der Entstehung von Essstörungen. Studien haben gezeigt, dass Essstörungen in Familien gehäuft auftreten, was darauf hinweist, dass bestimmte genetische Faktoren das Risiko für die Entwicklung einer Essstörung erhöhen können. Es wird angenommen, dass mehrere Gene beteiligt sind, die verschiedene Aspekte des Essverhaltens, der Stimmung und der Körperwahrnehmung beeinflussen können. Diese genetischen Faktoren können dazu beitragen, dass Menschen anfälliger für Essstörungen sind, insbesondere wenn sie auch anderen Risikofaktoren ausgesetzt sind.

Biologische Faktoren wie neurochemische Ungleichgewichte im Gehirn können ebenfalls eine Rolle bei der Entstehung von Essstörungen spielen. Neurotransmitter wie Serotonin, Dopamin und Noradrenalin sind chemische Botenstoffe im Gehirn, die eine wichtige Rolle bei der Regulation von Stimmung, Verhalten und Appetit spielen. Veränderungen im Gleichgewicht dieser Neurotransmitter können das Essverhalten beeinflussen und das Risiko für die Entwicklung von Essstörungen erhöhen. Darüber hinaus können auch hormonelle Veränderungen, insbesondere während der Pubertät oder bei Frauen während des Menstruationszyklus oder der Schwangerschaft, das Risiko für die Entwicklung von Essstörungen erhöhen.

Psychologische Faktoren spielen eine entscheidende Rolle bei der Entstehung von Essstörungen. Geringes Selbstwertgefühl, Perfektionismus, geringe Selbstakzeptanz, Schwierigkeiten bei der Bewältigung von Emotionen und ein starkes Bedürfnis nach Kontrolle können das Risiko für die Entwicklung von Essstörungen erhöhen. Menschen mit Essstörungen können ein gestörtes Körperbild haben und sich unabhängig von ihrem tatsächlichen Gewicht oder Aussehen als zu dick empfinden. Dies kann zu einem Teufelskreis führen, in dem das Streben nach einem unrealistischen

Idealgewicht zu einem zwanghaften Verhalten in Bezug auf Ernährung und Gewichtskontrolle führt.

Soziale Faktoren wie kulturelle Ideale von Schönheit und Körpergewicht, Peer-Druck, familiäre Konflikte, Missbrauch oder Mobbing können ebenfalls das Risiko für die Entwicklung von Essstörungen erhöhen. In Gesellschaften, in denen dünn sein als Ideal angesehen wird und körperliche Erscheinung stark bewertet wird, können Menschen, insbesondere Jugendliche und junge Erwachsene, einem erhöhten Druck ausgesetzt sein, einem unrealistischen Schönheitsideal zu entsprechen. Dies kann zu einem gestörten Körperbild führen und das Risiko für die Entwicklung von Essstörungen erhöhen. Familiäre Konflikte, Missbrauch oder Mobbing können ebenfalls das Risiko für die Entwicklung von Essstörungen erhöhen, da sie das Selbstwertgefühl und die emotionale Stabilität beeinträchtigen können.

Es ist wichtig zu betonen, dass Essstörungen in der Regel das Ergebnis einer komplexen Wechselwirkung verschiedener genetischer, biologischer, psychologischer und sozialer Faktoren sind. Diese Faktoren können sich gegenseitig verstärken und einander beeinflussen, was dazu führt, dass Menschen anfälliger für Essstörungen werden. Zum Beispiel können genetische Veranlagung und biologische Faktoren das Risiko für die Entwicklung von Essstörungen erhöhen, während psychologische und soziale Faktoren die Wahrscheinlichkeit erhöhen können, dass diese genetische Veranlagung ausgelöst wird. Umgekehrt können psychologische und soziale Faktoren das Risiko für die Entwicklung von Essstörungen erhöhen, indem sie die Auswirkungen von genetischer Veranlagung und biologischen Faktoren verstärken.

Eine frühzeitige Erkennung von Essstörungen ist entscheidend, da sie die Chancen auf eine erfolgreiche Behandlung und Genesung verbessern kann. Frühe Anzeichen und Symptome von Essstörungen sollten ernst genommen und von qualifizierten Fachkräften, wie Psychologen, Ärzten oder Ernährungsberatern, beurteilt werden. Präventive Maßnahmen, die darauf abzielen, das Risiko für die Entwicklung von Essstörungen zu verringern, können ebenfalls hilfreich sein. Dazu gehören die Förderung eines gesunden Körperbildes und einer positiven Selbstwahrnehmung, die Förderung gesunder Essgewohnheiten und eines ausgewogenen Lebensstils, die Stärkung der psychischen Gesundheit und die Sensibilisierung für die Risiken von Essstörungen in der Öffentlichkeit.

Insgesamt sind Essstörungen komplexe psychische Erkrankungen, die durch eine Vielzahl von Ursachen und Risikofaktoren beeinflusst werden. Es ist wichtig, dass Menschen mit Essstörungen Unterstützung und Behandlung erhalten, um ihre Symptome zu bewältigen und ihre Lebensqualität zu verbessern. Eine ganzheitliche Herangehensweise, die genetische, biologische, psychologische und soziale Aspekte berücksichtigt, kann dazu beitragen, die Ursachen von Essstörungen besser zu verstehen und effektive Präventions- und Behandlungsstrategien zu entwickeln.

Behandlungsmöglichkeiten und Therapien
Die Behandlungsmöglichkeiten und Therapien für psychische Erkrankungen sind vielfältig und reichen von medikamentösen Ansätzen über psychotherapeutische Interventionen bis hin zu ergänzenden Therapien und Selbsthilfestrategien. Die Wahl der Behandlung hängt von verschiedenen Faktoren ab, darunter die Art und Schwere der Erkrankung, individuelle Präferenzen des Patienten, vorhandene Ressourcen und die Verfügbarkeit qualifizierter Fachkräfte. In dieser ausführlichen Zusammenfassung werden verschiedene Behandlungsmöglichkeiten und Therapien für psychische Erkrankungen betrachtet und ihre Wirksamkeit, Vor- und Nachteile sowie Anwendungsbereiche diskutiert.

Medikamente werden häufig zur Behandlung von psychischen Erkrankungen eingesetzt und können helfen, Symptome zu lindern und die Lebensqualität der Betroffenen zu verbessern. Verschiedene Klassen von Medikamenten werden für verschiedene psychische Störungen eingesetzt, darunter Antidepressiva, Antipsychotika, Stimmungsstabilisatoren, Anxiolytika und Stimulanzien. Antidepressiva werden beispielsweise zur Behandlung von Depressionen, Angststörungen, Zwangsstörungen und einigen Essstörungen eingesetzt und können helfen, Stimmungsschwankungen, Angstzustände, Zwangsgedanken und Essanfälle zu reduzieren. Antipsychotika werden zur Behandlung von Psychosen wie Schizophrenie und manischen Episoden bei bipolarer Störung eingesetzt und können Halluzinationen, Wahnvorstellungen und Denkstörungen lindern. Stimmungsstabilisatoren werden zur Behandlung von bipolaren Störungen eingesetzt und können helfen, Stimmungsschwankungen und manische Episoden zu stabilisieren. Anxiolytika werden zur Behandlung von Angststörungen eingesetzt und können helfen, Angstzustände und Panikattacken zu reduzieren. Stimulanzien werden zur Behandlung von ADHS eingesetzt und können helfen, Aufmerksamkeit, Konzentration und Impulskontrolle zu verbessern.

Obwohl Medikamente wirksam sein können, haben sie auch potenzielle Nebenwirkungen und Risiken, und ihre Wirksamkeit kann von Person zu Person variieren. Es ist wichtig, dass Medikamente unter ärztlicher Aufsicht eingenommen werden und dass Patienten regelmäßig überwacht werden, um Nebenwirkungen zu erkennen und zu behandeln. Darüber hinaus können einige Medikamente abhängig machen und sollten daher mit Vorsicht verwendet werden. Die Entscheidung über die Verwendung von Medikamenten sollte individuell getroffen werden und unter Berücksichtigung der spezifischen Bedürfnisse und Vorlieben des Patienten.

Psychotherapie ist eine wichtige Behandlungsmöglichkeit für psychische Erkrankungen und kann allein oder in Kombination mit Medikamenten eingesetzt werden. Es gibt verschiedene Formen von Psychotherapie, die für verschiedene psychische Störungen wirksam sein können, darunter kognitive Verhaltenstherapie (KVT), dialektisch-behaviorale Therapie (DBT), psychodynamische

Therapie, interpersonal Therapie, Expositionstherapie und Familientherapie. Kognitive Verhaltenstherapie (KVT) ist eine der am häufigsten verwendeten Formen von Psychotherapie und zielt darauf ab, negative Denkmuster und Verhaltensweisen zu identifizieren und zu ändern, um die Symptome zu lindern. Dialektisch-behaviorale Therapie (DBT) ist eine spezialisierte Form der KVT, die entwickelt wurde, um Menschen mit Borderline-Persönlichkeitsstörung zu helfen, ihre Emotionen zu regulieren und ihre zwischenmenschlichen Beziehungen zu verbessern. Psychodynamische Therapie zielt darauf ab, unbewusste Konflikte und emotionale Probleme zu identifizieren und zu lösen, die zur Entwicklung psychischer Störungen beitragen können. Interpersonelle Therapie konzentriert sich auf die Verbesserung zwischenmenschlicher Beziehungen und die Bewältigung sozialer Probleme, die zur Entwicklung psychischer Störungen beitragen können. Expositionstherapie wird häufig zur Behandlung von Angststörungen und PTBS eingesetzt und zielt darauf ab, die Angst vor bestimmten Objekten oder Situationen zu reduzieren, indem sie ihnen kontrolliert und schrittweise ausgesetzt wird. Familientherapie zielt darauf ab, familiäre Konflikte und Kommunikationsprobleme zu lösen, die zur Entwicklung psychischer Störungen beitragen können, und die Familienmitglieder dabei zu unterstützen, sich gegenseitig zu unterstützen und zu verstehen.

Neben Medikamenten und Psychotherapie können auch ergänzende Therapien und Selbsthilfestrategien bei der Behandlung von psychischen Erkrankungen hilfreich sein. Dazu gehören Entspannungstechniken wie Meditation, Yoga, progressive Muskelentspannung und Atemübungen, die helfen können, Stress abzubauen und die emotionale Gesundheit zu verbessern. Sport und körperliche Aktivität können ebenfalls dazu beitragen, Stimmungsschwankungen zu reduzieren und das Selbstwertgefühl zu verbessern. Kunsttherapie, Musiktherapie und Tanztherapie können ebenfalls hilfreich sein, um Emotionen auszudrücken und kreative Bewältigungsstrategien zu entwickeln. Tiergestützte Therapie und Naturtherapie können ebenfalls dazu beitragen,

Stress abzubauen und das allgemeine Wohlbefinden zu verbessern.

Darüber hinaus gibt es eine Vielzahl von Selbsthilfestrategien, die Menschen mit psychischen Erkrankungen dabei unterstützen können, ihre Symptome zu bewältigen und ihre Lebensqualität zu verbessern. Dazu gehören die Förderung gesunder Lebensgewohnheiten wie ausgewogene Ernährung, ausreichend Schlaf, regelmäßige körperliche Aktivität und der Verzicht auf schädliche Substanzen wie Alkohol und Drogen. Die Teilnahme an Selbsthilfegruppen und Peer-Support-Programmen kann ebenfalls hilfreich sein, um Unterstützung von anderen Betroffenen zu erhalten und sich gegenseitig zu unterstützen. Die Nutzung von Online-Ressourcen, Büchern und Apps zur Selbsthilfe kann ebenfalls hilfreich sein, um Informationen zu erhalten, Fähigkeiten zu erlernen und Unterstützung zu finden.

Insgesamt gibt es eine Vielzahl von Behandlungsmöglichkeiten und Therapien für psychische Erkrankungen, die Menschen dabei helfen können, ihre Symptome zu bewältigen und ihre Lebensqualität zu verbessern. Die Wahl der Behandlung hängt von verschiedenen Faktoren ab, darunter die Art und Schwere der Erkrankung, individuelle Präferenzen des Patienten, vorhandene Ressourcen und die Verfügbarkeit qualifizierter Fachkräfte. Eine ganzheitliche Herangehensweise, die medikamentöse, psychotherapeutische, ergänzende und Selbsthilfestrategien umfasst, kann dazu beitragen, die Ursachen von psychischen Erkrankungen zu verstehen und effektive Präventions- und Behandlungsstrategien zu entwickeln. Es ist wichtig, dass Menschen mit psychischen Erkrankungen Unterstützung und Behandlung erhalten, um ihre Symptome zu bewältigen und ihre Lebensqualität zu verbessern.

Körperbild und Essstörungen

Das Körperbild spielt eine zentrale Rolle in der Entwicklung und Aufrechterhaltung von Essstörungen wie Anorexia nervosa, Bulimia nervosa und Binge-Eating-Störung. Diese psychischen

Erkrankungen sind durch eine gestörte Wahrnehmung des eigenen Körpers sowie durch negative Gedanken und Verhaltensweisen im Zusammenhang mit Essen und Gewicht gekennzeichnet. In dieser ausführlichen Zusammenfassung werden die Zusammenhänge zwischen Körperbild und Essstörungen untersucht, die Auswirkungen auf die Betroffenen diskutiert und verschiedene Ansätze zur Behandlung und Prävention dieser Störungen betrachtet.

Das Körperbild bezieht sich auf die Art und Weise, wie Menschen ihren eigenen Körper wahrnehmen, bewerten und interpretieren. Bei Menschen mit Essstörungen ist das Körperbild oft verzerrt und negativ, was dazu führen kann, dass sie sich selbst als übergewichtig oder unattraktiv wahrnehmen, auch wenn sie tatsächlich untergewichtig oder normalgewichtig sind. Diese verzerrte Wahrnehmung kann zu einem starken Verlangen führen, Gewicht zu verlieren oder das Körpergewicht zu kontrollieren, was zu gefährlichen Verhaltensweisen wie übermäßigem Diäten, Fasten, exzessivem Sport und selbstinduziertem Erbrechen führen kann. Bei Anorexia nervosa zum Beispiel kann die Person trotz extremen Untergewichts weiterhin das Gefühl haben, zu dick zu sein, und sich selbst als fett wahrnehmen, was zu einer weiteren Gewichtsabnahme und einem ernsthaften Risiko für körperliche und psychische Gesundheitsprobleme führen kann.

Das Körperbild wird von einer Vielzahl von Faktoren beeinflusst, darunter kulturelle Normen und Ideale, soziale Vergleiche, familiäre Einflüsse, persönliche Erfahrungen und traumatische Ereignisse. In westlichen Gesellschaften, in denen dünn sein oft als Ideal angesehen wird und Schönheitsstandards durch Medien, Werbung und soziale Medien gefördert werden, sind Menschen besonders anfällig für negative Körperbilder und den Wunsch, diesem Ideal zu entsprechen. Soziale Vergleiche mit anderen, insbesondere mit Personen, die als attraktiv oder schlank angesehen werden, können dazu führen, dass Menschen ihr eigenes Aussehen negativ bewerten und sich selbst abwerten. Darüber hinaus können familiäre Konflikte, Missbrauchserfahrungen und andere traumatische Ereignisse das Körperbild negativ beeinflussen und die Entwicklung von Essstörungen begünstigen.

Die Auswirkungen von gestörtem Körperbild und Essstörungen können schwerwiegend sein und alle Bereiche des Lebens der Betroffen beeinträchtigen. Körperliche Auswirkungen können Untergewicht, Mangelernährung, Dehydrierung, Herzprobleme, Knochenschwund, Hormonstörungen und andere lebensbedrohliche Komplikationen umfassen. Psychische Auswirkungen können Depressionen, Angstzustände, Zwangsstörungen, Selbstverletzung und suizidale Gedanken umfassen. Soziale Auswirkungen können soziale Isolation, Einschränkung der sozialen Aktivitäten, Konflikte in Beziehungen und berufliche Beeinträchtigungen umfassen. Darüber hinaus können Essstörungen auch zu erheblichen emotionalen Belastungen führen, einschließlich Scham, Schuldgefühlen, Unzufriedenheit und einem negativen Selbstwertgefühl.

Die Behandlung von gestörtem Körperbild und Essstörungen erfordert einen ganzheitlichen Ansatz, der medizinische, psychologische und ernährungstherapeutische Interventionen umfasst. Medizinische Interventionen können die Stabilisierung des körperlichen Gesundheitszustands, die Behandlung von Komplikationen und die Überwachung des Gewichts umfassen. Psychologische Interventionen können verschiedene Formen der Psychotherapie wie kognitive Verhaltenstherapie (KVT), dialektisch-behaviorale Therapie (DBT), psychodynamische Therapie und Familientherapie umfassen, die darauf abzielen, negative Gedanken und Verhaltensweisen zu identifizieren und zu ändern, die zur Entwicklung und Aufrechterhaltung der Essstörung beitragen. Ernährungstherapeutische Interventionen können dabei helfen, einen gesunden Ernährungsplan zu entwickeln, der die Nährstoffaufnahme verbessert, das Gewicht stabilisiert und ein gesundes Essverhalten fördert.

Präventionsansätze konzentrieren sich darauf, das Bewusstsein für die Risikofaktoren für Essstörungen zu erhöhen, negative

Körperbilder zu bekämpfen und positive Körperbilder zu fördern. Schulbasierte Programme, Elterntrainings, Medienkompetenzprogramme und Community-Interventionen können dazu beitragen, das Verständnis für Schönheitsideale zu erweitern, soziale Vergleiche zu reduzieren und ein gesundes Körperbild zu fördern. Darüber hinaus ist es wichtig, dass Menschen mit Essstörungen frühzeitig diagnostiziert und behandelt werden, um das Risiko von lebensbedrohlichen Komplikationen zu verringern und die Genesungschancen zu verbessern. Es ist auch wichtig, dass Menschen mit gestörtem Körperbild und Essstörungen Zugang zu qualifizierten Fachkräften haben, die sie dabei unterstützen können, ihre psychischen und körperlichen Gesundheitsziele zu erreichen und ein positives Selbstbild zu entwickeln. Insgesamt ist die Behandlung von gestörtem Körperbild und Essstörungen eine komplexe Herausforderung, die eine umfassende und multidisziplinäre Herangehensweise erfordert, um die Bedürfnisse der Betroffenen effektiv zu adressieren und langfristige positive Veränderungen zu fördern.

Essstörungen im kulturellen Kontext
Essstörungen, wie Anorexia nervosa, Bulimia nervosa und Binge-Eating-Störung, sind nicht nur individuelle psychische Erkrankungen, sondern werden auch stark vom kulturellen Kontext beeinflusst. Die Art und Weise, wie Essen, Körperbild und Gewicht in einer Gesellschaft wahrgenommen werden, sowie kulturelle Normen und Ideale spielen eine entscheidende Rolle bei der Entstehung, Aufrechterhaltung und Behandlung von Essstörungen. In dieser ausführlichen Zusammenfassung werden die Auswirkungen des kulturellen Kontexts auf Essstörungen untersucht, verschiedene kulturelle Einflüsse diskutiert und Ansätze zur Prävention und Behandlung im kulturellen Kontext betrachtet.

Kulturelle Normen und Ideale bezüglich Körperbild und Schönheit können einen starken Einfluss auf die Entwicklung von Essstörungen haben. In westlichen Gesellschaften, in denen dünne Körper als idealisiert gelten und Schönheitsstandards durch Medien, Werbung und soziale Medien gefördert werden, sind

Menschen besonders anfällig für negative Körperbilder und den Wunsch, diesem Ideal zu entsprechen. Insbesondere junge Mädchen und Frauen können einem starken Druck ausgesetzt sein, dünn zu sein und einem unrealistischen Schönheitsideal zu entsprechen, was zu einer erhöhten Vulnerabilität für Essstörungen führen kann. Darüber hinaus können kulturelle Normen, die Essverhalten und Körpergewicht betreffen, zu einem gestörten Essverhalten und negativen Einstellungen gegenüber dem Essen führen, was die Entwicklung von Essstörungen begünstigen kann.

Es gibt deutliche kulturelle Unterschiede in der Prävalenz von Essstörungen, wobei westliche Gesellschaften tendenziell höhere Raten von Essstörungen aufweisen als nicht-westliche Gesellschaften. Dies ist teilweise darauf zurückzuführen, dass westliche Schönheitsideale und Körpernormen in vielen Teilen der Welt durch Medien und Globalisierung verbreitet werden, was zu einem Anstieg von Essstörungen in nicht-westlichen Kulturen führen kann. Dennoch gibt es auch kulturelle Unterschiede in den Erscheinungsformen und Ausprägungen von Essstörungen, wobei einige kulturelle Gruppen möglicherweise eher zu bestimmten Essstörungen neigen oder unterschiedliche Symptome und Verhaltensweisen aufweisen.

Kulturelle Konzepte von Körperbild und Schönheit variieren stark von Kultur zu Kultur und können sich im Laufe der Zeit verändern. In einigen Kulturen werden üppige Körper als attraktiv angesehen und mit Wohlstand, Gesundheit und Fruchtbarkeit in Verbindung gebracht, während in anderen Kulturen dünne Körper als idealisiert gelten und mit Disziplin, Selbstdisziplin und Erfolg assoziiert werden. Diese unterschiedlichen Vorstellungen von Körperbild und Schönheit können dazu führen, dass Menschen in verschiedenen Kulturen unterschiedliche Einstellungen zum Essen, Körpergewicht und Körperbild haben, was sich wiederum auf das Risiko von Essstörungen auswirken kann.

Die Berücksichtigung des kulturellen Kontexts ist entscheidend für die Entwicklung von wirksamen Ansätzen zur Prävention und

Behandlung von Essstörungen. Kulturell sensible Therapieansätze, die die kulturellen Werte, Überzeugungen und Normen der betroffenen Person berücksichtigen, können dazu beitragen, eine bessere Akzeptanz und Wirksamkeit der Behandlung zu gewährleisten. Dies kann die Integration kulturell relevanter Interventionen, die Nutzung von Sprachmittlern und die Zusammenarbeit mit kulturellen Gemeinschaften umfassen, um das Verständnis für Essstörungen zu fördern und den Zugang zu qualitativ hochwertiger Behandlung zu verbessern.

Kulturell sensible Präventionsprogramme können dazu beitragen, das Bewusstsein für die Risikofaktoren für Essstörungen zu erhöhen, negative Körperbilder zu bekämpfen und positive Körperbilder zu fördern. Diese Programme sollten die kulturellen Normen und Ideale berücksichtigen, die in einer bestimmten Gemeinschaft vorherrschen, und darauf abzielen, die Akzeptanz von Vielfalt und Unterschiedlichkeit zu fördern. Schulbasierte Programme, Elterntrainings, Medienkompetenzprogramme und Community-Interventionen können dazu beitragen, das Verständnis für Schönheitsideale zu erweitern, soziale Vergleiche zu reduzieren und ein gesundes Körperbild zu fördern.

Insgesamt zeigt sich, dass Essstörungen stark vom kulturellen Kontext beeinflusst werden und kulturell sensible Ansätze zur Prävention und Behandlung erforderlich sind, um die Bedürfnisse der betroffenen Personen effektiv zu adressieren. Die Berücksichtigung kultureller Unterschiede und kultureller Vielfalt kann dazu beitragen, die Wirksamkeit von Präventions- und Behandlungsmaßnahmen zu verbessern und dazu beizutragen, dass Menschen mit Essstörungen die Unterstützung erhalten, die sie benötigen, um ihre Symptome zu bewältigen und ihre Lebensqualität zu verbessern.

Essstörungen und Komorbidität
Essstörungen, wie Anorexia nervosa, Bulimia nervosa und Binge-Eating-Störung, gehen oft mit anderen psychischen Störungen einher, was als Komorbidität bezeichnet wird. Diese gemeinsamen

Störungen können sich gegenseitig beeinflussen und die Schwere und den Verlauf der Erkrankungen beeinträchtigen. In dieser ausführlichen Zusammenfassung werden die Zusammenhänge zwischen Essstörungen und Komorbidität untersucht, die häufigsten komorbiden Störungen besprochen und verschiedene Ansätze zur Behandlung von Essstörungen und Komorbidität betrachtet.

Essstörungen sind häufig mit anderen psychischen Störungen komorbid, was bedeutet, dass Menschen mit Essstörungen ein erhöhtes Risiko haben, gleichzeitig an einer oder mehreren anderen psychischen Störungen zu leiden. Zu den häufigsten komorbiden Störungen bei Essstörungen gehören Depressionen, Angststörungen, Zwangsstörungen, Substanzgebrauchsstörungen, posttraumatische Belastungsstörungen (PTBS) und Persönlichkeitsstörungen. Diese komorbiden Störungen können die Schwere und den Verlauf der Essstörungen beeinflussen und die Behandlung erschweren.

Depressionen sind eine der häufigsten komorbiden Störungen bei Essstörungen und können sowohl Ursache als auch Folge der Essstörungen sein. Menschen mit Essstörungen können aufgrund von Körperbildproblemen, sozialer Isolation und negativen Selbstwertgefühlen ein erhöhtes Risiko für Depressionen haben. Umgekehrt können Depressionen die Schwere der Essstörungen erhöhen, die Genesung behindern und das Risiko von Rückfällen erhöhen. Die Behandlung von Depressionen bei Menschen mit Essstörungen erfordert oft einen integrativen Ansatz, der medikamentöse Therapie, Psychotherapie und unterstützende Maßnahmen umfasst.

Angststörungen sind ebenfalls häufig mit Essstörungen komorbid und können das Risiko für die Entwicklung von Essstörungen erhöhen oder als Folge davon auftreten. Menschen mit Essstörungen können unter erhöhtem Stress, Angstzuständen, Zwangsstörungen oder sozialer Angst leiden, die das Essverhalten und die Gewichtsregulation beeinflussen können. Umgekehrt können Essstörungen auch Ängste verstärken und das Risiko von

Panikattacken, Phobien und generalisierter Angststörung erhöhen. Die Behandlung von Angststörungen bei Menschen mit Essstörungen erfordert oft einen multimodalen Ansatz, der kognitive Verhaltenstherapie, Expositionstherapie und Entspannungstechniken umfasst.

Substanzgebrauchsstörungen wie Alkohol- und Drogenmissbrauch können ebenfalls mit Essstörungen komorbid auftreten und das Risiko für die Entwicklung von Essstörungen erhöhen. Menschen mit Essstörungen können versuchen, ihre emotionalen Probleme und Stressoren durch Substanzmissbrauch zu bewältigen, was zu einem Teufelskreis von Sucht und Essstörungen führen kann. Umgekehrt können Substanzgebrauchsstörungen das Risiko für Essstörungen erhöhen, indem sie das Essverhalten und die Körperwahrnehmung beeinträchtigen. Die Behandlung von Substanzgebrauchsstörungen und Essstörungen erfordert eine umfassende und integrierte Herangehensweise, die medizinische Entgiftung, psychosoziale Interventionen und Unterstützung bei der Bewältigung von Komorbiditäten umfasst.

PTBS kann ebenfalls mit Essstörungen komorbid auftreten, insbesondere bei Personen, die traumatische Ereignisse wie Missbrauch, Gewalt oder sexuelle Übergriffe erlebt haben. Traumatische Erfahrungen können das Risiko für die Entwicklung von Essstörungen erhöhen, indem sie das Selbstwertgefühl, die emotionale Regulation und das Körperbild beeinträchtigen. Umgekehrt können Essstörungen auch Traumafolgen verschlimmern und das Risiko von posttraumatischen Symptomen erhöhen. Die Behandlung von PTBS und Essstörungen erfordert eine integrative Herangehensweise, die auf die Bewältigung von Trauma, die Verbesserung der Selbstregulation und die Stabilisierung des Essverhaltens abzielt.

Die Behandlung von Essstörungen und Komorbidität erfordert einen ganzheitlichen Ansatz, der die spezifischen Bedürfnisse und Herausforderungen der betroffenen Person berücksichtigt. Dies kann die Integration verschiedener Behandlungsmethoden wie medikamentöse Therapie, Psychotherapie, Ernährungstherapie, Familientherapie und unterstützende Maßnahmen umfassen. Eine enge Zusammenarbeit zwischen verschiedenen Fachkräften wie Ärzten, Psychologen, Ernährungsberatern und Sozialarbeitern ist oft erforderlich, um eine umfassende und koordinierte Versorgung sicherzustellen.

Insgesamt zeigen sich Essstörungen häufig mit anderen psychischen Störungen komorbid, was die Komplexität der Behandlung erhöht und die Bedeutung einer integrativen Herangehensweise unterstreicht. Die Identifizierung und Behandlung von Komorbiditäten ist entscheidend für den langfristigen Behandlungserfolg und die Verbesserung der Lebensqualität der betroffenen Personen. Durch eine umfassende und multidisziplinäre Behandlung können Menschen mit Essstörungen und Komorbidität die Unterstützung erhalten, die sie benötigen, um ihre Symptome zu bewältigen und ihre Genesung zu fördern.

Nahrungsmittel und Ernährungweisen
Die Art der Nahrung kann eine bedeutende Rolle bei der Behandlung von psychischen Erkrankungen spielen. Verschiedene Nahrungsmittel und Ernährungsweisen können einen direkten Einfluss auf die Stimmung, das Energieniveau und die kognitive Funktion haben, was sich wiederum auf das psychische Wohlbefinden auswirken kann. Hier sind einige Aspekte der Ernährungstherapie, die bei der Behandlung von psychischen Erkrankungen berücksichtigt werden können:

Eine ausgewogene Ernährung, die reich an Nährstoffen ist, kann dazu beitragen, die körperliche Gesundheit zu fördern und das Risiko für psychische Erkrankungen zu verringern. Eine Ernährung, die aus einer Vielzahl von Lebensmitteln besteht, einschließlich Obst, Gemüse, Vollkornprodukten, magerem Eiweiß und gesunden Fetten, kann dazu beitragen, die Nährstoffaufnahme zu optimieren und die Stabilität des Blutzuckerspiegels zu regulieren. Der Verzehr von ausgewogenen Mahlzeiten und Snacks kann dazu beitragen,

Energiespitzen und -tiefs zu vermeiden und die Stimmung stabil zu halten.

Omega-3-Fettsäuren, die hauptsächlich in fettem Fisch wie Lachs, Makrele und Sardinen sowie in pflanzlichen Quellen wie Leinsamen, Walnüssen und Chiasamen vorkommen, haben entzündungshemmende Eigenschaften und können dazu beitragen, die Stimmung zu stabilisieren und die kognitive Funktion zu verbessern. Studien haben gezeigt, dass Omega-3-Fettsäuren eine positive Wirkung auf die Symptome von Depressionen, Angststörungen und bipolaren Störungen haben können, und sie werden häufig als Ergänzung zur Behandlung von psychischen Erkrankungen eingesetzt.

Die Gesundheit des Verdauungssystems, insbesondere des Darms, kann einen erheblichen Einfluss auf die psychische Gesundheit haben. Probiotika, die in fermentierten Lebensmitteln wie Joghurt, Sauerkraut, Kefir und Kimchi vorkommen, können dazu beitragen, eine gesunde Darmflora aufrechtzuerhalten und Entzündungen im Körper zu reduzieren, was sich positiv auf die Stimmung und das psychische Wohlbefinden auswirken kann. Studien haben gezeigt, dass die Einnahme von Probiotika die Symptome von Depressionen und Angststörungen verringern kann, indem sie den Serotoninspiegel im Gehirn regulieren und die Kommunikation zwischen Darm und Gehirn verbessern.

Bestimmte Nahrungsmittel und Substanzen können bei manchen Menschen psychische Symptome auslösen oder verschlimmern. Dazu gehören koffeinhaltige Getränke wie Kaffee und Energydrinks, die Angstzustände und Schlafstörungen verstärken können, sowie stark verarbeitete Lebensmittel und künstliche Zusatzstoffe, die Entzündungen im Körper fördern und die Stimmung destabilisieren können. Menschen mit psychischen Erkrankungen können von einer Reduzierung oder Vermeidung dieser Auslöser profitieren und stattdessen auf eine ausgewogene Ernährung mit natürlichen, unverarbeiteten Lebensmitteln umsteigen.

Es ist wichtig zu betonen, dass die Ernährungstherapie individuell sein sollte und den spezifischen Bedürfnissen und Vorlieben des Patienten entsprechen sollte. Ein Ernährungstherapeut kann eng mit dem Patienten zusammenarbeiten, um einen individualisierten Ernährungsplan zu erstellen, der auf seinen spezifischen Nährstoffbedarf, seine Essvorlieben und seine körperlichen Bedürfnisse zugeschnitten ist. Dies kann die schrittweise Integration von neuen Lebensmitteln und Ernährungsgewohnheiten umfassen, um langfristige Veränderungen im Essverhalten zu fördern und die Gesamtwirkung der Behandlung zu verbessern.

Insgesamt kann die Art der Nahrung eine wichtige Rolle bei der Behandlung von psychischen Erkrankungen spielen und dazu beitragen, die Stimmung zu stabilisieren, das Energieniveau zu regulieren und die kognitive Funktion zu verbessern. Eine ausgewogene Ernährung, die reich an Nährstoffen ist und individuellen Bedürfnissen entspricht, kann eine wirksame Ergänzung zu anderen Behandlungsmodalitäten für psychische Erkrankungen sein und dazu beitragen, die Gesamtwirkung der Behandlung zu verbessern.

Lebensqualität und Lebensbewältigung bei Essstörungen
Die Lebensqualität und Lebensbewältigung bei Essstörungen sind von zentraler Bedeutung, da Essstörungen nicht nur die körperliche Gesundheit, sondern auch das alltägliche Funktionieren, die sozialen Beziehungen und das emotionale Wohlbefinden beeinträchtigen können. In dieser ausführlichen Zusammenfassung werden die verschiedenen Aspekte der Lebensqualität und Lebensbewältigung bei Essstörungen untersucht, die Herausforderungen, mit denen Betroffene konfrontiert sind, diskutiert und Ansätze zur Verbesserung der Lebensqualität und Bewältigungsfähigkeiten betrachtet.

Die Lebensqualität bei Essstörungen bezieht sich auf das allgemeine Wohlbefinden, die psychische Gesundheit, die soziale Funktionsfähigkeit und die Zufriedenheit mit verschiedenen Lebensbereichen. Essstörungen können sich stark auf die

Lebensqualität auswirken, indem sie das Selbstwertgefühl, das Körperbild, die sozialen Beziehungen, die berufliche Funktionsfähigkeit und die Lebenszufriedenheit beeinträchtigen. Menschen mit Essstörungen können unter starken emotionalen Belastungen, sozialer Isolation, eingeschränkten Lebensmöglichkeiten und einem verringerten Gefühl der Lebensfreude leiden.

Die Bewältigung des Lebens mit einer Essstörung kann mit zahlreichen Herausforderungen verbunden sein, die das tägliche Funktionieren und das emotionale Wohlbefinden beeinträchtigen können. Zu den Herausforderungen gehören der Umgang mit Essanfällen und Abmagerungsversuchen, die Bewältigung von negativen Gedanken und Gefühlen in Bezug auf das Essen und den Körper, die Bewältigung von sozialen und beruflichen Einschränkungen sowie der Umgang mit Scham, Schuldgefühlen und Isolation.

Die psychische Belastung bei Essstörungen kann erheblich sein und sich auf das emotionale Wohlbefinden auswirken. Menschen mit Essstörungen können unter starken Stimmungsschwankungen, Depressionen, Angstzuständen, Zwangsstörungen, Selbstverletzungen und suizidalen Gedanken leiden. Die Bewältigung dieser psychischen Belastungen erfordert oft professionelle Unterstützung, psychotherapeutische Interventionen und den Aufbau von Bewältigungsstrategien.

Essstörungen können zu sozialer Isolation und Beziehungsproblemen führen, da Betroffene möglicherweise Schwierigkeiten haben, sich mit anderen zu verbinden, soziale Aktivitäten zu genießen oder intime Beziehungen aufrechtzuerhalten. Die Scham über die Essstörung, die Angst vor Bewertung und Ablehnung sowie die Fixierung auf Essen und Körper können dazu führen, dass Menschen mit Essstörungen sich von anderen zurückziehen und sich isolieren. Die Bewältigung von sozialer Isolation und Beziehungsproblemen erfordert oft Unterstützung von Familie, Freunden und Therapeuten sowie den

Aufbau von Kommunikationsfähigkeiten und sozialen Kompetenzen.

Essstörungen können auch zu beruflichen Einschränkungen und Bildungschancen führen, da die Symptome der Essstörung die Konzentration, das Gedächtnis, die kognitive Leistungsfähigkeit und die Motivation beeinträchtigen können. Menschen mit Essstörungen können Schwierigkeiten haben, ihre beruflichen oder akademischen Ziele zu erreichen, Arbeitsaufgaben zu bewältigen oder sich auf Bildungsinhalte zu konzentrieren. Die Bewältigung von beruflichen Einschränkungen und Bildungschancen erfordert oft eine Anpassung der Lebensumstände, den Aufbau von Selbstmanagementfähigkeiten und die Nutzung von Unterstützungsdiensten.

Die Verbesserung der Lebensqualität und Lebensbewältigung bei Essstörungen erfordert einen ganzheitlichen Ansatz, der medizinische, psychologische, soziale und emotionale Aspekte umfasst. Dies kann die Teilnahme an Psychotherapie, medizinischer Überwachung, Ernährungsberatung, Selbsthilfegruppen, Familientherapie, Rehabilitation und unterstützenden Diensten umfassen. Darüber hinaus können Bewältigungsstrategien wie Stressmanagement, Entspannungstechniken, kognitive Umstrukturierung, Achtsamkeit und Selbstfürsorge dazu beitragen, das emotionale Wohlbefinden zu verbessern und die Lebensqualität zu steigern.

Insgesamt ist die Lebensqualität und Lebensbewältigung bei Essstörungen ein wichtiger Aspekt der Genesung und Rehabilitation, der eine umfassende und individuell angepasste Unterstützung erfordert. Durch die Bereitstellung von gezielten Interventionen, Ressourcen und Unterstützungsdiensten können Menschen mit Essstörungen lernen, mit den Herausforderungen umzugehen, ihre Lebensqualität zu verbessern und ein erfülltes Leben zu führen.

Neurologische Erkrankungen mit psychiatrischen Symptomen

Demenz und Alzheimer-Krankheit

Demenz und die Alzheimer-Krankheit sind zwei der häufigsten neurodegenerativen Erkrankungen und stellen eine bedeutende Herausforderung für die öffentliche Gesundheit dar. Sie sind zwar nicht im engeren Sinne Geisteskrankheiten, jedoch haben sie einen signifikanten Einfluss auf die geistige Gesundheit und können mit anderen psychischen Erkrankungen wie Depressionen und Angststörungen einhergehen. In dieser ausführlichen Zusammenfassung werden Demenz und die Alzheimer-Krankheit im Zusammenhang mit Geisteskrankheiten betrachtet, ihre Ursachen, Symptome, Diagnoseverfahren, Behandlungsmöglichkeiten sowie deren Auswirkungen auf die geistige Gesundheit und das Wohlbefinden der Betroffenen und ihrer Angehörigen untersucht.

Demenz ist ein Oberbegriff für eine Vielzahl von Erkrankungen, die mit einem Verlust kognitiver Funktionen einhergehen, darunter Gedächtnis, Denken, Orientierung, Urteilsvermögen, Problemlösung und Sprache. Die Alzheimer-Krankheit ist die häufigste Ursache für Demenz und wird durch abnorme Ablagerungen von Proteinen im Gehirn, einschließlich Beta-Amyloid-Plaques und Tau-Verwicklungen, verursacht. Zu den Risikofaktoren für Demenz und die Alzheimer-Krankheit gehören genetische Veranlagung, fortgeschrittenes Alter, familiäre Vorgeschichte, Lebensstilfaktoren wie Rauchen, ungesunde Ernährung und mangelnde körperliche Aktivität sowie bestimmte medizinische Bedingungen wie Bluthochdruck, Diabetes und Herz-Kreislauf-Erkrankungen.

Die Symptome von Demenz und der Alzheimer-Krankheit können von Person zu Person variieren, entwickeln sich jedoch im Allgemeinen langsam und schleichend über einen Zeitraum von Jahren. Zu den häufigsten Symptomen gehören Gedächtnisverlust, Desorientierung, Verwirrung, Sprachprobleme, Schwierigkeiten bei der Planung und Durchführung von Aufgaben, Verhaltensänderungen und Persönlichkeitsveränderungen. Die Diagnose von Demenz und der Alzheimer-Krankheit umfasst eine umfassende Bewertung der kognitiven Funktionen, einschließlich körperlicher Untersuchungen, neurologischer Tests, bildgebender Verfahren wie MRT und CT sowie neuropsychologischer Tests zur Bewertung von Gedächtnis, Denken und Verhalten.

Obwohl es derzeit keine Heilung für Demenz und die Alzheimer-Krankheit gibt, stehen verschiedene Behandlungsmöglichkeiten zur Verfügung, um die Symptome zu lindern, den Krankheitsverlauf zu verlangsamen und die Lebensqualität der Betroffenen zu verbessern. Dies kann die Verwendung von Medikamenten wie Cholinesterase-Inhibitoren und NMDA-Rezeptorantagonisten umfassen, um kognitive Symptome zu behandeln, sowie die Verwendung von Antidepressiva, Antipsychotika und Angstmedikamenten zur Behandlung von Begleitsymptomen wie Depressionen, Halluzinationen und Agitationen.

Demenz und die Alzheimer-Krankheit haben erhebliche Auswirkungen auf die geistige Gesundheit und das Wohlbefinden der Betroffenen. Die kognitive Beeinträchtigung und der Gedächtnisverlust können zu Frustration, Angst, Depressionen und einem Verlust des Selbstwertgefühls führen. Darüber hinaus können Veränderungen im Verhalten und der Persönlichkeit, wie Aggression, Unruhe und soziale Rückzug, die Interaktionen mit anderen beeinträchtigen und das emotionale Wohlbefinden beeinträchtigen.

Demenz und die Alzheimer-Krankheit betreffen nicht nur die Betroffenen selbst, sondern haben auch erhebliche Auswirkungen auf ihre Angehörigen und Pflegepersonen. Die Betreuung eines geliebten Menschen mit Demenz kann eine enorme physische, emotionale und finanzielle Belastung darstellen und zu Gefühlen von Stress, Überlastung, Trauer, Einsamkeit und Burnout führen. Die Angehörigen müssen sich oft anpassen und lernen, mit den

Herausforderungen der Krankheit umzugehen, während sie gleichzeitig für die Bedürfnisse ihres geliebten Menschen sorgen.

Die Bewältigung von Demenz und der Alzheimer-Krankheit erfordert eine umfassende und ganzheitliche Herangehensweise, die medizinische, psychologische, soziale und emotionale Unterstützung umfasst. Dies kann die Nutzung von Unterstützungsgruppen für Betroffene und Angehörige, Beratung und Psychotherapie, Bildung und Schulung zur Bewältigung der Krankheit, die Nutzung von Pflege- und Unterstützungsdiensten sowie die Planung für die Zukunft umfassen. Die frühzeitige Diagnose und Intervention sowie eine umfassende und koordinierte Versorgung können dazu beitragen, die Lebensqualität der Betroffenen und ihrer Angehörigen zu verbessern und eine bessere Bewältigung der Krankheit zu ermöglichen.

Insgesamt stellen Demenz und die Alzheimer-Krankheit bedeutende Herausforderungen dar, die eine ganzheitliche Herangehensweise erfordern, um ihre Auswirkungen auf die geistige Gesundheit und das Wohlbefinden der Betroffenen und ihrer Angehörigen zu bewältigen. Durch die Bereitstellung von angemessener Unterstützung, Pflege und Intervention können Menschen mit Demenz und ihren Familien die bestmögliche Versorgung erhalten und eine höhere Lebensqualität erreichen.

Parkinson-Krankheit und psychische Gesundheit
Die Parkinson-Krankheit ist eine neurodegenerative Erkrankung, die primär die motorischen Funktionen beeinträchtigt, aber auch eine Reihe von nicht-motorischen Symptomen aufweisen kann, die die psychische Gesundheit und das Wohlbefinden der Betroffenen erheblich beeinflussen können. In dieser ausführlichen Zusammenfassung werden die Zusammenhänge zwischen der Parkinson-Krankheit und der psychischen Gesundheit untersucht, die Auswirkungen nicht-motorischer Symptome wie Depressionen, Angstzustände, Demenz und Schlafstörungen betrachtet, sowie verschiedene Ansätze zur Bewältigung psychischer Probleme bei Parkinson-Patienten diskutiert.

Die Parkinson-Krankheit ist eine langsam fortschreitende neurologische Erkrankung, die durch den Verlust von Dopamin-produzierenden Nervenzellen im Gehirn verursacht wird, insbesondere in einem Bereich namens Substantia nigra. Dopamin ist ein Neurotransmitter, der eine wichtige Rolle bei der Regulation der Bewegung und des motorischen Kontrollsystems spielt. Die typischen motorischen Symptome der Parkinson-Krankheit umfassen Tremor (Zittern), Bradykinese (Verlangsamung der Bewegungen), Rigor (Muskelsteifigkeit) und posturale Instabilität (Gleichgewichtsstörungen). Neben diesen motorischen Symptomen können Parkinson-Patienten auch eine Reihe von nicht-motorischen Symptomen erleben, die die psychische Gesundheit betreffen können.

Neben den typischen motorischen Symptomen können Parkinson-Patienten eine Reihe von nicht-motorischen Symptomen erleben, die erhebliche Auswirkungen auf ihre psychische Gesundheit haben können. Zu den häufigsten nicht-motorischen Symptomen gehören Depressionen, Angstzustände, Demenz, Schlafstörungen, Halluzinationen und Psychosen. Diese Symptome können sich negativ auf die Lebensqualität der Betroffenen auswirken, ihre Unabhängigkeit beeinträchtigen und zu einem erhöhten Risiko für soziale Isolation, Einsamkeit und Suizidalität führen.

Depression ist eine der häufigsten psychischen Störungen bei Parkinson-Patienten und kann sich auf bis zu 50% der Betroffenen erstrecken. Die Symptome der Depression können von Traurigkeit, Hoffnungslosigkeit und Interessenverlust bis hin zu Schlafstörungen, Müdigkeit und Suizidgedanken reichen. Die Depression bei Parkinson-Patienten kann durch eine Kombination von biologischen, psychologischen und sozialen Faktoren verursacht werden, darunter neurochemische Veränderungen im Gehirn, die mit dem Verlust von Dopamin zusammenhängen, sowie Stress, Bewältigungsmechanismen und soziale Unterstützung.

Angstzustände sind ebenfalls häufig bei Parkinson-Patienten und können sich in Form von generalisierter Angststörung,

Panikstörung, sozialer Angststörung oder spezifischen Phobien manifestieren. Die Symptome von Angstzuständen können sich auf verschiedene Aspekte des Lebens auswirken, einschließlich sozialer Interaktionen, Arbeitsfähigkeit, Schlafqualität und Lebensqualität. Die Angst bei Parkinson-Patienten kann durch motorische Symptome, Unsicherheit über die Zukunft, soziale Isolation und die Belastungen der Krankheit verstärkt werden.

Parkinson-Patienten haben auch ein erhöhtes Risiko für die Entwicklung von Demenz und kognitiven Beeinträchtigungen, insbesondere in späteren Stadien der Krankheit. Die Demenz bei Parkinson-Patienten wird häufig als Parkinson-Krankheit mit Demenz oder Parkinson-Demenz bezeichnet und ist durch einen progressiven Verlust kognitiver Funktionen gekennzeichnet, der das Gedächtnis, die Aufmerksamkeit, das Denken, die Sprache und die Exekutivfunktionen beeinträchtigt. Die kognitiven Beeinträchtigungen können sich negativ auf die Lebensqualität der Betroffenen auswirken und die Fähigkeit zur Selbstversorgung und zur Bewältigung des Alltags einschränken.

Schlafstörungen sind ebenfalls häufig bei Parkinson-Patienten und können sich in Form von Schlaflosigkeit, unruhigen Beinen, REM-Schlafverhaltensstörungen und Tagesschläfrigkeit manifestieren. Die Schlafstörungen können das Wohlbefinden der Betroffenen erheblich beeinträchtigen, ihre motorischen Symptome verschlechtern und zu einer Verschlechterung der kognitiven Funktionen führen. Darüber hinaus können Schlafstörungen das Risiko für Stürze, Verletzungen und Komplikationen erhöhen.

Die Behandlung von psychischen Symptomen bei Parkinson-Patienten erfordert einen umfassenden und integrativen Ansatz, der medikamentöse Therapie, Psychotherapie, kognitive Rehabilitation, Verhaltensinterventionen und unterstützende Maßnahmen umfasst. Dies kann die Verwendung von Antidepressiva, Angstmedikamenten, Antipsychotika und kognitiven Enhancern umfassen, um die Symptome zu lindern und die Lebensqualität zu verbessern. Darüber hinaus können Psychotherapieansätze wie kognitive Verhaltenstherapie, Achtsamkeit, kognitive Umstrukturierung und Unterstützung bei der Bewältigung von stressigen Lebensereignissen und psychischen Belastungen helfen.

Insgesamt haben psychische Symptome wie Depressionen, Angstzustände, Demenz und Schlafstörungen erhebliche Auswirkungen auf die Lebensqualität und das Wohlbefinden von Parkinson-Patienten. Die frühzeitige Erkennung, Diagnose und Behandlung dieser Symptome sind entscheidend für die Optimierung der Behandlungsergebnisse und die Verbesserung der Lebensqualität der Betroffenen. Durch eine ganzheitliche und integrative Versorgung können Parkinson-Patienten die Unterstützung erhalten, die sie benötigen, um psychische Herausforderungen zu bewältigen und ein erfülltes Leben trotz ihrer Erkrankung zu führen.

Epilepsie und psychische Störungen
Epilepsie ist eine neurologische Erkrankung, die durch wiederkehrende Anfälle charakterisiert ist und eine Vielzahl von psychischen Störungen und Problemen verursachen kann. In dieser ausführlichen Zusammenfassung werden die Zusammenhänge zwischen Epilepsie und psychischen Störungen untersucht, die verschiedenen Arten von psychischen Problemen, die bei Menschen mit Epilepsie auftreten können, sowie die Auswirkungen auf ihre Lebensqualität und Behandlungsmöglichkeiten betrachtet.

Epilepsie ist eine Erkrankung des Gehirns, die durch abnorme elektrische Aktivität im Gehirn verursacht wird. Diese abnorme Aktivität führt zu wiederkehrenden Anfällen, die sich in unterschiedlichen Formen und Intensitäten manifestieren können. Die Ursachen für Epilepsie können vielfältig sein und reichen von genetischen Faktoren über Hirnverletzungen bis hin zu Infektionen und Tumoren. Die Symptome von Epilepsie variieren je nach Art des Anfalls und können Krämpfe, Verlust des Bewusstseins, unkontrollierte Bewegungen, Verwirrung, Wahrnehmungsveränderungen und andere neurologische Symptome umfassen.

Menschen mit Epilepsie haben ein erhöhtes Risiko für die Entwicklung einer Vielzahl von psychischen Störungen und Problemen im Vergleich zur Allgemeinbevölkerung. Dazu gehören Angststörungen, Depressionen, bipolare Störungen, Aufmerksamkeitsdefizit-Hyperaktivitätsstörungen (ADHS), Autismus-Spektrum-Störungen (ASD), Schizophrenie und andere psychotische Erkrankungen. Diese psychischen Störungen können unabhängig von den Anfällen auftreten oder als Folge der Epilepsie und ihrer Behandlungsmethoden auftreten.

Angststörungen sind häufig bei Menschen mit Epilepsie und können sich in Form von generalisierter Angststörung, Panikstörung, sozialer Angststörung oder spezifischen Phobien manifestieren. Die Angst bei Epilepsie-Patienten kann durch verschiedene Faktoren ausgelöst werden, darunter die Angst vor Anfällen, die Angst vor sozialer Stigmatisierung, die Unsicherheit über die Zukunft und die psychologischen Auswirkungen der Epilepsie auf das tägliche Leben.

Depressionen sind ebenfalls häufig bei Menschen mit Epilepsie und können durch die Belastungen der Krankheit, die sozialen Auswirkungen, die Einschränkungen im täglichen Leben und die Nebenwirkungen der Behandlung verursacht werden. Die Symptome von Depressionen können von Traurigkeit, Hoffnungslosigkeit und Interessenverlust bis hin zu Schlafstörungen, Appetitveränderungen und Suizidgedanken reichen. Die Depression bei Epilepsie-Patienten kann die Lebensqualität erheblich beeinträchtigen und das Risiko für Selbstmord erhöhen.

Bipolare Störungen, die durch extreme Stimmungsschwankungen zwischen Manie und Depression gekennzeichnet sind, können ebenfalls bei Menschen mit Epilepsie auftreten. Diese Stimmungsschwankungen können durch neurologische Veränderungen im Gehirn, psychosoziale Belastungen und die Auswirkungen der Epilepsie-Medikamente verursacht werden. Andere affektive Störungen wie dysthymische Störungen, zyklothyme Störungen und saisonale affektive Störungen können ebenfalls bei Menschen mit Epilepsie auftreten.

Aufmerksamkeitsdefizit-Hyperaktivitätsstörungen (ADHS) und Autismus-Spektrum-Störungen (ASD) sind ebenfalls häufig bei Menschen mit Epilepsie und können die kognitive Funktion, das Verhalten und die soziale Interaktion beeinträchtigen. Diese Störungen können die Lebensqualität der Betroffenen erheblich beeinträchtigen und zusätzliche Herausforderungen im Umgang mit der Epilepsie darstellen.

Schizophrenie und andere psychotische Störungen können bei Menschen mit Epilepsie auftreten, obwohl sie weniger häufig sind als Angststörungen und Depressionen. Diese Störungen sind durch Halluzinationen, Wahnvorstellungen, Desorganisation des Denkens und Verhaltens sowie negative Symptome wie Apathie und Rückzug gekennzeichnet. Die Ursachen für Schizophrenie bei Epilepsie-Patienten können sowohl genetische als auch neurobiologische Faktoren umfassen, die mit den neurologischen Veränderungen im Gehirn im Zusammenhang stehen.

Die Behandlung von psychischen Störungen bei Menschen mit Epilepsie erfordert einen ganzheitlichen Ansatz, der medikamentöse Therapie, Psychotherapie, kognitive Rehabilitation, Verhaltensinterventionen und unterstützende Maßnahmen umfasst. Dies kann die Verwendung von Antidepressiva, Angstmedikamenten, Antipsychotika und Stimmungsstabilisatoren umfassen, um die Symptome zu lindern und die Lebensqualität zu verbessern. Darüber hinaus können Psychotherapieansätze wie kognitive Verhaltenstherapie, Interpersonelle Therapie und Psychoedukation bei der Bewältigung von psychischen Belastungen und dem Umgang mit der Krankheit helfen.

Insgesamt ist die Beziehung zwischen Epilepsie und psychischen Störungen komplex und erfordert eine umfassende und integrative Behandlung, um die Bedürfnisse der Betroffenen zu erfüllen und ihre Lebensqualität zu verbessern. Durch die Bereitstellung von

angemessener Unterstützung, Betreuung und Intervention können
Menschen mit Epilepsie die bestmögliche Versorgung erhalten und
die Herausforderungen der Krankheit erfolgreich bewältigen.

Multiple Sklerose und Depression
Multiple Sklerose (MS) ist eine chronische neurologische
Erkrankung des zentralen Nervensystems, die eine Vielzahl von
Symptomen verursacht, darunter motorische Beeinträchtigungen,
sensorische Störungen und kognitive Probleme. Eine der
häufigsten Begleiterkrankungen bei MS ist Depression. In dieser
ausführlichen Zusammenfassung werden die Verbindung zwischen
MS und Depression untersucht, die Auswirkungen von Depression
auf den Krankheitsverlauf und die Lebensqualität von MS-Patienten
betrachtet sowie verschiedene Behandlungsmöglichkeiten und
Bewältigungsstrategien diskutiert.

MS ist eine Autoimmunerkrankung, bei der das Immunsystem
fehlerhaft funktioniert und das Myelin, die schützende Hülle um die
Nervenfasern im zentralen Nervensystem, angreift. Dies führt zu
Entzündungen, Narbenbildung und Schäden an den Nervenfasern,
was wiederum eine Vielzahl von neurologischen Symptomen
verursacht. Zu den häufigsten Symptomen von MS gehören
Müdigkeit, Sehstörungen, Gangunsicherheit, Muskelschwäche,
Koordinationsprobleme, sensorische Veränderungen und kognitive
Beeinträchtigungen.

Depression ist eine der häufigsten Begleiterkrankungen bei MS und
betrifft schätzungsweise 20-50% der Patienten im Laufe ihres
Lebens. Die Gründe für das erhöhte Risiko für Depressionen bei
MS-Patienten sind vielfältig und können sowohl biologische als
auch psychosoziale Faktoren umfassen. Zu den biologischen
Faktoren gehören neurologische Veränderungen im Gehirn,
Entzündungen, neuroendokrine Dysfunktionen und
neurochemische Ungleichgewichte. Psychosoziale Faktoren wie die
Belastungen der Krankheit, soziale Isolation, finanzielle Sorgen,
Unsicherheit über die Zukunft und die Einschränkungen im

täglichen Leben können ebenfalls zur Entwicklung von Depressionen beitragen.

Die Depression bei MS kann sich negativ auf den Krankheitsverlauf und die Lebensqualität der Betroffenen auswirken. Depressionen können die Symptome von MS verstärken, die Bewältigung der Krankheit erschweren, die kognitive Funktion beeinträchtigen, die Medikamentenadhärenz verringern und das Risiko für Krankenhausaufenthalte und Behinderungen erhöhen. Darüber hinaus können Depressionen das soziale Funktionieren beeinträchtigen, die zwischenmenschlichen Beziehungen belasten, das Arbeitsleben beeinträchtigen und das Risiko für Suizidgedanken und -versuche erhöhen.

Die Diagnose von Depression bei MS kann eine Herausforderung darstellen, da die Symptome von Depressionen oft mit den Symptomen von MS überlappen können. Zu den häufigsten Symptomen von Depressionen gehören Traurigkeit, Hoffnungslosigkeit, Interessenverlust, Schlafstörungen, Müdigkeit, Konzentrationsprobleme, Appetitveränderungen und Suizidgedanken. Eine umfassende Bewertung durch einen Fachmann, der eine detaillierte Anamnese durchführt und standardisierte Screening-Tools verwendet, ist wichtig, um Depressionen bei MS-Patienten zu erkennen und angemessene Behandlungsmöglichkeiten einzuleiten.

Die Behandlung von Depressionen bei MS erfordert einen ganzheitlichen Ansatz, der medikamentöse Therapie, Psychotherapie, kognitive Rehabilitation, Bewegung, Ernährung, Schlafhygiene und soziale Unterstützung umfasst. Die Verwendung von Antidepressiva wie selektive Serotonin-Wiederaufnahmehemmer (SSRIs), trizyklischen Antidepressiva (TCAs) und atypischen Antidepressiva kann zur Linderung der Symptome beitragen und die Lebensqualität verbessern. Darüber hinaus können Psychotherapieansätze wie kognitive Verhaltenstherapie (CBT), Interpersonelle Therapie (IPT) und Achtsamkeitsbasierte Therapie (MBCT) helfen, negative

Denkmuster zu ändern, Coping-Strategien zu entwickeln und soziale Unterstützung aufzubauen.

Es gibt eine Vielzahl von Bewältigungsstrategien und Selbsthilfemethoden, die MS-Patienten bei der Bewältigung von Depressionen unterstützen können. Dazu gehören regelmäßige körperliche Aktivität, Entspannungstechniken wie Meditation und Yoga, gesunde Ernährung, ausreichender Schlaf, soziale Unterstützung durch Freunde, Familie und Selbsthilfegruppen, die Teilnahme an therapeutischen Aktivitäten wie Kunsttherapie und Musiktherapie, sowie die Einhaltung einer regelmäßigen Behandlung und Arztbesuche.

Die Erforschung der Beziehung zwischen MS und Depressionen ist ein aktives Forschungsfeld, das darauf abzielt, die Ursachen, Mechanismen und Behandlungsmöglichkeiten von Depressionen bei MS-Patienten besser zu verstehen. Zukünftige Studien könnten sich auf die Identifizierung von Biomarkern, die Entwicklung neuartiger Therapien und die Verbesserung der Patientenversorgung konzentrieren, um die Lebensqualität und das Wohlbefinden von Menschen mit MS und Depressionen zu verbessern.

Insgesamt ist die Depression eine häufige und schwerwiegende Begleiterkrankung bei MS, die eine umfassende Diagnose, Behandlung und Unterstützung erfordert. Durch eine frühzeitige Erkennung, angemessene Behandlung und effektive Bewältigungsstrategien können Menschen mit MS und Depressionen die bestmögliche Versorgung erhalten und ein erfülltes Leben trotz ihrer Erkrankung führen.

Schlaganfall und kognitive Beeinträchtigungen
Ein Schlaganfall, auch Apoplex genannt, ist eine plötzliche Unterbrechung der Blutversorgung des Gehirns, die zu einer Vielzahl von neurologischen Defiziten führen kann. Eine der häufigsten Folgen eines Schlaganfalls sind kognitive Beeinträchtigungen, die das Denken, die Wahrnehmung, das

Gedächtnis und die Sprache betreffen können. In dieser ausführlichen Zusammenfassung werden die Verbindung zwischen Schlaganfall und kognitiven Beeinträchtigungen untersucht, die verschiedenen Arten von kognitiven Defiziten, die bei Schlaganfallpatienten auftreten können, sowie die Auswirkungen auf ihre Lebensqualität und Behandlungsmöglichkeiten betrachtet.

Ein Schlaganfall tritt auf, wenn die Blutversorgung eines Teils des Gehirns unterbrochen wird, entweder durch die Blockade eines Blutgefäßes (ischämischer Schlaganfall) oder durch das Platzen eines Blutgefäßes (hämorrhagischer Schlaganfall). Ischämische Schlaganfälle machen etwa 80-85% aller Schlaganfälle aus und werden häufig durch Blutgerinnsel verursacht, die die Blutgefäße blockieren. Hämorrhagische Schlaganfälle treten auf, wenn ein Blutgefäß im Gehirn platzt und zu einer Hirnblutung führt. Die häufigsten Ursachen für Schlaganfälle sind Arteriosklerose, Bluthochdruck, Diabetes, Rauchen, Fettleibigkeit und Vorhofflimmern.

Kognitive Beeinträchtigungen sind häufige Folgen eines Schlaganfalls und können verschiedene Bereiche des Denkens und der kognitiven Funktion betreffen. Dazu gehören Probleme mit der Aufmerksamkeit, Konzentration, Gedächtnis, Exekutivfunktionen, Sprache, räumlichen Fähigkeiten, visueller Wahrnehmung, Urteilsvermögen und Verarbeitungsgeschwindigkeit. Diese kognitiven Defizite können das tägliche Funktionieren beeinträchtigen, die Selbstständigkeit einschränken und die Lebensqualität der Betroffenen erheblich beeinträchtigen.

Eine der häufigsten kognitiven Beeinträchtigungen nach einem Schlaganfall ist die Beeinträchtigung der Aufmerksamkeit und Konzentration. Patienten können Schwierigkeiten haben, sich auf eine Aufgabe zu konzentrieren, ihre Aufmerksamkeit aufrechtzuerhalten und sich ablenken zu lassen. Dies kann sich negativ auf die Arbeitsfähigkeit, das Lernen, das Autofahren und die zwischenmenschlichen Beziehungen auswirken.

Gedächtnisstörungen sind ebenfalls häufig nach einem Schlaganfall und können das episodische Gedächtnis (Erinnerung an vergangene Ereignisse), das semantische Gedächtnis (Faktenwissen) und das Arbeitsgedächtnis (Kurzzeitgedächtnis) betreffen. Patienten können Schwierigkeiten haben, sich an vergangene Ereignisse zu erinnern, neue Informationen zu behalten oder sich an aktuelle Aufgaben zu erinnern.

Exekutive Funktionen sind kognitive Prozesse, die für die Planung, Organisation, Problemlösung, Entscheidungsfindung und Verhaltenssteuerung erforderlich sind. Nach einem Schlaganfall können Patienten Schwierigkeiten haben, komplexe Aufgaben zu planen und auszuführen, impulsives Verhalten zu kontrollieren, flexible Denkmuster anzuwenden und ihre Handlungen zu überwachen.

Sprachstörungen, auch als Aphasie bezeichnet, können nach einem Schlaganfall auftreten und die Fähigkeit beeinträchtigen, Sprache zu verstehen, Wörter zu finden, sich auszudrücken und zu kommunizieren. Diese Beeinträchtigungen können sich auf das tägliche Funktionieren, die zwischenmenschlichen Beziehungen und die soziale Teilhabe auswirken.

Visuell-räumliche Beeinträchtigungen können nach einem Schlaganfall auftreten und die Fähigkeit beeinträchtigen, visuelle Informationen zu verarbeiten, räumliche Beziehungen zu verstehen und Objekte im Raum zu lokalisieren. Patienten können Schwierigkeiten haben, ihre Umgebung zu navigieren, Gegenstände zu erkennen oder zu manipulieren, und visuelle Illusionen oder Halluzinationen erleben.

Die kognitiven Beeinträchtigungen nach einem Schlaganfall können sich negativ auf die Lebensqualität, das tägliche Funktionieren und die soziale Teilhabe der Betroffenen auswirken. Sie können Schwierigkeiten haben, alltägliche Aufgaben auszuführen, ihre Arbeit zu erledigen, soziale Aktivitäten zu genießen und unabhängig zu leben. Diese Beeinträchtigungen können zu Frustration, Verlust des Selbstwertgefühls, sozialer Isolation und verminderter Lebenszufriedenheit führen.

Die Behandlung von kognitiven Beeinträchtigungen nach einem Schlaganfall erfordert einen multidisziplinären Ansatz, der medikamentöse Therapie, kognitive Rehabilitation, Psychotherapie, Ergotherapie, Sprachtherapie und unterstützende Maßnahmen umfasst. Die Verwendung von Medikamenten wie Cholinesterase-Inhibitoren und Memantin kann zur Verbesserung der kognitiven Funktion beitragen. Die kognitive Rehabilitation zielt darauf ab, die betroffenen kognitiven Bereiche zu trainieren, Strategien zur Kompensation von Defiziten zu entwickeln und die Lebensqualität zu verbessern. Psychotherapeutische Ansätze können helfen, psychologische Probleme zu bewältigen, Stress zu reduzieren und das Selbstmanagement zu verbessern.

Es gibt eine Vielzahl von Bewältigungsstrategien und Unterstützungsmöglichkeiten für Schlaganfallpatienten mit kognitiven Beeinträchtigungen. Dazu gehören die Entwicklung von Bewältigungsstrategien, die Anpassung der Umgebung an die Bedürfnisse des Patienten, die Unterstützung durch Angehörige und Pflegepersonen, die Teilnahme an Selbsthilfegruppen und die Nutzung von Hilfsmitteln und Technologien zur Unterstützung der kognitiven Funktion.

Die Erforschung von Schlaganfall und kognitiven Beeinträchtigungen ist ein aktives Forschungsfeld, das darauf abzielt, die Ursachen, Mechanismen und Behandlungsmöglichkeiten besser zu verstehen. Zukünftige Studien könnten sich auf die Identifizierung von Biomarkern, die Entwicklung neuartiger Therapien und die Verbesserung der Patientenversorgung konzentrieren, um die Lebensqualität und das Wohlbefinden von Schlaganfallpatienten mit kognitiven Beeinträchtigungen zu verbessern.

Insgesamt ist die kognitive Beeinträchtigung nach einem Schlaganfall ein häufiges und schwerwiegendes Problem, das eine umfassende Diagnose, Behandlung und Unterstützung erfordert. Durch frühzeitige Erkennung, angemessene Behandlung und effektive Bewältigungsstrategien können Schlaganfallpatienten mit kognitiven Beeinträchtigungen die bestmögliche Versorgung erhalten und eine verbesserte Lebensqualität erreichen.

Hirnverletzungen und psychische Folgen

Hirnverletzungen, sei es durch traumatische Ereignisse wie Unfälle oder Schläge auf den Kopf oder durch nicht-traumatische Ursachen wie Schlaganfälle oder Tumore, können schwerwiegende Auswirkungen auf die psychische Gesundheit haben. In dieser ausführlichen Zusammenfassung werden die vielfältigen psychischen Folgen von Hirnverletzungen untersucht, darunter Veränderungen des Verhaltens, der emotionalen Regulation, der Persönlichkeit, der kognitiven Funktionen und der psychischen Störungen. Zudem werden die Herausforderungen bei der Diagnose und Behandlung dieser Folgen sowie mögliche Ansätze zur Verbesserung der Lebensqualität und des psychischen Wohlbefindens von Menschen mit Hirnverletzungen betrachtet.

Hirnverletzungen können zu einer Vielzahl von Veränderungen im Verhalten führen, die sich auf die soziale Interaktion, die Emotionen und die Persönlichkeit auswirken können. Menschen, die eine Hirnverletzung erlitten haben, können Schwierigkeiten haben, ihre Emotionen angemessen zu regulieren, was zu Stimmungsschwankungen, Reizbarkeit, Aggression, Unruhe oder Apathie führen kann. Diese Verhaltensänderungen können die zwischenmenschlichen Beziehungen beeinträchtigen und zu Konflikten mit Familie, Freunden und Kollegen führen. Darüber hinaus können Menschen mit Hirnverletzungen auch Schwierigkeiten haben, ihre Persönlichkeit zu bewahren, und Veränderungen in ihren Interessen, Vorlieben, Werten und Verhaltensweisen erleben.

Ein weiterer Bereich, der von Hirnverletzungen betroffen sein kann, sind die kognitiven Funktionen, einschließlich Aufmerksamkeit, Gedächtnis, Denken, Sprache und Exekutivfunktionen. Menschen mit Hirnverletzungen können Schwierigkeiten haben, Informationen zu verarbeiten, sich zu konzentrieren, sich zu erinnern, komplexe Aufgaben zu planen und auszuführen, und ihre Gedanken klar und zusammenhängend auszudrücken. Diese kognitiven Beeinträchtigungen können die berufliche Leistungsfähigkeit beeinträchtigen, das tägliche Leben erschweren und zu Frustration und Verzweiflung führen.

Ein weiteres wichtiges Thema im Zusammenhang mit Hirnverletzungen sind psychische Störungen, die nach einer Verletzung auftreten können. Zu den häufigsten psychischen Störungen nach einer Hirnverletzung gehören Depressionen, Angststörungen, posttraumatische Belastungsstörungen (PTBS), Persönlichkeitsstörungen und Substanzmissbrauchsstörungen. Diese Störungen können die psychische Gesundheit und das Wohlbefinden erheblich beeinträchtigen und die Rehabilitation und den Genesungsprozess erschweren.

Die Diagnose von Hirnverletzungen und ihren psychischen Folgen kann eine Herausforderung darstellen, da die Symptome oft unspezifisch sind und mit anderen Erkrankungen oder Verletzungen überlappen können. Eine umfassende Bewertung durch einen Fachmann, der eine detaillierte Anamnese durchführt, neurologische Untersuchungen durchführt und geeignete diagnostische Tests durchführt, ist wichtig, um eine genaue Diagnose und eine angemessene Behandlung zu gewährleisten.

Die Behandlung von Hirnverletzungen und ihren psychischen Folgen erfordert einen multidisziplinären Ansatz, der medikamentöse Therapie, psychotherapeutische Interventionen, kognitive Rehabilitation, soziale Unterstützung und unterstützende Maßnahmen umfasst. Die Verwendung von Medikamenten wie Antidepressiva, Anxiolytika und Antipsychotika kann zur Linderung der Symptome beitragen und die psychische Gesundheit verbessern. Psychotherapeutische Ansätze wie kognitive Verhaltenstherapie (CBT), Interpersonelle Therapie (IPT), Traumatherapie und Familientherapie können helfen, negative

Denkmuster zu verändern, traumatische Erfahrungen zu verarbeiten, zwischenmenschliche Beziehungen zu verbessern und Coping-Strategien zu entwickeln. Darüber hinaus kann die Teilnahme an kognitiven Rehabilitationsprogrammen, Ergotherapie, Sprachtherapie und anderen rehabilitativen Maßnahmen dazu beitragen, die kognitiven Funktionen zu verbessern, die Selbstständigkeit zu fördern und die Lebensqualität zu erhöhen.

Es ist wichtig zu betonen, dass die Rehabilitation und der Genesungsprozess nach einer Hirnverletzung langwierig und komplex sein können und eine kontinuierliche Unterstützung und Betreuung erfordern. Menschen mit Hirnverletzungen und ihren psychischen Folgen können von einem integrativen Ansatz profitieren, der ihre individuellen Bedürfnisse und Herausforderungen berücksichtigt und ihnen die bestmögliche Unterstützung bietet, um ihre Lebensqualität zu verbessern und ein erfülltes Leben zu führen.

Amyotrophe Lateralsklerose (ALS) und psychische Belastungen

Amyotrophe Lateralsklerose (ALS) ist eine neurodegenerative Erkrankung, die die Nervenzellen im Gehirn und Rückenmark betrifft, die die Muskeln steuern. Diese progressive Erkrankung führt zu fortschreitender Muskelschwäche, Lähmungen und letztendlich zum Verlust der motorischen Funktionen, was zu erheblichen Einschränkungen der Mobilität, der Sprache, des Schluckens und der Atmung führt. Neben den physischen Herausforderungen können Menschen mit ALS auch eine Vielzahl von psychischen Belastungen erleben, die ihre Lebensqualität und ihr psychisches Wohlbefinden erheblich beeinträchtigen können. In dieser ausführlichen Zusammenfassung werden die verschiedenen psychischen Belastungen, die mit ALS verbunden sind, untersucht, einschließlich Depressionen, Angststörungen, Trauer, dem Umgang mit dem Verlust von Funktionen und Lebensqualität sowie den Herausforderungen bei der Bewältigung und der Unterstützung durch Angehörige und Fachleute.

ALS kann eine Reihe von psychischen Belastungen und emotionalen Herausforderungen verursachen, sowohl bei den Betroffenen als auch bei ihren Angehörigen und Pflegepersonen. Eine der häufigsten psychischen Erkrankungen, die bei ALS-Patienten auftreten können, ist Depression. Die Diagnose einer unheilbaren und fortschreitenden Krankheit kann zu Gefühlen von Hoffnungslosigkeit, Traurigkeit, Verzweiflung und Angst führen. Die fortschreitende Verschlechterung der körperlichen Funktionen und die Einschränkungen der Mobilität können das Selbstwertgefühl und das Gefühl der Autonomie beeinträchtigen und zu einem Verlust der Lebensqualität führen.

Neben Depressionen können Menschen mit ALS auch Angststörungen entwickeln, die sich durch übermäßige Sorgen, Nervosität, Unruhe und körperliche Symptome wie Herzrasen, Schweißausbrüche und Magen-Darm-Beschwerden manifestieren können. Die Angst vor dem fortschreitenden Verlust der Funktionen, der zunehmenden Abhängigkeit von anderen und der Unsicherheit über die Zukunft kann die psychische Gesundheit erheblich beeinträchtigen und zu einem erheblichen Leidensdruck führen.

Ein weiteres wichtiges Thema im Zusammenhang mit ALS ist die Trauerbewältigung. Sowohl die Patienten selbst als auch ihre Angehörigen können einen langen Trauerprozess durchlaufen, da sie den Verlust von Funktionen, Unabhängigkeit und Lebensqualität erleben. Der Umgang mit der Diagnose und der fortschreitenden Verschlechterung der Krankheit kann zu einer Reihe von Emotionen führen, darunter Verleugnung, Wut, Traurigkeit, Schuldgefühle und Akzeptanz. Der Umgang mit der Trauer und dem Verlust kann eine Herausforderung sein und erfordert Unterstützung, Verständnis und Empathie von anderen.

Die Bewältigung des Verlusts von Funktionen und Lebensqualität stellt eine weitere psychische Belastung dar, die mit ALS verbunden ist. ALS kann zu erheblichen Einschränkungen der Mobilität, des Sprechens, des Schluckens und der Atmung führen, was die alltäglichen Aktivitäten erschwert und die Unabhängigkeit einschränkt. Der Verlust der Fähigkeit, sich frei zu bewegen, zu kommunizieren und für sich selbst zu sorgen, kann zu Gefühlen der Frustration, Hilflosigkeit und Hoffnungslosigkeit führen. Der Umgang mit diesen Verlusten erfordert Anpassungsfähigkeit, Geduld und die Entwicklung neuer Bewältigungsstrategien, um die Lebensqualität zu erhalten und ein sinnerfülltes Leben trotz der Krankheit zu führen.

Die psychischen Belastungen von ALS betreffen nicht nur die Patienten selbst, sondern auch ihre Angehörigen, Pflegepersonen und Betreuer. Die emotionale und physische Belastung der Pflege für einen geliebten Menschen mit ALS kann enorm sein und zu Gefühlen von Überlastung, Erschöpfung, Schuldgefühlen und Burnout führen. Es ist wichtig, dass Angehörige und Pflegepersonen Unterstützung, Entlastung und Selbstfürsorge erhalten, um ihre eigene psychische Gesundheit zu schützen und effektiv für die Bedürfnisse des Patienten zu sorgen.

Die Bewältigung der psychischen Belastungen von ALS erfordert einen umfassenden Ansatz, der medizinische, psychologische, soziale und emotionale Unterstützung umfasst. Die Behandlung von Depressionen und Angststörungen kann eine Kombination aus medikamentöser Therapie und psychotherapeutischen Interventionen umfassen, wie z.B. kognitive Verhaltenstherapie, um negative Denkmuster zu verändern und Coping-Strategien zu entwickeln. Die Teilnahme an Unterstützungsgruppen, Selbsthilfegruppen und therapeutischen Aktivitäten kann helfen, sich mit anderen Betroffenen auszutauschen, Unterstützung zu finden und sich weniger isoliert zu fühlen.

Zusätzlich zur individuellen Therapie und Unterstützung ist auch die palliative Versorgung von großer Bedeutung für Menschen mit ALS, um eine ganzheitliche Betreuung zu gewährleisten und ihre Lebensqualität zu maximieren. Palliative Versorgung zielt darauf ab, die Symptome zu lindern, die psychische Gesundheit zu unterstützen, die Lebensqualität zu verbessern und eine würdevolle Sterbebegleitung zu ermöglichen. Dazu gehören

Schmerzmanagement, Symptomkontrolle, emotionale Unterstützung, spirituelle Betreuung und die Förderung von Lebensqualität und Sinnhaftigkeit.

Insgesamt ist es wichtig zu erkennen, dass ALS nicht nur eine körperliche Erkrankung ist, sondern auch erhebliche psychische Belastungen und Herausforderungen mit sich bringt, die eine umfassende Unterstützung und Betreuung erfordern. Durch die Bereitstellung von medizinischer Versorgung, psychologischer Unterstützung, sozialer Betreuung und palliativer Versorgung können Menschen mit ALS und ihren Angehörigen dabei unterstützt werden, mit den emotionalen und psychischen Herausforderungen umzugehen und eine bestmögliche Lebensqualität zu erreichen.

Neurodegenerative Erkrankungen und psychiatrische Komorbiditäten
Neurodegenerative Erkrankungen sind eine Gruppe von Erkrankungen, die durch den fortschreitenden Verlust von Nervenzellen im Gehirn und/oder Rückenmark gekennzeichnet sind. Diese Erkrankungen führen zu einer zunehmenden Beeinträchtigung der kognitiven Funktionen, der motorischen Fähigkeiten und anderer neurologischer Funktionen. Zu den häufigsten neurodegenerativen Erkrankungen gehören Alzheimer-Krankheit, Parkinson-Krankheit, Amyotrophe Lateralsklerose (ALS), Huntington-Krankheit und Multiple Sklerose (MS). Neben den neurologischen Symptomen können Menschen mit neurodegenerativen Erkrankungen auch eine Vielzahl von psychiatrischen Komorbiditäten erleben, die ihre Lebensqualität erheblich beeinträchtigen können. In dieser ausführlichen Zusammenfassung werden die verschiedenen neurodegenerativen Erkrankungen untersucht, die mit psychiatrischen Komorbiditäten verbunden sind, sowie die Auswirkungen dieser Komorbiditäten auf die Diagnose, Behandlung und Lebensqualität der Betroffenen.

Eine der häufigsten psychiatrischen Komorbiditäten bei neurodegenerativen Erkrankungen ist die Depression. Depressionen treten häufig bei Menschen mit Alzheimer-Krankheit,

Parkinson-Krankheit, ALS und anderen neurodegenerativen Erkrankungen auf und können eine erhebliche Belastung für die Betroffenen und ihre Angehörigen darstellen. Die Diagnose einer unheilbaren und fortschreitenden neurodegenerativen Erkrankung kann zu Gefühlen der Hoffnungslosigkeit, Traurigkeit, Angst und Verzweiflung führen, die zu einer Depression führen können. Die kognitive Beeinträchtigung und der Verlust der Autonomie können die Symptome der Depression verschlimmern und zu einem erheblichen Leidensdruck führen.

Angststörungen sind eine weitere häufige psychiatrische Komorbidität bei neurodegenerativen Erkrankungen. Menschen mit Alzheimer-Krankheit, Parkinson-Krankheit, ALS und anderen neurodegenerativen Erkrankungen können unter übermäßiger Sorge, Nervosität, Unruhe und körperlichen Symptomen wie Herzrasen, Schweißausbrüchen und Magen-Darm-Beschwerden leiden. Die Angst vor dem fortschreitenden Verlust der Funktionen, der zunehmenden Abhängigkeit von anderen und der Unsicherheit über die Zukunft kann die Angstsymptome verstärken und zu einem erheblichen Leidensdruck führen.

Eine weitere psychiatrische Komorbidität, die bei neurodegenerativen Erkrankungen häufig vorkommt, ist die Psychose. Menschen mit Alzheimer-Krankheit, Parkinson-Krankheit und anderen neurodegenerativen Erkrankungen können Halluzinationen, Wahnvorstellungen und andere psychotische Symptome entwickeln, die ihre Realitätswahrnehmung und ihr Urteilsvermögen beeinträchtigen können. Diese Symptome können zu erheblichen Schwierigkeiten führen und die Pflege und Betreuung der Betroffenen erschweren.

Zusätzlich zu Depressionen, Angststörungen und Psychosen können Menschen mit neurodegenerativen Erkrankungen auch andere psychiatrische Komorbiditäten erleben, wie z.B. Schlafstörungen, Zwangsstörungen, Substanzmissbrauchsstörungen und Persönlichkeitsstörungen. Diese Komorbiditäten können die Symptome der neurodegenerativen Erkrankungen verschlimmern, die Lebensqualität beeinträchtigen und die Behandlung erschweren.

Die Diagnose und Behandlung von psychiatrischen Komorbiditäten bei neurodegenerativen Erkrankungen kann eine Herausforderung darstellen, da die Symptome oft unspezifisch sind und mit den neurologischen Symptomen überlappen können. Eine umfassende Bewertung durch einen Fachmann, der eine detaillierte Anamnese durchführt, neurologische Untersuchungen durchführt und geeignete diagnostische Tests durchführt, ist wichtig, um eine genaue Diagnose und eine angemessene Behandlung zu gewährleisten.

Die Behandlung von psychiatrischen Komorbiditäten bei neurodegenerativen Erkrankungen erfordert einen multidisziplinären Ansatz, der medikamentöse Therapie, psychotherapeutische Interventionen, kognitive Rehabilitation, soziale Unterstützung und unterstützende Maßnahmen umfasst. Die Verwendung von Medikamenten wie Antidepressiva, Anxiolytika, Antipsychotika und Stimmungsstabilisatoren kann zur Linderung der Symptome beitragen und die psychische Gesundheit verbessern. Psychotherapeutische Ansätze wie kognitive Verhaltenstherapie, Interpersonelle Therapie, Traumatherapie und Familientherapie können helfen, negative Denkmuster zu verändern, traumatische Erfahrungen zu verarbeiten, zwischenmenschliche Beziehungen zu verbessern und Coping-Strategien zu entwickeln.

Die Teilnahme an Unterstützungsgruppen, Selbsthilfegruppen und therapeutischen Aktivitäten kann Menschen mit neurodegenerativen Erkrankungen dabei unterstützen, sich mit anderen Betroffenen auszutauschen, Unterstützung zu finden und sich weniger isoliert zu fühlen. Zusätzlich kann die palliative Versorgung eine wichtige Rolle bei der Unterstützung von Menschen mit neurodegenerativen Erkrankungen und ihren Angehörigen spielen, indem sie die Symptome lindert, die Lebensqualität verbessert und eine würdevolle Sterbebegleitung ermöglicht.

Insgesamt ist es wichtig zu erkennen, dass neurodegenerative Erkrankungen nicht nur neurologische Symptome verursachen, sondern auch eine Vielzahl von psychiatrischen Komorbiditäten, die die Lebensqualität und das psychische Wohlbefinden der Betroffenen erheblich beeinträchtigen können. Durch eine umfassende Diagnose, Behandlung und Unterstützung können Menschen mit neurodegenerativen Erkrankungen dabei unterstützt werden, die bestmögliche Lebensqualität zu erreichen und ein erfülltes Leben trotz ihrer Erkrankung zu führen.

Neurologische Erkrankungen mit psychiatrischen Symptomen
Neurologische Erkrankungen können eine Vielzahl von psychiatrischen Symptomen verursachen oder mit solchen einhergehen. Diese Kombination von neurologischen und psychiatrischen Symptomen kann eine komplexe Herausforderung für Patienten, Angehörige und medizinische Fachkräfte darstellen, da sie die Diagnose, Behandlung und langfristige Versorgung beeinflussen kann. In dieser ausführlichen Zusammenfassung werden verschiedene neurologische Erkrankungen untersucht, die mit psychiatrischen Symptomen verbunden sind, wie z.B. Epilepsie, Schlaganfall, Multiple Sklerose, neurodegenerative Erkrankungen und andere neurologische Störungen. Wir werden die verschiedenen Arten von psychiatrischen Symptomen, ihre Auswirkungen auf die Lebensqualität der Betroffenen und die Herausforderungen bei der Diagnose und Behandlung dieser Erkrankungen betrachten.

Beginnen wir mit der Epilepsie, einer neurologischen Erkrankung, die durch wiederkehrende Anfälle gekennzeichnet ist. Epileptische Anfälle können verschiedene psychiatrische Symptome auslösen, darunter Stimmungsstörungen, Angstzustände, Psychosen und Verhaltensstörungen. Einige Patienten mit Epilepsie erleben präiktale oder postiktale psychiatrische Symptome, die vor oder nach einem Anfall auftreten können. Diese Symptome können durch die Elektroaktivität im Gehirn während eines Anfalls verursacht werden und können von Verwirrung und Desorientierung bis hin zu Angstzuständen und Halluzinationen reichen.

Ein weiteres Beispiel für eine neurologische Erkrankung mit psychiatrischen Symptomen ist der Schlaganfall. Ein Schlaganfall kann verschiedene psychische Symptome verursachen, abhängig von der Lokalisation und dem Ausmaß der Hirnschädigung. Häufige psychiatrische Symptome nach einem Schlaganfall sind Depressionen, Angstzustände, kognitive Beeinträchtigungen und Verhaltensstörungen. Diese Symptome können die Rehabilitation und den Genesungsprozess erschweren und die Lebensqualität der Betroffenen erheblich beeinträchtigen.

Multiple Sklerose (MS) ist eine weitere neurologische Erkrankung, die mit psychiatrischen Symptomen einhergehen kann. Menschen mit MS können Depressionen, Angstzustände, kognitive Beeinträchtigungen, Stimmungsschwankungen und andere psychische Symptome erleben. Diese Symptome können durch die entzündlichen Läsionen im Gehirn und Rückenmark verursacht werden, die charakteristisch für die MS sind, sowie durch den Stress und die Belastungen, die mit der Bewältigung der Erkrankung einhergehen.

Neurodegenerative Erkrankungen wie Alzheimer-Krankheit, Parkinson-Krankheit und Amyotrophe Lateralsklerose (ALS) können ebenfalls eine Vielzahl von psychiatrischen Symptomen verursachen. Menschen mit Alzheimer-Krankheit können Depressionen, Angstzustände, Verwirrung, Halluzinationen und Verhaltensstörungen erleben, während Menschen mit Parkinson-Krankheit Depressionen, Angstzustände, Psychosen und Impulskontrollstörungen entwickeln können. ALS-Patienten können Depressionen, Angstzustände und emotionale Labilität erleben, die durch die fortschreitende Verschlechterung der motorischen Funktionen und die Unsicherheit über die Zukunft verursacht werden können.

Neben diesen neurologischen Erkrankungen können auch andere neurologische Störungen psychiatrische Symptome verursachen. Zum Beispiel können Hirnverletzungen, Tumore im Gehirn, neurologische Infektionen und genetische Erkrankungen psychiatrische Symptome wie Depressionen, Angstzustände, Psychosen und Verhaltensstörungen verursachen. Diese Symptome können sowohl durch die direkten Auswirkungen der neurologischen Störung als auch durch die psychologischen und emotionalen Belastungen, die mit der Erkrankung einhergehen, verursacht werden.

Die Diagnose von neurologischen Erkrankungen mit psychiatrischen Symptomen kann eine Herausforderung darstellen, da die Symptome oft unspezifisch sind und mit anderen Erkrankungen überlappen können. Eine umfassende Bewertung durch einen Neurologen, Psychiater oder Spezialisten für psychische Gesundheit ist wichtig, um eine genaue Diagnose und eine angemessene Behandlung zu gewährleisten. Dies kann eine gründliche Anamnese, neurologische Untersuchungen, bildgebende Verfahren wie MRT oder CT, EEG-Untersuchungen und gegebenenfalls Labortests umfassen.

Die Behandlung von neurologischen Erkrankungen mit psychiatrischen Symptomen erfordert einen multidisziplinären Ansatz, der medikamentöse Therapie, psychotherapeutische Interventionen, kognitive Rehabilitation, soziale Unterstützung und unterstützende Maßnahmen umfasst. Die Verwendung von Medikamenten wie Antidepressiva, Anxiolytika, Antipsychotika und Stimmungsstabilisatoren kann zur Linderung der Symptome beitragen und die psychische Gesundheit verbessern. Psychotherapeutische Ansätze wie kognitive Verhaltenstherapie, Interpersonelle Therapie, Traumatherapie und Familientherapie können helfen, negative Denkmuster zu verändern, zwischenmenschliche Beziehungen zu verbessern und Coping-Strategien zu entwickeln.

Die Teilnahme an Unterstützungsgruppen, Selbsthilfegruppen und therapeutischen Aktivitäten kann Menschen mit neurologischen Erkrankungen dabei unterstützen, sich mit anderen Betroffenen auszutauschen, Unterstützung zu finden und sich weniger isoliert zu fühlen. Zusätzlich kann die palliative Versorgung eine wichtige

Rolle bei der Unterstützung von Menschen mit neurologischen Erkrankungen und ihren Angehörigen spielen, indem sie die Symptome lindert, die Lebensqualität verbessert und eine würdevolle Sterbebegleitung ermöglicht.

Insgesamt ist es wichtig zu erkennen, dass neurologische Erkrankungen nicht nur neurologische Symptome verursachen, sondern auch eine Vielzahl von psychiatrischen Symptomen, die die Lebensqualität und das psychische Wohlbefinden der Betroffenen erheblich beeinträchtigen können. Durch eine umfassende Diagnose, Behandlung und Unterstützung können Menschen mit neurologischen Erkrankungen dabei unterstützt werden, die bestmögliche Lebensqualität zu erreichen und ein erfülltes Leben trotz ihrer Erkrankung zu führen.

Lebensqualität und Unterstützung bei neurologischen Erkrankungen
Die Lebensqualität von Menschen, die von neurologischen Erkrankungen betroffen sind, wird stark von verschiedenen Faktoren beeinflusst, darunter die Schwere der Erkrankung, die Symptome, die Funktionsbeeinträchtigungen, die Verfügbarkeit von Unterstützung und die psychosozialen Auswirkungen der Erkrankung. In dieser ausführlichen Zusammenfassung werden wir die verschiedenen Aspekte der Lebensqualität bei neurologischen Erkrankungen untersuchen und die Bedeutung von Unterstützungssystemen für die Bewältigung dieser Herausforderungen hervorheben.

Die Lebensqualität bei neurologischen Erkrankungen kann stark von der Schwere der Symptome und der Funktionsbeeinträchtigungen abhängen. Menschen mit schweren neurologischen Erkrankungen wie Schlaganfall, Parkinson-Krankheit, Multiple Sklerose (MS), Amyotrophe Lateralsklerose (ALS) und anderen Erkrankungen können mit einer Vielzahl von Symptomen und Einschränkungen konfrontiert sein, die ihre Lebensqualität beeinträchtigen. Diese Symptome können körperliche Beeinträchtigungen, kognitive Beeinträchtigungen, emotionale Belastungen und soziale Schwierigkeiten umfassen, die das tägliche Leben erschweren und die Lebensqualität beeinträchtigen können.

Die Symptome und Funktionsbeeinträchtigungen können eine Vielzahl von Lebensbereichen beeinträchtigen, darunter die Arbeit, die Familie, die sozialen Beziehungen, die Freizeitaktivitäten und die persönliche Autonomie. Menschen mit neurologischen Erkrankungen können Schwierigkeiten haben, ihren täglichen Aktivitäten nachzugehen, ihre Arbeit zu erledigen, ihre sozialen Beziehungen aufrechtzuerhalten und ihre Interessen und Hobbys zu verfolgen. Dies kann zu einem Verlust an Lebensqualität führen und das psychische Wohlbefinden der Betroffenen beeinträchtigen.

Die psychosozialen Auswirkungen von neurologischen Erkrankungen können ebenfalls erheblich sein und die Lebensqualität der Betroffenen beeinträchtigen. Menschen mit neurologischen Erkrankungen können unter sozialer Isolation, Stigmatisierung, Diskriminierung, Verlust des Selbstwertgefühls und Verlust des Lebenssinns leiden. Diese psychosozialen Belastungen können das psychische Wohlbefinden der Betroffenen erheblich beeinträchtigen und zu Depressionen, Angstzuständen und anderen psychischen Problemen führen.

Die Verfügbarkeit von Unterstützung und Unterstützungssystemen spielt eine entscheidende Rolle bei der Bewältigung der Herausforderungen, die mit neurologischen Erkrankungen einhergehen, und bei der Verbesserung der Lebensqualität der Betroffenen. Familienangehörige, Freunde, Pflegekräfte, professionelle Betreuer, Selbsthilfegruppen, Therapeuten und andere Unterstützungssysteme können eine wichtige Rolle bei der Bereitstellung von Unterstützung, Information, Ressourcen und emotionaler Unterstützung spielen.

Familienangehörige und Pflegekräfte spielen oft eine zentrale Rolle bei der Betreuung von Menschen mit neurologischen Erkrankungen und bei der Unterstützung ihres täglichen Lebens. Sie können praktische Hilfe bei der Bewältigung von Aufgaben des täglichen Lebens wie Essen, Ankleiden, Waschen, Gehen und Transport bieten und gleichzeitig emotionale Unterstützung und Ermutigung bieten. Die Pflege von Menschen mit neurologischen Erkrankungen kann jedoch auch eine erhebliche Belastung für die Betreuungspersonen darstellen und zu Stress, Erschöpfung, Burnout und anderen psychischen Problemen führen. Daher ist es wichtig, dass Pflegepersonen Zugang zu Unterstützung, Entlastung und Ressourcen haben, um ihre eigene Gesundheit und ihr Wohlbefinden zu erhalten.

Selbsthilfegruppen und Peer-Support-Gruppen können eine wichtige Quelle der Unterstützung und der sozialen Unterstützung für Menschen mit neurologischen Erkrankungen sein. Diese Gruppen bieten die Möglichkeit, sich mit anderen Betroffenen auszutauschen, Erfahrungen zu teilen, Ratschläge zu geben, Informationen zu erhalten und emotionale Unterstützung zu erhalten. Sie können auch dazu beitragen, soziale Isolation zu reduzieren, das Selbstwertgefühl zu stärken und das Gefühl der Zugehörigkeit zu fördern.

Professionelle Therapeuten und Gesundheitsdienstleister können eine Vielzahl von therapeutischen Interventionen und Unterstützungsdiensten anbieten, um Menschen mit neurologischen Erkrankungen dabei zu helfen, ihre Lebensqualität zu verbessern und ihre psychischen Probleme zu bewältigen. Dies kann kognitive Verhaltenstherapie, Interpersonelle Therapie, Traumatherapie, Entspannungstechniken, Stressmanagement, kognitive Rehabilitation, Ergotherapie, Physiotherapie und andere therapeutische Interventionen umfassen. Die Behandlung kann darauf abzielen, die Symptome zu lindern, die Funktionsfähigkeit zu verbessern, Coping-Strategien zu entwickeln, die Lebensqualität zu steigern und das psychische Wohlbefinden zu fördern.

Zusätzlich zu den individuellen Unterstützungsdiensten und therapeutischen Interventionen können auch gemeindebasierte Programme, Rehabilitationszentren und Einrichtungen für betreutes

Wohnen wichtige Ressourcen für Menschen mit neurologischen Erkrankungen sein. Diese Programme bieten eine Vielzahl von Dienstleistungen und Unterstützungsdiensten, einschließlich Tagespflege, Wohnbetreuung, Rehabilitation, psychosoziale Unterstützung, Beratung und Erholungsaktivitäten. Sie können dazu beitragen, die Selbstständigkeit, die Lebensqualität und das psychische Wohlbefinden der Betroffenen zu fördern und ihnen dabei zu helfen, ein erfülltes Leben trotz ihrer Erkrankung zu führen.

Insgesamt ist die Lebensqualität bei neurologischen Erkrankungen ein komplexes und multidimensionales Konzept, das von einer Vielzahl von Faktoren beeinflusst wird, darunter die Schwere der Erkrankung, die Symptome, die Funktionsbeeinträchtigungen, die Verfügbarkeit von Unterstützung und die psychosozialen Auswirkungen der Erkrankung. Durch eine umfassende Bewertung, eine individuelle Behandlung und eine angemessene Unterstützung können Menschen mit neurologischen Erkrankungen dabei unterstützt werden, die bestmögliche Lebensqualität zu erreichen und ein erfülltes Leben trotz ihrer Erkrankung zu führen.

Suchterkrankungen und Abhängigkeiten

Alkoholabhängigkeit und Alkoholismus

Alkoholabhängigkeit und Alkoholismus sind komplexe Erkrankungen, die nicht nur physische, sondern auch psychische Auswirkungen haben. Im Zusammenhang mit Geisteskrankheiten spielen sie eine bedeutsame Rolle, da sie oft mit verschiedenen psychiatrischen Störungen wie Depressionen, Angstzuständen, bipolaren Störungen und anderen psychischen Problemen einhergehen können. In dieser ausführlichen Zusammenfassung werden wir die vielschichtige Beziehung zwischen Alkoholabhängigkeit, Alkoholismus und Geisteskrankheiten untersuchen, einschließlich der Ursachen, Auswirkungen, Diagnose und Behandlungsmöglichkeiten.

Alkoholabhängigkeit und Alkoholismus sind schwerwiegende Erkrankungen, die durch einen unkontrollierbaren Drang zum Konsum von Alkohol, Toleranzentwicklung, Entzugserscheinungen und dem Verlust der Kontrolle über den Alkoholkonsum gekennzeichnet sind. Menschen, die unter Alkoholabhängigkeit leiden, sind oft nicht in der Lage, ihren Alkoholkonsum zu kontrollieren, was zu schwerwiegenden gesundheitlichen, sozialen und beruflichen Problemen führen kann.

Eine der häufigsten psychiatrischen Störungen, die mit Alkoholabhängigkeit und Alkoholismus verbunden ist, ist die Depression. Der übermäßige Konsum von Alkohol kann das Risiko für Depressionen erhöhen und gleichzeitig die Symptome verschlimmern. Dies kann zu einem Teufelskreis führen, in dem Menschen mit Depressionen versuchen, ihre Symptome mit Alkohol zu lindern, was letztendlich zu einer Verschlechterung der psychischen Gesundheit führt.

Angststörungen sind eine weitere häufige Begleiterkrankung von Alkoholabhängigkeit und Alkoholismus. Menschen, die unter Angststörungen leiden, neigen dazu, Alkohol als Selbstmedikation zu verwenden, um vorübergehende Linderung von ihren

Symptomen zu erhalten. Dies kann jedoch langfristig zu einem verstärkten Alkoholkonsum und einer Verschlimmerung der Angstsymptome führen.

Bipolare Störungen sind auch mit einem erhöhten Risiko für Alkoholabhängigkeit und Alkoholismus verbunden. Menschen mit bipolarer Störung können Alkohol als Mittel zur Bewältigung ihrer Stimmungsschwankungen verwenden, was zu einem problematischen Alkoholkonsum führen kann. Der Missbrauch von Alkohol kann die Symptome der bipolaren Störung verschlimmern und die Wirksamkeit von Medikamenten zur Stimmungsstabilisierung beeinträchtigen.

Eine weitere häufige psychiatrische Begleiterkrankung von Alkoholabhängigkeit und Alkoholismus ist die Borderline-Persönlichkeitsstörung (BPS). Menschen mit Borderline-Persönlichkeitsstörung können Alkohol verwenden, um ihre emotionalen Schmerzen zu lindern und ihre dysfunktionalen Beziehungen zu bewältigen. Der Alkoholkonsum kann jedoch zu Impulsivität, Instabilität und emotionaler Dysregulation führen, was die Symptome der Borderline-Persönlichkeitsstörung verschlimmern kann.

Die Diagnose von Alkoholabhängigkeit und Alkoholismus erfolgt in der Regel anhand einer gründlichen Anamnese, körperlichen Untersuchung, Labortests und Screening-Tools wie dem AUDIT (Alcohol Use Disorders Identification Test) oder dem CAGE-Fragebogen. Eine umfassende Bewertung durch einen Psychiater oder Suchtmediziner ist wichtig, um eine genaue Diagnose zu stellen und einen individuellen Behandlungsplan zu erstellen.

Die Behandlung von Alkoholabhängigkeit und Alkoholismus erfordert einen ganzheitlichen Ansatz, der medizinische, psychologische und soziale Interventionen umfasst. Die Entgiftung von Alkohol kann der erste Schritt sein, um den körperlichen Entzug zu bewältigen und den Patienten auf die Behandlung vorzubereiten. Medikamente wie Benzodiazepine können verwendet werden, um

Entzugserscheinungen zu lindern und das Risiko von Krampfanfällen und Delirium zu reduzieren.

Psychologische Therapien wie kognitive Verhaltenstherapie (KVT), Motivierende Gesprächsführung (MI), Dialektisch-behaviorale Therapie (DBT) und Interpersonelle Therapie (IPT) können dabei helfen, die zugrunde liegenden psychischen Probleme zu bewältigen, Coping-Strategien zu entwickeln und die Motivation zur Veränderung zu fördern. Diese Therapien können auch dabei helfen, die psychischen Symptome zu lindern, die oft mit Alkoholabhängigkeit und Alkoholismus einhergehen, einschließlich Depressionen, Angstzuständen und impulsivem Verhalten.

Unterstützende Programme wie Selbsthilfegruppen, Gruppentherapien und 12-Schritte-Programme wie Anonyme Alkoholiker (AA) und andere Gemeinschaftsbasierte Organisationen können eine wichtige Rolle bei der Unterstützung von Menschen mit Alkoholabhängigkeit und Alkoholismus spielen. Diese Programme bieten eine supportive Umgebung, Peer-Support und die Möglichkeit, sich mit anderen Betroffenen auszutauschen und voneinander zu lernen.

Die Behandlung von Alkoholabhängigkeit und Alkoholismus erfordert oft eine langfristige und multidisziplinäre Betreuung, um langfristige Abstinenz und Erholung zu fördern. Dies kann die Teilnahme an regelmäßigen Therapiesitzungen, ärztlichen Untersuchungen, Selbsthilfegruppen, medizinischen Überwachungsprogrammen und anderen unterstützenden Maßnahmen umfassen. Die Einbindung von Familienangehörigen und anderen Angehörigen des Unterstützungssystems ist ebenfalls wichtig, um die Genesung zu fördern und Rückfälle zu vermeiden.

Insgesamt ist die Beziehung zwischen Alkoholabhängigkeit, Alkoholismus und Geisteskrankheiten komplex und vielschichtig. Die Wechselwirkungen zwischen Alkoholkonsum und psychischen Problemen können einen erheblichen Einfluss auf die Lebensqualität und das Wohlbefinden der Betroffenen haben.

Durch eine umfassende Diagnose, eine individuelle Behandlung und eine unterstützende Betreuung können Menschen mit Alkoholabhängigkeit und Alkoholismus dabei unterstützt werden, ihre Lebensqualität zu verbessern und ein gesundes und erfülltes Leben zu führen.

Drogenabhängigkeit und Drogenmissbrauch
Drogenabhängigkeit und Drogenmissbrauch sind ernsthafte Probleme, die nicht nur körperliche, sondern auch psychische Auswirkungen haben. Im Zusammenhang mit Geisteskrankheiten spielen sie eine bedeutende Rolle, da sie oft mit verschiedenen psychiatrischen Störungen wie Depressionen, Angstzuständen, Schizophrenie und anderen psychischen Problemen einhergehen können. In dieser ausführlichen Zusammenfassung werden wir die komplexe Beziehung zwischen Drogenabhängigkeit, Drogenmissbrauch und Geisteskrankheiten untersuchen, einschließlich der Ursachen, Auswirkungen, Diagnose und Behandlungsmöglichkeiten.

Drogenabhängigkeit und Drogenmissbrauch sind gekennzeichnet durch ein unkontrollierbares Verlangen nach Drogen, den zwanghaften Gebrauch trotz negativer Konsequenzen, die Entwicklung einer Toleranz gegenüber den Drogen und Entzugserscheinungen bei Abstinenz. Menschen, die unter Drogenabhängigkeit leiden, können Schwierigkeiten haben, ihr Leben zu kontrollieren und ihre täglichen Aktivitäten auszuführen, was zu erheblichen persönlichen, beruflichen und sozialen Problemen führen kann.

Eine der häufigsten psychiatrischen Begleiterkrankungen von Drogenabhängigkeit und Drogenmissbrauch ist die Depression. Der Missbrauch von Drogen kann das Risiko für Depressionen erhöhen und gleichzeitig die Symptome verschlimmern. Menschen mit Depressionen können versuchen, ihre Symptome mit Drogen zu lindern, was jedoch langfristig zu einer Verschlechterung der psychischen Gesundheit führen kann.

Angststörungen sind ebenfalls häufig mit Drogenabhängigkeit und Drogenmissbrauch verbunden. Menschen mit Angststörungen können Drogen als Selbstmedikation verwenden, um vorübergehende Linderung von ihren Symptomen zu erhalten. Dies kann jedoch zu einem Teufelskreis führen, in dem der Drogenkonsum die Angstsymptome langfristig verschlimmert.

Schizophrenie ist eine weitere psychische Störung, die mit Drogenabhängigkeit und Drogenmissbrauch in Verbindung gebracht wird. Der Gebrauch von Drogen kann das Risiko für die Entwicklung von Psychosen erhöhen und die Symptome der Schizophrenie verschlimmern. Menschen mit Schizophrenie können auch Drogen als Mittel zur Bewältigung ihrer Symptome verwenden, was zu einem problematischen Drogenkonsum führen kann.

Die Diagnose von Drogenabhängigkeit und Drogenmissbrauch erfolgt in der Regel anhand einer gründlichen Anamnese, körperlichen Untersuchung, Labortests und Screening-Tools wie dem DAST-10 (Drug Abuse Screening Test) oder dem CAGE-Fragebogen. Eine umfassende Bewertung durch einen Psychiater oder Suchtmediziner ist wichtig, um eine genaue Diagnose zu stellen und einen individuellen Behandlungsplan zu erstellen.

Die Behandlung von Drogenabhängigkeit und Drogenmissbrauch erfordert einen ganzheitlichen Ansatz, der medizinische, psychologische und soziale Interventionen umfasst. Die Entgiftung von Drogen kann der erste Schritt sein, um den körperlichen Entzug zu bewältigen und den Patienten auf die Behandlung vorzubereiten. Medikamente wie Methadon, Buprenorphin und Naltrexon können verwendet werden, um Entzugserscheinungen zu lindern und das Verlangen nach Drogen zu reduzieren.

Psychologische Therapien wie kognitive Verhaltenstherapie (KVT), Motivierende Gesprächsführung (MI), Dialektisch-behaviorale Therapie (DBT) und Interpersonelle Therapie (IPT) können dabei helfen, die zugrunde liegenden psychischen Probleme zu bewältigen, Coping-Strategien zu entwickeln und die Motivation zur Veränderung zu fördern. Diese Therapien können auch dabei helfen, die psychischen Symptome zu lindern, die oft mit Drogenabhängigkeit und Drogenmissbrauch einhergehen, einschließlich Depressionen, Angstzuständen und impulsivem Verhalten.

Unterstützende Programme wie Selbsthilfegruppen, Gruppentherapien und 12-Schritte-Programme wie Narcotics Anonymous (NA) und andere Gemeinschaftsbasierte Organisationen können eine wichtige Rolle bei der Unterstützung von Menschen mit Drogenabhängigkeit und Drogenmissbrauch spielen. Diese Programme bieten eine supportive Umgebung, Peer-Support und die Möglichkeit, sich mit anderen Betroffenen auszutauschen und voneinander zu lernen.

Die Behandlung von Drogenabhängigkeit und Drogenmissbrauch erfordert oft eine langfristige und multidisziplinäre Betreuung, um langfristige Abstinenz und Erholung zu fördern. Dies kann die Teilnahme an regelmäßigen Therapiesitzungen, ärztlichen Untersuchungen, Selbsthilfegruppen, medizinischen Überwachungsprogrammen und anderen unterstützenden Maßnahmen umfassen. Die Einbindung von Familienangehörigen und anderen Angehörigen des Unterstützungssystems ist ebenfalls wichtig, um die Genesung zu fördern und Rückfälle zu vermeiden.

Insgesamt ist die Beziehung zwischen Drogenabhängigkeit, Drogenmissbrauch und Geisteskrankheiten komplex und vielschichtig. Die Wechselwirkungen zwischen Drogenkonsum und psychischen Problemen können einen erheblichen Einfluss auf die Lebensqualität und das Wohlbefinden der Betroffenen haben. Durch eine umfassende Diagnose, eine individuelle Behandlung und eine unterstützende Betreuung können Menschen mit Drogenabhängigkeit und Drogenmissbrauch dabei unterstützt werden, ihre Lebensqualität zu verbessern und ein gesundes und erfülltes Leben zu führen.

Nikotinabhängigkeit und Rauchen

Nikotinabhängigkeit und Rauchen sind weit verbreitete Probleme, die nicht nur körperliche, sondern auch psychische Auswirkungen haben. Im Zusammenhang mit Geisteskrankheiten spielen sie eine bedeutende Rolle, da sie oft mit verschiedenen psychiatrischen Störungen wie Depressionen, Angstzuständen, bipolaren Störungen und anderen psychischen Problemen einhergehen können. In dieser ausführlichen Zusammenfassung werden wir die vielschichtige Beziehung zwischen Nikotinabhängigkeit, Rauchen und Geisteskrankheiten untersuchen, einschließlich der Ursachen, Auswirkungen, Diagnose und Behandlungsmöglichkeiten.

Rauchen und Nikotinabhängigkeit sind gekennzeichnet durch den Konsum von Tabakprodukten, die das Nervensystem stimulieren und eine psychische Abhängigkeit hervorrufen können. Menschen, die unter Nikotinabhängigkeit leiden, können Schwierigkeiten haben, mit dem Rauchen aufzuhören, selbst wenn sie die negativen gesundheitlichen Folgen erkennen.

Eine der häufigsten psychiatrischen Begleiterkrankungen von Nikotinabhängigkeit und Rauchen ist die Depression. Rauchen ist oft mit einem erhöhten Risiko für Depressionen verbunden, und Menschen mit Depressionen neigen dazu, häufiger zu rauchen. Das Rauchen kann die Symptome der Depression verschlimmern und die Wirksamkeit von antidepressiven Medikamenten beeinträchtigen.

Angststörungen sind ebenfalls häufig mit Nikotinabhängigkeit und Rauchen verbunden. Menschen mit Angststörungen können das Rauchen als Mittel zur Bewältigung ihrer Symptome verwenden, da Nikotin vorübergehende Linderung von Angstgefühlen bieten kann. Dies kann jedoch zu einem Teufelskreis führen, in dem das Rauchen die Angstsymptome langfristig verschlimmert.

Bipolare Störungen sind auch mit einem erhöhten Risiko für Nikotinabhängigkeit und Rauchen verbunden. Menschen mit bipolarer Störung können das Rauchen als Mittel zur Bewältigung ihrer Stimmungsschwankungen verwenden, was zu einem problematischen Rauchverhalten führen kann. Der Missbrauch von Tabakprodukten kann die Symptome der bipolaren Störung verschlimmern und die Wirksamkeit von Medikamenten zur Stimmungsstabilisierung beeinträchtigen.

Eine weitere psychiatrische Störung, die mit Nikotinabhängigkeit und Rauchen in Verbindung gebracht wird, ist die Aufmerksamkeitsdefizit-/Hyperaktivitätsstörung (ADHS). Menschen mit ADHS haben ein erhöhtes Risiko für Nikotinabhängigkeit und Rauchen, da Nikotin ihre Aufmerksamkeit und Konzentration vorübergehend verbessern kann. Dies kann zu einem problematischen Rauchverhalten führen, das die Symptome der ADHS verschlimmern kann.

Die Diagnose von Nikotinabhängigkeit und Rauchen erfolgt in der Regel anhand einer gründlichen Anamnese, körperlichen Untersuchung und Screening-Tools wie dem Fagerström-Test für Nikotinabhängigkeit. Eine umfassende Bewertung durch einen Psychiater oder Suchtmediziner ist wichtig, um eine genaue Diagnose zu stellen und einen individuellen Behandlungsplan zu erstellen.

Die Behandlung von Nikotinabhängigkeit und Rauchen erfordert einen ganzheitlichen Ansatz, der medizinische, psychologische und soziale Interventionen umfasst. Nikotinersatztherapien wie Nikotinpflaster, Kaugummis und Lutschtabletten können helfen, das Verlangen nach Nikotin zu reduzieren und Entzugserscheinungen zu lindern.

Psychologische Therapien wie kognitive Verhaltenstherapie (KVT), Motivierende Gesprächsführung (MI) und Verhaltensunterstützung können dabei helfen, das Rauchverhalten zu ändern, Coping-Strategien zu entwickeln und die Motivation zur Veränderung zu fördern. Diese Therapien können auch dabei helfen, die psychischen Symptome zu lindern, die oft mit Nikotinabhängigkeit und Rauchen einhergehen, einschließlich Depressionen, Angstzuständen und impulsivem Verhalten.

Unterstützende Programme wie Selbsthilfegruppen, Raucherentwöhnungskurse und Telefon-Hotlines können eine wichtige Rolle bei der Unterstützung von Menschen mit Nikotinabhängigkeit und Rauchen spielen. Diese Programme bieten eine supportive Umgebung, Peer-Support und die Möglichkeit, sich mit anderen Betroffenen auszutauschen und voneinander zu lernen.

Die Behandlung von Nikotinabhängigkeit und Rauchen erfordert oft eine langfristige und multidisziplinäre Betreuung, um langfristige Abstinenz und Erholung zu fördern. Dies kann die Teilnahme an regelmäßigen Therapiesitzungen, ärztlichen Untersuchungen, Selbsthilfegruppen, medizinischen Überwachungsprogrammen und anderen unterstützenden Maßnahmen umfassen. Die Einbindung von Familienangehörigen und anderen Angehörigen des Unterstützungssystems ist ebenfalls wichtig, um die Genesung zu fördern und Rückfälle zu vermeiden.

Insgesamt ist die Beziehung zwischen Nikotinabhängigkeit, Rauchen und Geisteskrankheiten komplex und vielschichtig. Die Wechselwirkungen zwischen dem Rauchen und psychischen Problemen können einen erheblichen Einfluss auf die Lebensqualität und das Wohlbefinden der Betroffenen haben. Durch eine umfassende Diagnose, eine individuelle Behandlung und eine unterstützende Betreuung können Menschen mit Nikotinabhängigkeit und Rauchen dabei unterstützt werden, ihre Lebensqualität zu verbessern und ein gesundes und erfülltes Leben zu führen.

Medikamentenabhängigkeit und -missbrauch

Medikamentenabhängigkeit und -missbrauch sind ernste Probleme, die sowohl körperliche als auch psychische Auswirkungen haben können. Im Zusammenhang mit Geisteskrankheiten spielen sie eine bedeutende Rolle, da sie oft mit verschiedenen psychiatrischen Störungen wie Depressionen, Angstzuständen, bipolaren

Störungen, Persönlichkeitsstörungen und anderen psychischen Problemen einhergehen können. In dieser ausführlichen Zusammenfassung werden wir die komplexe Beziehung zwischen Medikamentenabhängigkeit, -missbrauch und Geisteskrankheiten untersuchen, einschließlich der Ursachen, Auswirkungen, Diagnose und Behandlungsmöglichkeiten.

Medikamentenabhängigkeit und -missbrauch beziehen sich auf den übermäßigen Konsum von legalen oder illegalen Substanzen, die das zentrale Nervensystem beeinflussen und eine psychische Abhängigkeit hervorrufen können. Menschen, die unter Medikamentenabhängigkeit leiden, haben Schwierigkeiten, den Gebrauch zu kontrollieren und können trotz negativer Folgen weitermachen.

Eine der häufigsten psychiatrischen Begleiterkrankungen von Medikamentenabhängigkeit und -missbrauch ist die Depression. Der Missbrauch von Medikamenten kann das Risiko für Depressionen erhöhen und gleichzeitig die Symptome verschlimmern. Menschen mit Depressionen können versuchen, ihre Symptome mit Medikamenten zu lindern, was jedoch langfristig zu einer Verschlechterung der psychischen Gesundheit führen kann.

Angststörungen sind ebenfalls häufig mit Medikamentenabhängigkeit und -missbrauch verbunden. Menschen mit Angststörungen können Medikamente als Selbstmedikation verwenden, um vorübergehende Linderung von ihren Symptomen zu erhalten. Dies kann jedoch zu einem Teufelskreis führen, in dem der Medikamentenkonsum die Angstsymptome langfristig verschlimmert.

Bipolare Störungen sind auch mit einem erhöhten Risiko für Medikamentenabhängigkeit und -missbrauch verbunden. Menschen mit bipolarer Störung können Medikamente als Mittel zur Bewältigung ihrer Stimmungsschwankungen verwenden, was zu einem problematischen Medikamentenkonsum führen kann. Der

Missbrauch von Substanzen kann die Symptome der bipolaren Störung verschlimmern und die Wirksamkeit von Medikamenten zur Stimmungsstabilisierung beeinträchtigen.

Eine weitere psychiatrische Störung, die mit Medikamentenabhängigkeit und -missbrauch in Verbindung gebracht wird, ist die Persönlichkeitsstörung. Menschen mit Persönlichkeitsstörungen können ein erhöhtes Risiko für den Missbrauch von Medikamenten haben, da sie Schwierigkeiten haben, mit Stress umzugehen und impulsivem Verhalten ausgesetzt sind. Der Missbrauch von Substanzen kann die Symptome der Persönlichkeitsstörung verschlimmern und die Funktionsfähigkeit beeinträchtigen.

Die Diagnose von Medikamentenabhängigkeit und -missbrauch erfolgt in der Regel anhand einer gründlichen Anamnese, körperlichen Untersuchung, Labortests und Screening-Tools wie dem DSM-5 (Diagnostisches und Statistisches Manual Psychischer Störungen). Eine umfassende Bewertung durch einen Psychiater oder Suchtmediziner ist wichtig, um eine genaue Diagnose zu stellen und einen individuellen Behandlungsplan zu erstellen.

Die Behandlung von Medikamentenabhängigkeit und -missbrauch erfordert einen ganzheitlichen Ansatz, der medizinische, psychologische und soziale Interventionen umfasst. Die Entgiftung von Substanzen kann der erste Schritt sein, um den körperlichen Entzug zu bewältigen und den Patienten auf die Behandlung vorzubereiten. Medikamente wie Methadon, Buprenorphin und Naltrexon können verwendet werden, um Entzugserscheinungen zu lindern und das Verlangen nach Substanzen zu reduzieren.

Psychologische Therapien wie kognitive Verhaltenstherapie (KVT), Motivierende Gesprächsführung (MI), Dialektisch-behaviorale Therapie (DBT) und Interpersonelle Therapie (IPT) können dabei helfen, die zugrunde liegenden psychischen Probleme zu bewältigen, Coping-Strategien zu entwickeln und die Motivation zur Veränderung zu fördern. Diese Therapien können auch dabei helfen, die psychischen Symptome zu lindern, die oft mit Medikamentenabhängigkeit und -missbrauch einhergehen, einschließlich Depressionen, Angstzuständen und impulsivem Verhalten.

Unterstützende Programme wie Selbsthilfegruppen, Gruppentherapien und 12-Schritte-Programme wie Narcotics Anonymous (NA) und andere Gemeinschaftsbasierte Organisationen können eine wichtige Rolle bei der Unterstützung von Menschen mit Medikamentenabhängigkeit und -missbrauch spielen. Diese Programme bieten eine supportive Umgebung, Peer-Support und die Möglichkeit, sich mit anderen Betroffenen auszutauschen und voneinander zu lernen.

Die Behandlung von Medikamentenabhängigkeit und -missbrauch erfordert oft eine langfristige und multidisziplinäre Betreuung, um langfristige Abstinenz und Erholung zu fördern. Dies kann die Teilnahme an regelmäßigen Therapiesitzungen, ärztlichen Untersuchungen, Selbsthilfegruppen, medizinischen Überwachungsprogrammen und anderen unterstützenden Maßnahmen umfassen. Die Einbindung von Familienangehörigen und anderen Angehörigen des Unterstützungssystems ist ebenfalls wichtig, um die Genesung zu fördern und Rückfälle zu vermeiden.

Insgesamt ist die Beziehung zwischen Medikamentenabhängigkeit, -missbrauch und Geisteskrankheiten komplex und vielschichtig. Die Wechselwirkungen zwischen Substanzkonsum und psychischen Problemen können einen erheblichen Einfluss auf die Lebensqualität und das Wohlbefinden der Betroffenen haben. Durch eine umfassende Diagnose, eine individuelle Behandlung und eine unterstützende Betreuung können Menschen mit Medikamentenabhängigkeit und -missbrauch dabei unterstützt werden, ihre Lebensqualität zu verbessern und ein gesundes und erfülltes Leben zu führen.

Glücksspielsucht und Verhaltenssucht

Glücksspielsucht und Verhaltenssucht sind ernsthafte Probleme, die eine Vielzahl von negativen Auswirkungen auf das Leben der Betroffenen haben können und oft mit verschiedenen psychiatrischen Störungen einhergehen. Im Kontext von Geisteskrankheiten spielen sie eine bedeutende Rolle, da sie oft mit Depressionen, Angstzuständen, Zwangsstörungen, Persönlichkeitsstörungen und anderen psychischen Problemen verbunden sind.

Glücksspielsucht ist ein zwanghaftes Verhalten, bei dem eine Person trotz negativer Folgen wie finanziellen Verlusten, Beziehungsproblemen und psychischer Belastung weiterhin spielt. Menschen mit Glücksspielsucht haben Schwierigkeiten, ihr Spielverhalten zu kontrollieren, und setzen sich oft hohen Risiken aus, um ihre Sucht zu befriedigen.

Depression ist eine häufige psychiatrische Begleiterkrankung von Glücksspielsucht. Betroffene leiden oft unter Hoffnungslosigkeit, Selbstwertmangel und sozialer Isolation. Angststörungen treten ebenfalls häufig bei Glücksspielsucht auf, da das Glücksspiel oft als Mittel zur Bewältigung von Angstsymptomen verwendet wird.

Zwangsstörungen können das Glücksspielverhalten ebenfalls beeinflussen, indem zwanghafte Gedanken und Verhaltensweisen das Spielverhalten beeinflussen. Menschen mit zwanghaftem Glücksspiel können versuchen, ihre zwanghaften Gedanken zu beruhigen, indem sie Glücksspiele spielen.

Persönlichkeitsstörungen können das Risiko für Glücksspielsucht erhöhen, da Menschen mit Persönlichkeitsstörungen oft Schwierigkeiten haben, mit Stress umzugehen und impulsives Verhalten zeigen. Der zwanghafte Wunsch nach Belohnung und die Suche nach sofortiger Befriedigung können zu einem problematischen Glücksspielverhalten führen.

Die Diagnose von Glücksspielsucht erfolgt in der Regel durch eine gründliche Anamnese, körperliche Untersuchung und Screening-Tools wie dem SOGS (South Oaks Gambling Screen) oder dem DSM-5. Eine umfassende Bewertung durch einen Psychiater oder Suchtmediziner ist wichtig, um eine genaue Diagnose zu stellen und einen individuellen Behandlungsplan zu erstellen.

Die Behandlung von Glücksspielsucht erfordert einen ganzheitlichen Ansatz, der medizinische, psychologische und soziale Interventionen umfasst. Eine kognitive Verhaltenstherapie (KVT) kann dabei helfen, die zugrunde liegenden Gedanken und Überzeugungen zu identifizieren und alternative Bewältigungsstrategien zu entwickeln. Motivierende Gesprächsführung (MI) kann die Motivation zur Veränderung fördern.

Unterstützende Programme wie Selbsthilfegruppen, Gruppentherapien und 12-Schritte-Programme wie Gamblers Anonymous (GA) können eine wichtige Rolle bei der Unterstützung von Menschen mit Glücksspielsucht spielen. Diese Programme bieten eine supportive Umgebung und Peer-Support.

Die Behandlung von Glücksspielsucht erfordert oft eine langfristige und multidisziplinäre Betreuung, um langfristige Abstinenz und Erholung zu fördern. Die Einbindung von Familienangehörigen und anderen Angehörigen des Unterstützungssystems ist ebenfalls wichtig, um die Genesung zu fördern und Rückfälle zu vermeiden.

Verhaltenssucht ist ein weiteres Problem, das eng mit Glücksspielsucht verbunden ist und ebenfalls eine Vielzahl von negativen Auswirkungen haben kann. Menschen mit Verhaltenssucht zeigen ein unkontrollierbares Verlangen, bestimmte Aktivitäten auszuführen, trotz negativer Folgen.

Die Behandlung von Verhaltenssucht erfordert ebenfalls einen ganzheitlichen Ansatz und kann kognitive Verhaltenstherapie,

Motivierende Gesprächsführung und unterstützende Programme umfassen.

Insgesamt ist die Beziehung zwischen Glücksspielsucht, Verhaltenssucht und Geisteskrankheiten komplex und erfordert eine umfassende Diagnose und Behandlung, um Betroffene auf ihrem Weg zur Genesung zu unterstützen.

Internet- und Computerspielsucht
Internet- und Computerspielsucht ist ein wachsendes Phänomen, das weltweit zunimmt und eine Reihe von negativen Auswirkungen auf die geistige Gesundheit haben kann. Diese Suchtform betrifft Menschen aller Altersgruppen und wird zunehmend als ernstes öffentliches Gesundheitsproblem anerkannt. Im Zusammenhang mit Geisteskrankheiten spielt die Computerspielsucht eine bedeutende Rolle, da sie häufig mit verschiedenen psychiatrischen Störungen wie Depressionen, Angstzuständen, Zwangsstörungen und Aufmerksamkeitsdefizit-/Hyperaktivitätsstörungen (ADHS) einhergeht. In dieser ausführlichen Zusammenfassung werden wir die komplexe Beziehung zwischen Internet- und Computerspielsucht und Geisteskrankheiten untersuchen, einschließlich der Ursachen, Auswirkungen, Diagnose und Behandlungsmöglichkeiten.

Die Internet- und Computerspielsucht bezieht sich auf ein zwanghaftes Verhalten, bei dem eine Person übermäßig viel Zeit mit Computerspielen verbringt und Schwierigkeiten hat, diese Aktivität zu kontrollieren, selbst wenn sie negative Auswirkungen auf andere Lebensbereiche wie Arbeit, Schule, Beziehungen und körperliche Gesundheit hat. Diese Sucht kann zu einer starken Beeinträchtigung des täglichen Funktionierens führen und das Leben der Betroffenen stark beeinträchtigen.

Im Zusammenhang mit Geisteskrankheiten ist die Internet- und Computerspielsucht oft mit verschiedenen psychiatrischen Störungen verbunden. Depressionen sind eine häufige Begleiterkrankung von Computerspielsucht. Menschen, die unter

Computerspielsucht leiden, können depressive Symptome wie Hoffnungslosigkeit, Traurigkeit und soziale Isolation zeigen. Die intensive Nutzung von Computerspielen kann dazu führen, dass Betroffene ihre sozialen Kontakte vernachlässigen, was wiederum die Symptome der Depression verschlimmern kann.

Angststörungen sind ebenfalls häufig mit Internet- und Computerspielsucht verbunden. Menschen mit Angststörungen können Computerspiele als Mittel zur Bewältigung ihrer Angstsymptome verwenden, da sie vorübergehende Ablenkung und Entlastung bieten können. Dies kann zu einem Teufelskreis führen, in dem das Computerspielverhalten die Angstsymptome langfristig verstärkt.

Zwangsstörungen (OCD) können ebenfalls mit Computerspielsucht einhergehen. Die zwanghafte Nutzung von Computerspielen kann ein Symptom von OCD sein und durch zwanghafte Gedanken und Verhaltensweisen gekennzeichnet sein, die das Spielverhalten beeinflussen. Menschen mit OCD können versuchen, ihre zwanghaften Gedanken zu beruhigen, indem sie Computerspiele spielen, was zu einem problematischen Zyklus führen kann.

Aufmerksamkeitsdefizit-/Hyperaktivitätsstörungen (ADHS) sind eine weitere psychiatrische Störung, die oft mit Internet- und Computerspielsucht verbunden ist. Menschen mit ADHS können ein erhöhtes Risiko für Computerspielsucht haben, da die stimulierende Natur von Computerspielen dazu beitragen kann, ihre Symptome vorübergehend zu lindern und sie zu beruhigen. Dies kann zu einem übermäßigen Gebrauch von Computerspielen führen und die Symptome von ADHS langfristig verschlimmern.

Die Diagnose von Internet- und Computerspielsucht erfolgt in der Regel anhand einer gründlichen Anamnese, körperlichen Untersuchung und Screening-Tools wie dem Internet Gaming Disorder Test (IGD-9), dem DSM-5 (Diagnostisches und Statistisches Manual Psychischer Störungen) oder dem Internet Addiction Test (IAT). Eine umfassende Bewertung durch einen

Psychiater oder Psychologen ist wichtig, um eine genaue Diagnose zu stellen und einen individuellen Behandlungsplan zu erstellen.

Die Behandlung von Internet- und Computerspielsucht erfordert einen ganzheitlichen Ansatz, der medizinische, psychologische und soziale Interventionen umfasst. Eine kognitive Verhaltenstherapie (KVT) kann dabei helfen, die zugrunde liegenden Gedanken und Überzeugungen zu identifizieren, die das Computerspielverhalten beeinflussen, und alternative Bewältigungsstrategien zu entwickeln. Motivierende Gesprächsführung (MI) kann die Motivation zur Veränderung fördern und den Patienten dabei helfen, ihre Ziele zu erreichen.

Unterstützende Programme wie Selbsthilfegruppen, Gruppentherapien und andere Gemeinschaftsbasierte Organisationen können eine wichtige Rolle bei der Unterstützung von Menschen mit Internet- und Computerspielsucht spielen. Diese Programme bieten eine supportive Umgebung, Peer-Support und die Möglichkeit, sich mit anderen Betroffenen auszutauschen und voneinander zu lernen.

Die Behandlung von Internet- und Computerspielsucht erfordert oft eine langfristige und multidisziplinäre Betreuung, um langfristige Abstinenz und Erholung zu fördern. Dies kann die Teilnahme an regelmäßigen Therapiesitzungen, ärztlichen Untersuchungen, Selbsthilfegruppen, medizinischen Überwachungsprogrammen und anderen unterstützenden Maßnahmen umfassen. Die Einbindung von Familienangehörigen und anderen Angehörigen des Unterstützungssystems ist ebenfalls wichtig, um die Genesung zu fördern und Rückfälle zu vermeiden.

Insgesamt ist die Beziehung zwischen Internet- und Computerspielsucht und Geisteskrankheiten komplex und erfordert eine umfassende Diagnose und Behandlung, um Betroffene auf ihrem Weg zur Genesung zu unterstützen. Es ist wichtig, dass Menschen, die unter Internet- und Computerspielsucht leiden, rechtzeitig professionelle Hilfe suchen und Unterstützung von ihren

Angehörigen und der Gemeinschaft erhalten, um positive Veränderungen zu bewirken und ihre Lebensqualität zu verbessern.

Ursachen und Risikofaktoren für Suchterkrankungen
Suchterkrankungen sind komplexe Störungen, die durch zwanghaftes Suchtverhalten gekennzeichnet sind und schwerwiegende negative Auswirkungen auf das Leben der Betroffenen haben können. Die Ursachen und Risikofaktoren für Suchterkrankungen sind vielfältig und können eine Kombination aus genetischen, psychologischen, sozialen und Umweltfaktoren umfassen. In dieser ausführlichen Zusammenfassung werden wir die verschiedenen Ursachen und Risikofaktoren für Suchterkrankungen betrachten, einschließlich genetischer Veranlagung, psychologischer Vulnerabilität, sozialer Einflüsse und Umweltfaktoren.

Eine der wichtigsten Ursachen für Suchterkrankungen ist die genetische Veranlagung. Studien haben gezeigt, dass Menschen, deren Familienmitglieder an Suchterkrankungen leiden, ein erhöhtes Risiko haben, selbst eine Sucht zu entwickeln. Dies deutet darauf hin, dass genetische Faktoren eine Rolle bei der Anfälligkeit für Suchterkrankungen spielen können. Bestimmte Gene können die Verarbeitung von Suchtmitteln im Gehirn beeinflussen und die Reaktion des Körpers auf diese Substanzen verändern, was das Risiko einer Suchtentwicklung erhöht.

Darüber hinaus können psychologische Faktoren eine Rolle bei der Entstehung von Suchterkrankungen spielen. Menschen, die an psychischen Störungen wie Depressionen, Angstzuständen, Zwangsstörungen oder Persönlichkeitsstörungen leiden, haben möglicherweise ein erhöhtes Risiko, eine Sucht zu entwickeln. Sucht kann oft als Bewältigungsmechanismus dienen, um mit psychischem Schmerz oder emotionaler Belastung umzugehen. Menschen, die Schwierigkeiten haben, mit Stress umzugehen oder negative Emotionen zu regulieren, sind möglicherweise anfälliger für Suchtverhalten.

Soziale Einflüsse spielen ebenfalls eine wichtige Rolle bei der Entstehung von Suchterkrankungen. Menschen, die in einem Umfeld aufwachsen, in dem Suchtmittel weit verbreitet sind und der Konsum von Alkohol, Drogen oder Glücksspiel als normal angesehen wird, haben möglicherweise ein erhöhtes Risiko, selbst eine Sucht zu entwickeln. Peer-Druck, soziale Normen und der Einfluss von Familie und Freunden können das Risiko für Suchtverhalten erhöhen.

Umweltfaktoren wie Stress, Trauma und traumatische Lebensereignisse können ebenfalls zur Entstehung von Suchterkrankungen beitragen. Menschen, die belastende Lebensereignisse wie Missbrauch, Vernachlässigung, Verlust eines geliebten Menschen oder schwere Krankheit erlebt haben, haben möglicherweise ein erhöhtes Risiko für Suchtverhalten als Bewältigungsmechanismus. Stress kann auch das Verlangen nach Suchtmitteln erhöhen und die Wahrscheinlichkeit eines Rückfalls bei Menschen, die sich von einer Suchterkrankung erholen, erhöhen.

Die Verfügbarkeit und Zugänglichkeit von Suchtmitteln kann ebenfalls zur Entstehung von Suchterkrankungen beitragen. Menschen, die in Gemeinschaften leben, in denen Alkohol, Drogen oder Glücksspiel leicht verfügbar sind, haben möglicherweise ein höheres Risiko, eine Sucht zu entwickeln. Marketingstrategien und Werbung für Suchtmittel können das Verlangen und den Konsum weiter fördern.

Die Ursachen und Risikofaktoren für Suchterkrankungen sind oft komplex und interagieren auf vielfältige Weise miteinander. Menschen mit einer genetischen Veranlagung für Suchterkrankungen können aufgrund psychologischer oder sozialer Stressoren anfälliger sein, eine Sucht zu entwickeln. Umgekehrt können Menschen, die in einem Umfeld aufwachsen, in dem Suchtmittel leicht verfügbar sind, ein erhöhtes Risiko haben, eine genetisch bedingte Anfälligkeit zu entwickeln. Es ist wichtig zu beachten, dass nicht jeder, der einem oder mehreren dieser Risikofaktoren ausgesetzt ist, zwangsläufig eine Sucht entwickelt, und viele Menschen erfolgreich risikoreiche Verhaltensweisen vermeiden können.

Die Prävention von Suchterkrankungen erfordert eine umfassende und ganzheitliche Herangehensweise, die genetische, psychologische, soziale und Umweltfaktoren berücksichtigt. Frühe Interventionen, wie die Förderung von gesunden Bewältigungsstrategien, die Unterstützung von Familien und Gemeinschaften und die Reduzierung der Verfügbarkeit von Suchtmitteln, können dazu beitragen, das Risiko von Suchtverhalten zu verringern. Die Aufklärung über die Risiken von Suchterkrankungen und die Förderung einer gesunden Lebensweise können ebenfalls dazu beitragen, die Entwicklung von Suchtverhalten zu verhindern.

Entzugserscheinungen und Entzugstherapien
Entzugserscheinungen und Entzugstherapien spielen eine zentrale Rolle bei der Behandlung von Suchterkrankungen. Wenn Menschen, die süchtig sind, versuchen, den Konsum von Suchtmitteln zu reduzieren oder zu beenden, können sie unangenehme körperliche und psychische Symptome erfahren, die als Entzugserscheinungen bezeichnet werden. Diese Symptome können von milden Unannehmlichkeiten bis hin zu schwerwiegenderen Problemen reichen und sind ein häufiges Hindernis auf dem Weg zur Genesung. Entzugstherapien sind darauf ausgerichtet, Entzugserscheinungen zu lindern, den Entgiftungsprozess zu unterstützen und den Patienten dabei zu helfen, langfristig abstinent zu bleiben. In dieser ausführlichen Zusammenfassung werden wir die verschiedenen Aspekte von Entzugserscheinungen und Entzugstherapien untersuchen, einschließlich der Symptome, der zugrunde liegenden Mechanismen, der Behandlungsmethoden und der Herausforderungen bei der Entgiftung.

Entzugserscheinungen sind eine Reihe von körperlichen und psychischen Symptomen, die auftreten können, wenn jemand, der süchtig ist, plötzlich den Konsum von Suchtmitteln reduziert oder stoppt. Diese Symptome können je nach Substanz, Dauer und Intensität des Missbrauchs variieren und können von Person zu Person unterschiedlich sein. Zu den häufigsten Entzugserscheinungen gehören:

- Körperliche Symptome wie Übelkeit, Erbrechen, Durchfall, Muskelschmerzen, Zittern, Schwitzen, Herzrasen, erhöhter Blutdruck und Krampfanfälle.
- Psychische Symptome wie Angst, Depression, Reizbarkeit, Schlafstörungen, Konzentrationsprobleme, Halluzinationen und Delirium.

Diese Symptome können sehr belastend sein und das Risiko von Rückfällen erhöhen, da viele Menschen versucht sind, erneut Suchtmittel zu konsumieren, um die Entzugserscheinungen zu lindern. Aus diesem Grund ist eine angemessene Entzugstherapie entscheidend, um den Entgiftungsprozess zu unterstützen und die Wahrscheinlichkeit eines erfolgreichen Ausstiegs aus der Sucht zu erhöhen.

Die zugrunde liegenden Mechanismen von Entzugserscheinungen sind komplex und können je nach Substanz und individuellen Faktoren variieren. Bei Substanzen wie Alkohol, Drogen und Nikotin treten Entzugserscheinungen aufgrund von Veränderungen im Gehirn auf, die durch den regelmäßigen Konsum dieser Substanzen verursacht werden. Wenn die Einnahme dieser Substanzen abrupt eingestellt wird, kann das Gehirn Schwierigkeiten haben, ohne sie zu funktionieren, was zu den charakteristischen Entzugserscheinungen führt.

Entzugstherapien sind darauf ausgerichtet, Entzugserscheinungen zu lindern, den Entgiftungsprozess zu unterstützen und den Patienten dabei zu helfen, langfristig abstinent zu bleiben. Die Auswahl der geeigneten Entzugstherapie hängt von verschiedenen Faktoren ab, einschließlich der Art der Substanzabhängigkeit, des Schweregrads der Sucht, des Gesundheitszustands des Patienten und seiner individuellen Bedürfnisse und Vorlieben.

Medikamente können verwendet werden, um Entzugserscheinungen zu lindern und den Entgiftungsprozess zu unterstützen. Beispiele hierfür sind Benzodiazepine zur Behandlung von Alkohol- und Benzodiazepin-Entzug, Methadon oder Buprenorphin zur Behandlung von Opioidabhängigkeit und Nikotinersatztherapie zur Behandlung von Nikotinabhängigkeit.

Ein überwachter Entzug in einer medizinischen Einrichtung kann sicherstellen, dass der Patient angemessen überwacht und unterstützt wird, insbesondere bei schwerwiegenderen Entzugserscheinungen oder bei Patienten mit bestimmten Risikofaktoren wie psychiatrischen Komorbiditäten oder schweren körperlichen Erkrankungen.

Psychotherapeutische Ansätze wie Verhaltenstherapie, kognitive Verhaltenstherapie (CBT) und Motivationsinterviews können dabei helfen, die zugrunde liegenden psychologischen Ursachen der Sucht zu adressieren, negative Denkmuster und Verhaltensweisen zu ändern und Coping-Strategien zu entwickeln, um Rückfälle zu vermeiden.

Unterstützende Maßnahmen wie Ernährungsberatung, Bewegungstherapie, Stressmanagement-Techniken und Peer-Support-Gruppen können dazu beitragen, den Patienten während des Entzugsprozesses zu unterstützen und ihre körperliche und psychische Gesundheit zu fördern.

Nach dem Entzug ist es wichtig, dass der Patient weiterhin Unterstützung erhält, um langfristig abstinent zu bleiben und sein Leben ohne Suchtmittel zu gestalten. Rehabilitationsprogramme, Nachsorgepläne, Selbsthilfegruppen und individuelle Therapie können dabei helfen, Rückfälle zu vermeiden und die Genesung zu fördern.

Es ist wichtig zu beachten, dass der Entzugsprozess für jeden Menschen anders verläuft und dass Entzugserscheinungen je nach Substanz und individuellen Faktoren variieren können. Einige

Menschen erleben milde Entzugserscheinungen, die ohne Behandlung von selbst abklingen, während andere schwerwiegendere Symptome haben, die eine intensivere medizinische Betreuung erfordern. Die Unterstützung durch professionelle Gesundheitsdienstleister, Freunde und Familie ist entscheidend, um den Entzugserfolg zu fördern und die Chancen auf langfristige Abstinenz zu erhöhen.

Eine der Herausforderungen bei der Entzugstherapie ist die Bewältigung von Rückfällen. Rückfälle sind ein häufiges und normales Ereignis auf dem Weg zur Genesung und sollten nicht als Versagen betrachtet werden. Stattdessen ist es wichtig, Rückfälle als Gelegenheit zur Reflexion und zum Lernen zu nutzen und weiterhin Unterstützung und Behandlung zu suchen. Die Bereitschaft zur Veränderung, die Unterstützung von Angehörigen und die Teilnahme an Selbsthilfegruppen können dabei helfen, Rückfälle zu minimieren und die Genesung zu fördern.

Insgesamt spielen Entzugserscheinungen und Entzugstherapien eine entscheidende Rolle bei der Behandlung von Suchterkrankungen und sind ein wichtiger Schritt auf dem Weg zur Genesung. Durch die angemessene Unterstützung und Betreuung während des Entzugsprozesses können Menschen mit Suchterkrankungen ihre Abstinenzziele erreichen und ein gesünderes, erfüllteres Leben führen.

Therapeutische Ansätze für Suchterkrankungen
Therapeutische Ansätze für Suchterkrankungen umfassen eine Vielzahl von Interventionen, die darauf abzielen, Menschen mit Suchtproblemen dabei zu helfen, ihre Abhängigkeit zu überwinden, ihre Gesundheit und ihr Wohlbefinden zu verbessern und ein erfülltes Leben ohne Suchtmittel zu führen. Diese Ansätze reichen von medizinischen Interventionen und psychotherapeutischen Behandlungen bis hin zu sozialen Unterstützungsnetzwerken und alternativen Therapien. In dieser ausführlichen Zusammenfassung werden wir die verschiedenen therapeutischen Ansätze für Suchterkrankungen untersuchen, ihre Wirksamkeit,

Anwendungsbereiche und Herausforderungen diskutieren und Möglichkeiten zur Verbesserung der Behandlung aufzeigen.

Medikamente können eine wichtige Rolle bei der Behandlung von Suchterkrankungen spielen, insbesondere bei der Bewältigung von Entzugserscheinungen, der Verringerung des Verlangens nach Suchtmitteln und der Verhinderung von Rückfällen. Beispiele für medikamentöse Therapien bei Suchterkrankungen sind die Verwendung von Methadon oder Buprenorphin zur Behandlung von Opioidabhängigkeit, Naltrexon oder Acamprosat zur Behandlung von Alkoholabhängigkeit und Nikotinersatztherapie zur Behandlung von Nikotinabhängigkeit. Diese Medikamente können dazu beitragen, Entzugserscheinungen zu lindern, das Verlangen nach Suchtmitteln zu verringern und die Chancen auf langfristige Abstinenz zu erhöhen.

Psychotherapeutische Ansätze spielen eine zentrale Rolle bei der Behandlung von Suchterkrankungen, da sie dazu beitragen können, die zugrunde liegenden psychologischen Ursachen der Sucht zu identifizieren und zu adressieren, negative Denkmuster und Verhaltensweisen zu ändern und Coping-Strategien zu entwickeln, um Rückfälle zu vermeiden. Zu den häufig verwendeten psychotherapeutischen Ansätzen gehören Verhaltenstherapie, kognitive Verhaltenstherapie (CBT), Dialektisch-behaviorale Therapie (DBT), Motivationsinterviews und Selbsthilfegruppen. Diese Therapien können in Einzel- oder Gruppensitzungen durchgeführt werden und sind darauf ausgerichtet, den Patienten dabei zu unterstützen, ein gesünderes und befriedigenderes Leben ohne Suchtmittel zu führen.

Rehabilitationsprogramme bieten eine strukturierte Umgebung, in der Menschen mit Suchtproblemen die Möglichkeit haben, ihre Abhängigkeit zu überwinden, ihre Fähigkeiten zur Bewältigung von Stress und Versuchungen zu verbessern und Strategien zur Vermeidung von Rückfällen zu erlernen. Diese Programme umfassen oft eine Kombination aus medizinischer Betreuung, psychotherapeutischen Interventionen, Gruppentherapie,

Lebenskompetenztraining und Freizeitaktivitäten. Rehabilitationsprogramme können in stationärer oder ambulanter Form angeboten werden und bieten eine umfassende Unterstützung für Menschen auf dem Weg zur Genesung von ihrer Suchterkrankung.

Verhaltensänderungstechniken sind darauf ausgerichtet, die Denk- und Verhaltensmuster von Menschen mit Suchtproblemen zu ändern und gesündere Alternativen zum Suchtmittelkonsum zu entwickeln. Dies kann die Identifizierung und Bewältigung von Auslösern für den Suchtmittelkonsum, die Entwicklung von Bewältigungsstrategien für Stress und negative Emotionen, die Verbesserung der Problemlösungsfähigkeiten und die Förderung von gesundem Verhalten wie regelmäßiger Bewegung und gesunder Ernährung umfassen. Durch die Veränderung ihrer Denk- und Verhaltensmuster können Menschen mit Suchtproblemen neue Wege finden, mit Stress umzugehen und positive Veränderungen in ihrem Leben vorzunehmen.

Die Unterstützung von Familie, Freunden und Gemeinschaft kann eine wichtige Rolle bei der Genesung von Suchterkrankungen spielen. Durch die Teilnahme an Selbsthilfegruppen wie den Anonymen Alkoholikern (AA) oder den Anonymen Drogenabhängigen (NA) können Menschen mit Suchtproblemen Unterstützung, Ermutigung und Inspiration von anderen erfahren, die ähnliche Erfahrungen gemacht haben. Familieninterventionen, Familientherapie und die Einbindung von Angehörigen in den Genesungsprozess können ebenfalls dazu beitragen, das soziale Unterstützungsnetzwerk zu stärken und die Chancen auf langfristige Abstinenz zu erhöhen.

Neben den traditionellen medizinischen und psychotherapeutischen Ansätzen gibt es eine Vielzahl alternativer Therapien, die Menschen mit Suchtproblemen dabei helfen können, ihre Genesung zu unterstützen und ihre Lebensqualität zu verbessern. Dazu gehören Kunsttherapie, Musiktherapie, Tiergestützte Therapie, Yoga, Meditation und Achtsamkeit. Diese Therapien können dazu beitragen, Stress zu reduzieren, das emotionale Wohlbefinden zu fördern und positive Veränderungen im Verhalten und Denken zu fördern.

Insgesamt bieten therapeutische Ansätze für Suchterkrankungen eine Vielzahl von Interventionen und Unterstützungsmöglichkeiten, um Menschen dabei zu helfen, ihre Abhängigkeit zu überwinden und ein gesundes, erfülltes Leben ohne Suchtmittel zu führen. Die Kombination verschiedener Therapien und die individuelle Anpassung der Behandlung an die Bedürfnisse und Vorlieben des Patienten können dazu beitragen, die Wirksamkeit der Behandlung zu maximieren und die Chancen auf langfristige Abstinenz zu erhöhen. Es ist wichtig, dass Menschen mit Suchtproblemen rechtzeitig professionelle Hilfe suchen und Unterstützung von ihren Angehörigen und der Gemeinschaft erhalten, um positive Veränderungen zu bewirken und ihre Lebensqualität zu verbessern.

Prävention und Rückfallprävention bei Suchterkrankungen
Prävention und Rückfallprävention spielen eine entscheidende Rolle bei der Bewältigung von Suchterkrankungen und sind wichtige Bestandteile eines umfassenden Ansatzes zur Förderung der Gesundheit und des Wohlbefindens von Menschen mit Suchtproblemen. In dieser ausführlichen Zusammenfassung werden verschiedene Aspekte der Prävention und Rückfallprävention bei Suchterkrankungen untersucht, darunter die Bedeutung der Prävention, die Faktoren, die das Risiko für Suchterkrankungen erhöhen, und die Strategien zur Verhinderung von Rückfällen.

Prävention ist ein wesentlicher Bestandteil der öffentlichen Gesundheit und zielt darauf ab, das Auftreten von Suchterkrankungen zu verhindern oder zu reduzieren, bevor sie auftreten. Es gibt verschiedene Ebenen der Prävention, darunter primäre, sekundäre und tertiäre Prävention. Primäre Prävention konzentriert sich darauf, das Auftreten von Suchterkrankungen durch die Förderung gesunder Verhaltensweisen und die Reduzierung von Risikofaktoren zu verhindern. Dies kann durch

Aufklärungskampagnen, Maßnahmen zur Förderung der psychischen Gesundheit, Schulungen zur Stressbewältigung und die Einschränkung des Zugangs zu Suchtmitteln erfolgen. Sekundäre Prävention zielt darauf ab, Menschen mit einem erhöhten Risiko für Suchterkrankungen zu identifizieren und ihnen frühzeitig Unterstützung und Interventionen anzubieten, um das Risiko weiterer Probleme zu verringern. Tertiäre Prävention konzentriert sich darauf, Menschen mit bereits bestehenden Suchtproblemen dabei zu helfen, ihre Abhängigkeit zu überwinden und Rückfälle zu verhindern, indem sie Zugang zu Behandlungsmöglichkeiten, Unterstützung und Nachsorge bieten.

Es gibt eine Vielzahl von Faktoren, die das Risiko für Suchterkrankungen erhöhen können, darunter genetische, biologische, psychologische, soziale und Umweltfaktoren. Genetische und biologische Faktoren können eine Rolle bei der Anfälligkeit für Suchterkrankungen spielen, indem sie die Reaktion des Gehirns auf Suchtmittel beeinflussen. Psychologische Faktoren wie Stress, Angst, Depression und traumatische Lebenserfahrungen können das Risiko für Suchterkrankungen erhöhen, indem sie den Suchtmittelkonsum als Bewältigungsmechanismus fördern. Soziale Faktoren wie familiäre und soziale Umgebung, Peer-Druck und gesellschaftliche Normen können ebenfalls eine Rolle spielen, indem sie den Zugang zu Suchtmitteln erleichtern und den Konsum fördern. Umweltfaktoren wie Verfügbarkeit, Zugänglichkeit und Preis von Suchtmitteln können das Risiko für Suchterkrankungen ebenfalls beeinflussen, indem sie den Konsum erleichtern oder erschweren.

Die Prävention von Suchterkrankungen erfordert einen ganzheitlichen Ansatz, der auf die verschiedenen Faktoren abzielt, die das Risiko erhöhen, sowie auf die individuellen Bedürfnisse und Lebensumstände der betroffenen Personen. Dazu gehören Aufklärung und Sensibilisierung über die Risiken des Suchtmittelkonsums, die Förderung gesunder Lebensstile und Bewältigungsstrategien, die Stärkung von sozialen Unterstützungsnetzwerken und die Schaffung einer Umgebung, die den Konsum von Suchtmitteln entmutigt und alternative Möglichkeiten zur Bewältigung von Stress und Problemen bietet.

Rückfallprävention ist ein wichtiger Bestandteil der Behandlung von Suchterkrankungen und zielt darauf ab, Rückfälle zu verhindern und den langfristigen Erfolg der Genesung zu fördern. Rückfälle sind ein häufiges und normales Ereignis auf dem Weg zur Genesung von Suchterkrankungen und sollten nicht als Versagen betrachtet werden, sondern als Gelegenheit zur Reflexion und zum Lernen genutzt werden. Rückfallprävention beinhaltet die Identifizierung von Risikofaktoren für Rückfälle, die Entwicklung von Bewältigungsstrategien und Notfallplänen, die Stärkung von Selbstwirksamkeit und Selbstkontrolle, die Einbeziehung von Unterstützungspersonen und die Schaffung eines unterstützenden Umfelds.

Eine der wichtigsten Strategien zur Rückfallprävention ist die Entwicklung von Bewältigungsstrategien, um mit Stress, negativen Emotionen und Versuchungen umzugehen, ohne auf Suchtmittel zurückzugreifen. Dies kann die Anwendung von Techniken zur Stressbewältigung und Entspannung, die Förderung gesunder Lebensstile, die Teilnahme an Selbsthilfegruppen und die Nutzung von sozialer Unterstützung umfassen. Die Vermeidung von Risikosituationen, die den Konsum von Suchtmitteln auslösen können, und die Entwicklung von Alternativen zur Bewältigung von Problemen und Emotionen können ebenfalls dazu beitragen, Rückfälle zu verhindern.

Die Einbeziehung von Unterstützungspersonen wie Familienmitgliedern, Freunden, Therapeuten und Selbsthilfegruppen kann eine wichtige Rolle bei der Rückfallprävention spielen, indem sie Unterstützung, Ermutigung und praktische Hilfe bieten. Angehörige können dazu beitragen, ein unterstützendes Umfeld zu schaffen, das die Genesung fördert, indem sie Verständnis und Unterstützung zeigen, die Kommunikation verbessern und bei der Bewältigung von Problemen und Herausforderungen unterstützen. Therapeuten können den Patienten dabei helfen, ihre Fortschritte zu erkennen, ihre Bewältigungsstrategien zu verbessern und einen individuellen Rückfallpräventionsplan zu entwickeln. Selbsthilfegruppen wie die Anonymen Alkoholiker (AA) oder die Anonymen Drogenabhängigen (NA) bieten die Möglichkeit, sich mit anderen Betroffenen auszutauschen, Unterstützung und Ermutigung zu erhalten und von den Erfahrungen anderer zu lernen.

Die Schaffung eines unterstützenden Umfelds, das die Genesung fördert und den Konsum von Suchtmitteln entmutigt, ist ebenfalls ein wichtiger Aspekt der Rückfallprävention. Dazu gehören die Vermeidung von Orten, Menschen und Situationen, die den Konsum von Suchtmitteln auslösen können, die Schaffung einer positiven und unterstützenden sozialen Umgebung, die Förderung gesunder Aktivitäten und Hobbys, die Einbindung in soziale Netzwerke und die Schaffung von Möglichkeiten zur beruflichen und persönlichen Entwicklung.

Insgesamt spielen Prävention und Rückfallprävention eine entscheidende Rolle bei der Bewältigung von Suchterkrankungen und sind wichtige Bestandteile eines umfassenden Behandlungsansatzes. Durch die Identifizierung von Risikofaktoren, die Förderung gesunder Lebensstile, die Entwicklung von Bewältigungsstrategien und die Einbindung von Unterstützungspersonen können Menschen mit Suchtproblemen dabei unterstützt werden, Rückfälle zu verhindern und ein gesundes, erfülltes Leben ohne Suchtmittel zu führen. Es ist wichtig, dass Prävention und Rückfallprävention als kontinuierlicher Prozess betrachtet werden, der langfristige Unterstützung und Bemühungen erfordert, um positive Veränderungen zu bewirken und die Lebensqualität zu verbessern.

Entwicklungsstörungen und Verhaltensstörungen im Kindesalter

Autismus-Spektrum-Störungen (ASS)

Autismus-Spektrum-Störungen (ASS) sind eine Gruppe von neurologischen Entwicklungsstörungen, die sich in einem breiten Spektrum von Symptomen und Schweregraden manifestieren. Diese Störungen betreffen die soziale Interaktion, die Kommunikation, das Verhalten und die Interessen der betroffenen Personen. In dieser ausführlichen Zusammenfassung werden wir die verschiedenen Aspekte von Autismus-Spektrum-Störungen beleuchten, einschließlich der Symptome, Ursachen, Diagnoseverfahren, Behandlungsmöglichkeiten und Herausforderungen, denen Menschen mit Autismus und ihre Familien gegenüberstehen.

Die Symptome von Autismus-Spektrum-Störungen können sich bei jedem einzelnen Betroffenen unterschiedlich manifestieren und variieren in ihrem Schweregrad. Zu den häufigsten Symptomen gehören Schwierigkeiten in der sozialen Interaktion, wie zum Beispiel das Verständnis von nonverbaler Kommunikation und das Eingehen von Beziehungen zu anderen Menschen. Ebenso können Probleme in der verbalen und nonverbalen Kommunikation auftreten, wie Schwierigkeiten beim Verständnis und Gebrauch von Sprache, sowie stereotype Verhaltensmuster und eingeschränkte Interessen.

Die Ursachen von Autismus-Spektrum-Störungen sind komplex und multifaktoriell. Genetische Faktoren spielen eine bedeutende Rolle, und es gibt Hinweise darauf, dass bestimmte Genvarianten mit einem erhöhten Risiko für Autismus verbunden sind. Auch Umweltfaktoren während der Schwangerschaft und frühkindliche Entwicklung können das Risiko für Autismus beeinflussen. Dazu gehören beispielsweise Pränatalinfektionen, bestimmte Medikamente, Geburtskomplikationen und Umweltgifte.

Die Diagnose von Autismus-Spektrum-Störungen erfolgt in der Regel anhand einer gründlichen Beurteilung der Symptome und Verhaltensweisen des Kindes. Dies beinhaltet eine umfassende Anamnese, Entwicklungsbeurteilungen, Beobachtungen des Verhaltens und standardisierte Tests. Es ist wichtig, andere mögliche Ursachen für die beobachteten Symptome auszuschließen, um eine genaue Diagnose zu stellen.

Die Behandlung von Autismus-Spektrum-Störungen umfasst eine Vielzahl von Interventionen, die darauf abzielen, die Symptome zu lindern, die Lebensqualität zu verbessern und die Funktionsfähigkeit zu erhöhen. Frühzeitige Interventionen sind besonders wichtig und können intensive Verhaltenstherapien, Sprach- und Kommunikationstherapien, soziale Fähigkeitstrainings und spezielle Bildungsprogramme umfassen. Medikamentöse Therapien können ebenfalls zur Behandlung von begleitenden Symptomen wie Angstzuständen, Schlafstörungen und Hyperaktivität eingesetzt werden.

Eine der größten Herausforderungen für Menschen mit Autismus und ihre Familien ist oft die mangelnde gesellschaftliche Akzeptanz und Integration. Menschen mit Autismus können aufgrund ihrer besonderen Bedürfnisse und Verhaltensweisen stigmatisiert und ausgegrenzt werden. Es ist wichtig, das Bewusstsein für Autismus zu schärfen, Vorurteile abzubauen und inklusive Umgebungen zu schaffen, die Menschen mit Autismus die volle Teilhabe am gesellschaftlichen Leben ermöglichen.

Die Unterstützung von Familien, Betreuern und Lehrkräften ist entscheidend für den Erfolg von Menschen mit Autismus. Eltern von Kindern mit Autismus benötigen oft zusätzliche Unterstützung und Ressourcen, um mit den Herausforderungen der Erziehung und Pflege eines Kindes mit besonderen Bedürfnissen umzugehen. Schulen und Bildungseinrichtungen sollten inklusive Programme anbieten, die auf die Bedürfnisse von Schülern mit Autismus zugeschnitten sind und ihnen die Möglichkeit geben, ihr volles Potenzial auszuschöpfen.

Die Forschung zu Autismus-Spektrum-Störungen hat in den letzten Jahren erhebliche Fortschritte gemacht, sowohl in Bezug auf das Verständnis der Ursachen als auch auf die Entwicklung neuer Behandlungsmöglichkeiten. Es ist wichtig, diese Fortschritte fortzusetzen und die Lebensqualität von Menschen mit Autismus kontinuierlich zu verbessern.

Insgesamt ist Autismus-Spektrum-Störungen eine komplexe und vielschichtige Erkrankung, die eine individuelle Herangehensweise erfordert. Durch frühzeitige Interventionen, umfassende Unterstützung und inklusive Umgebungen können Menschen mit Autismus ein erfülltes und produktives Leben führen. Es ist wichtig, das Bewusstsein für Autismus zu schärfen, Vorurteile abzubauen und eine Welt zu schaffen, in der jeder Mensch, unabhängig von seinen individuellen Fähigkeiten und Bedürfnissen, vollständig akzeptiert und integriert ist.

Aufmerksamkeitsdefizit-Hyperaktivitätsstörung (ADHS)
Aufmerksamkeitsdefizit-Hyperaktivitätsstörung (ADHS) ist eine neurologische Entwicklungsstörung, die sich in verschiedenen Verhaltensweisen manifestiert, darunter Aufmerksamkeitsprobleme, Hyperaktivität und Impulsivität. In dieser ausführlichen Zusammenfassung werden wir die verschiedenen Aspekte von ADHS beleuchten, einschließlich der Symptome, Ursachen, Diagnoseverfahren, Behandlungsmöglichkeiten und Herausforderungen, denen Menschen mit ADHS und ihre Familien gegenüberstehen.

ADHS ist eine häufige Störung, die sowohl Kinder als auch Erwachsene betrifft. Die Symptome von ADHS können in drei Hauptkategorien unterteilt werden: Unaufmerksamkeit, Hyperaktivität und Impulsivität. Zu den Symptomen der Unaufmerksamkeit gehören Schwierigkeiten, die Aufmerksamkeit aufrechtzuerhalten, sich zu organisieren und Aufgaben zu erledigen. Hyperaktivität zeigt sich in übermäßiger körperlicher Unruhe und einer konstanten Suche nach Stimulation. Impulsivität äußert sich durch Handlungen ohne angemessene Überlegung der Konsequenzen.

Die Ursachen von ADHS sind komplex und multifaktoriell. Es gibt Hinweise darauf, dass genetische Faktoren eine Rolle spielen, da ADHS häufig in Familien vorkommt. Auch Umweltfaktoren während der Schwangerschaft, wie Rauchen, Alkoholkonsum und Belastungen, können das Risiko für ADHS erhöhen. Neurologische Untersuchungen deuten darauf hin, dass bei Menschen mit ADHS Unterschiede in der Funktionsweise bestimmter Gehirnregionen bestehen können, insbesondere in Bereichen, die für die Aufmerksamkeitssteuerung und Impulskontrolle wichtig sind.

Die Diagnose von ADHS erfordert eine gründliche Bewertung der Symptome und des Verhaltens des betroffenen Individuums. Dies beinhaltet eine Anamnese, Entwicklungsbeurteilungen, Beobachtungen des Verhaltens in verschiedenen Situationen und standardisierte Fragebögen. Es ist wichtig, andere mögliche Ursachen für die beobachteten Symptome auszuschließen, um eine genaue Diagnose zu stellen.

Die Behandlung von ADHS umfasst eine Kombination aus Verhaltensinterventionen, medikamentöser Therapie und unterstützenden Maßnahmen. Verhaltenstherapien zielen darauf ab, spezifische Fähigkeiten wie Zeitmanagement, Organisationsfähigkeiten und soziale Kompetenzen zu entwickeln. Medikamentöse Therapien, wie Stimulanzien und nicht stimulierende Medikamente, können eingesetzt werden, um die Symptome von ADHS zu kontrollieren und die Aufmerksamkeit und Konzentration zu verbessern.

Eine der größten Herausforderungen für Menschen mit ADHS ist oft die Stigmatisierung und Diskriminierung in der Gesellschaft. Menschen mit ADHS können aufgrund ihrer besonderen Bedürfnisse und Verhaltensweisen missverstanden und abgelehnt werden. Es ist wichtig, das Bewusstsein für ADHS zu schärfen, Vorurteile abzubauen und inklusive Umgebungen zu schaffen, die

Menschen mit ADHS die volle Teilhabe am gesellschaftlichen Leben ermöglichen.

Die Unterstützung von Familien, Lehrkräften und Betreuern ist entscheidend für den Erfolg von Menschen mit ADHS. Eltern von Kindern mit ADHS benötigen oft zusätzliche Ressourcen und Schulungen, um mit den Herausforderungen der Erziehung und Pflege eines Kindes mit besonderen Bedürfnissen umzugehen. Schulen und Bildungseinrichtungen sollten inklusive Programme anbieten, die auf die Bedürfnisse von Schülern mit ADHS zugeschnitten sind und ihnen die Möglichkeit geben, ihr volles Potenzial auszuschöpfen.

Die Forschung zu ADHS hat in den letzten Jahren erhebliche Fortschritte gemacht, sowohl in Bezug auf das Verständnis der Ursachen als auch auf die Entwicklung neuer Behandlungsmöglichkeiten. Es ist wichtig, diese Fortschritte fortzusetzen und die Lebensqualität von Menschen mit ADHS kontinuierlich zu verbessern.

Insgesamt ist ADHS eine komplexe und vielschichtige Störung, die eine individuelle Herangehensweise erfordert. Durch frühzeitige Interventionen, umfassende Unterstützung und inklusive Umgebungen können Menschen mit ADHS ein erfülltes und produktives Leben führen. Es ist wichtig, das Bewusstsein für ADHS zu schärfen, Vorurteile abzubauen und eine Welt zu schaffen, in der jeder Mensch, unabhängig von seinen individuellen Fähigkeiten und Bedürfnissen, vollständig akzeptiert und integriert ist.

Oppositionelle Trotzstörung (ODD)

Oppositionelle Trotzstörung (ODD) ist eine psychiatrische Störung, die bei Kindern und Jugendlichen auftreten kann und sich durch ein wiederkehrendes Muster von trotzigem, ungehorsamem und feindseligem Verhalten gegenüber Autoritätspersonen auszeichnet. In dieser ausführlichen Zusammenfassung werden wir die verschiedenen Aspekte von ODD beleuchten, einschließlich der

Definition, Symptome, Ursachen, Diagnoseverfahren, Behandlungsmöglichkeiten und Herausforderungen, denen Kinder mit ODD und ihre Familien gegenüberstehen.

ODD wird durch ein wiederholtes Muster von negativem, trotzigem und ungehorsamem Verhalten gekennzeichnet, das für das Entwicklungsstadium des Kindes unangemessen ist. Zu den Symptomen von ODD gehören häufiges Streiten mit Erwachsenen, bewusstes Ärgern anderer, Widersetzen von Regeln und Anweisungen, die absichtliche Störung von Aktivitäten anderer und das Aufzeigen von Wut und Groll. Diese Verhaltensweisen treten oft in verschiedenen Lebensbereichen auf, einschließlich zu Hause, in der Schule und in sozialen Situationen.

Die Ursachen von ODD sind vielfältig und können genetische, neurobiologische, soziale und Umweltfaktoren umfassen. Es gibt Hinweise darauf, dass eine genetische Veranlagung für ODD besteht, da die Störung häufig in Familien vorkommt. Neurobiologische Untersuchungen legen nahe, dass Ungleichgewichte in bestimmten Neurotransmittersystemen, insbesondere im dopaminergen System, eine Rolle spielen können. Soziale und Umweltfaktoren wie familiäre Konflikte, mangelnde elterliche Fürsorge, traumatische Ereignisse und Stress können das Risiko für die Entwicklung von ODD erhöhen.

Die Diagnose von ODD erfordert eine gründliche Bewertung des Verhaltens und der Symptome des Kindes. Dies beinhaltet eine Anamnese, Beobachtungen des Verhaltens in verschiedenen Situationen und standardisierte Fragebögen. Es ist wichtig, andere mögliche Ursachen für das beobachtete Verhalten auszuschließen, wie beispielsweise Aufmerksamkeitsdefizit-Hyperaktivitätsstörung (ADHS), Autismus-Spektrum-Störungen und Stimmungsstörungen.

Die Behandlung von ODD umfasst eine Kombination aus Verhaltensinterventionen, Elternschulungen, Familientherapie und gegebenenfalls medikamentöser Therapie. Verhaltensinterventionen zielen darauf ab, das Verhalten des

Kindes zu modifizieren und ihm alternative Bewältigungsstrategien beizubringen. Elternschulungen helfen Eltern dabei, effektive Erziehungstechniken zu erlernen und mit dem herausfordernden Verhalten ihres Kindes umzugehen. Familientherapie kann dazu beitragen, Familienkonflikte zu lösen und die Kommunikation und das Verständnis zwischen den Familienmitgliedern zu verbessern. In einigen Fällen können Medikamente verschrieben werden, um begleitende Symptome wie Wutausbrüche, Impulsivität und Reizbarkeit zu behandeln.

Eine der größten Herausforderungen für Kinder mit ODD ist oft die Beeinträchtigung ihrer zwischenmenschlichen Beziehungen und ihres schulischen Erfolgs. Kinder mit ODD können Schwierigkeiten haben, Freundschaften zu knüpfen und positive Beziehungen zu ihren Lehrern und Gleichaltrigen aufrechtzuerhalten. Sie sind auch einem erhöhten Risiko für schulische Probleme wie schlechte Leistungen, Schulabbruch und Disziplinarmaßnahmen ausgesetzt.

Die Unterstützung von Lehrern, Schulpsychologen und anderen Fachleuten ist entscheidend für den Erfolg von Kindern mit ODD. Schulen sollten Programme und Ressourcen bereitstellen, die auf die Bedürfnisse von Schülern mit Verhaltensproblemen zugeschnitten sind und ihnen die notwendige Unterstützung und Intervention bieten, um ihr volles Potenzial zu entfalten.

Die Forschung zu ODD hat in den letzten Jahren erhebliche Fortschritte gemacht, sowohl in Bezug auf das Verständnis der Ursachen als auch auf die Entwicklung neuer Behandlungsansätze. Es ist wichtig, diese Fortschritte fortzusetzen und die Lebensqualität von Kindern mit ODD kontinuierlich zu verbessern.

Insgesamt ist ODD eine komplexe und herausfordernde Störung, die eine multidisziplinäre Herangehensweise erfordert. Durch frühzeitige Interventionen, umfassende Unterstützung und kooperative Zusammenarbeit zwischen Familien, Schulen und Fachleuten können Kinder mit ODD lernen, ihr Verhalten zu kontrollieren und positive zwischenmenschliche Beziehungen aufzubauen. Es ist wichtig, das Bewusstsein für ODD zu schärfen, Stigmatisierung abzubauen und inklusive Umgebungen zu schaffen, die Kinder mit ODD unterstützen und ihnen die Möglichkeit geben, erfolgreich am gesellschaftlichen Leben teilzunehmen.

Dissoziative Störungen im Kindesalter

Dissoziative Störungen im Kindesalter sind komplexe psychische Erkrankungen, die durch das Auftreten von Dissoziation gekennzeichnet sind, einem Prozess, bei dem eine Person eine Trennung von Gedanken, Gefühlen, Erinnerungen oder ihrer Identität erfährt. Diese Störungen können bei Kindern unterschiedlichen Alters auftreten und manifestieren sich in einer Vielzahl von Symptomen und Schweregraden. In dieser ausführlichen Zusammenfassung werden wir die verschiedenen Arten von dissoziativen Störungen im Kindesalter erkunden, ihre Ursachen, Symptome, Diagnoseverfahren, Behandlungsmöglichkeiten und die Herausforderungen, denen Kinder und ihre Familien gegenüberstehen.

Dissoziative Störungen im Kindesalter umfassen eine Reihe von Diagnosen, darunter Dissoziative Identitätsstörung (DIS), Dissoziative Amnesie, Dissoziative Fugue und Depersonalisations-/ Derealisationssyndrom. Bei DIS handelt es sich um die schwerwiegendste Form, bei der das Kind zwei oder mehr verschiedene Identitäten oder Persönlichkeitszustände hat, die das Verhalten und die Wahrnehmung der Welt des Kindes beeinflussen können. Dissoziative Amnesie bezieht sich auf das Unvermögen, wichtige persönliche Informationen zu erinnern, die über normale Vergesslichkeit hinausgehen und oft auf traumatische Ereignisse zurückzuführen sind. Dissoziative Fugue ist eine seltene Störung, bei der das Kind plötzlich reist und eine neue Identität annimmt, ohne sich an die Vergangenheit zu erinnern. Depersonalisations-/ Derealisationssyndrom bezieht sich auf das Gefühl, von sich selbst oder der Umgebung abgetrennt zu sein.

Die Ursachen für dissoziative Störungen im Kindesalter sind komplex und können auf traumatische Ereignisse, genetische

Veranlagung, familiäre Belastungen und Umweltfaktoren zurückzuführen sein. Traumatische Erfahrungen wie Missbrauch, Vernachlässigung, körperliche Misshandlung oder der Verlust eines geliebten Menschen können das Risiko für die Entwicklung von dissoziativen Störungen erhöhen, insbesondere wenn sie in einem frühen Entwicklungsstadium auftreten. Kinder, die in dysfunktionalen Familien aufwachsen oder anderen Formen von Stress und Belastung ausgesetzt sind, können ebenfalls anfälliger für dissoziative Symptome sein.

Die Symptome dissoziativer Störungen im Kindesalter können vielfältig sein und sich je nach Art der Störung und individuellen Unterschieden stark unterscheiden. Zu den häufigsten Symptomen gehören Gedächtnislücken, Identitätswechsel, das Gefühl der Unwirklichkeit oder der Abtrennung von sich selbst, das Vergessen wichtiger Ereignisse oder Details aus der Vergangenheit, plötzliche und unerklärliche Reisen oder Orientierungslosigkeit sowie das Auftreten von unerklärlichen körperlichen Symptomen.

Die Diagnose von dissoziativen Störungen im Kindesalter erfordert eine umfassende Evaluation durch einen qualifizierten Fachmann, normalerweise einen Kinderpsychiater oder Psychologen. Dies beinhaltet in der Regel eine gründliche Anamnese, klinische Interviews mit dem Kind und seinen Eltern oder Erziehungsberechtigten, standardisierte Bewertungsinstrumente und gegebenenfalls die Zusammenarbeit mit anderen Fachleuten, wie zum Beispiel Ärzten oder Sozialarbeitern. Es ist wichtig, andere mögliche Ursachen für die beobachteten Symptome auszuschließen, wie z.B. neurologische Erkrankungen, psychiatrische Störungen oder Stoffgebrauch.

Die Behandlung von dissoziativen Störungen im Kindesalter erfordert eine umfassende, individuell zugeschnittene Herangehensweise, die auf die Bedürfnisse des betroffenen Kindes und seiner Familie abgestimmt ist. Eine psychotherapeutische Behandlung, insbesondere die Traumatherapie, ist oft der Hauptbestandteil der Behandlung. Diese Therapieformen helfen dem Kind, traumatische Erfahrungen zu verarbeiten, dissoziative Symptome zu bewältigen und gesunde Bewältigungsstrategien zu erlernen. Familientherapie kann ebenfalls von Vorteil sein, um die Familienbeziehungen zu verbessern und das Verständnis für die Bedürfnisse des Kindes zu fördern. In einigen Fällen können Medikamente zur Behandlung begleitender Symptome wie Angstzustände oder Depressionen verschrieben werden.

Eine der größten Herausforderungen bei der Behandlung von dissoziativen Störungen im Kindesalter besteht darin, dass viele Kinder und ihre Familien möglicherweise keine angemessene Unterstützung erhalten oder aufgrund von Stigmatisierung oder mangelndem Bewusstsein für die Störung verzögert diagnostiziert werden. Es ist daher wichtig, das Bewusstsein für dissoziative Störungen zu schärfen, die Bedeutung frühzeitiger Interventionen zu betonen und umfassende Unterstützungssysteme für betroffene Kinder und ihre Familien bereitzustellen.

Insgesamt sind dissoziative Störungen im Kindesalter komplexe und herausfordernde Erkrankungen, die eine sorgfältige Bewertung und ein umfassendes Behandlungsansatz erfordern. Durch frühzeitige Interventionen, angemessene Unterstützung und eine multidisziplinäre Herangehensweise können Kinder mit dissoziativen Störungen lernen, mit ihren Symptomen umzugehen und ein gesundes, erfülltes Leben zu führen. Es ist wichtig, die Forschung auf diesem Gebiet fortzusetzen, um das Verständnis für diese Störungen zu vertiefen und verbesserte Behandlungsmöglichkeiten zu entwickeln, die die Lebensqualität von betroffenen Kindern und ihren Familien verbessern können.

Tic-Störungen und Tourette-Syndrom
Tic-Störungen und das Tourette-Syndrom sind neurologische Erkrankungen, die durch unwillkürliche, wiederholte Bewegungen und vokale Äußerungen gekennzeichnet sind. Diese Störungen können das tägliche Leben der Betroffenen erheblich beeinträchtigen und erfordern oft eine ganzheitliche Behandlung. In dieser ausführlichen Zusammenfassung werden wir die

verschiedenen Aspekte von Tic-Störungen und dem Tourette-Syndrom betrachten, einschließlich Ursachen, Symptome, Diagnoseverfahren, Behandlungsmöglichkeiten und Lebensbewältigung.

Tic-Störungen sind neurologische Erkrankungen, die sich durch unwillkürliche, stereotype Bewegungen oder Laute äußern, die als Tics bezeichnet werden. Diese Tics können motorisch sein, wie zum Beispiel Blinzeln, Zucken oder Zucken von Kopf oder Schultern, oder vokal, wie zum Beispiel Grunzen, Räuspern oder unwillkürliche Worte oder Ausdrücke. Tic-Störungen können in verschiedenen Formen auftreten, einschließlich transienter Tics, chronischer motorischer oder vokaler Tics und dem Tourette-Syndrom, das durch das Vorhandensein von motorischen und vokalen Tics gekennzeichnet ist, die über einen Zeitraum von mehr als einem Jahr bestehen.

Die genauen Ursachen von Tic-Störungen und dem Tourette-Syndrom sind nicht vollständig verstanden, aber es wird angenommen, dass eine Kombination von genetischen, neurobiologischen und Umweltfaktoren eine Rolle spielt. Es gibt starke Hinweise darauf, dass Tic-Störungen eine genetische Komponente haben, da sie oft in Familien auftreten und bestimmte genetische Variationen mit einem erhöhten Risiko für die Entwicklung der Störung in Verbindung gebracht werden. Neurobiologische Studien deuten darauf hin, dass eine Dysfunktion im dopaminergen System des Gehirns eine Rolle bei der Entstehung von Tics spielen könnte.

Die Symptome von Tic-Störungen und dem Tourette-Syndrom variieren je nach Schweregrad und Art der Tics, können aber das tägliche Leben der Betroffenen erheblich beeinträchtigen. Die Tics können unvorhersehbar auftreten und zu sozialen Problemen, Beeinträchtigungen in der Schule oder am Arbeitsplatz, Selbstbewusstseinsproblemen und emotionaler Belastung führen. Kinder mit Tic-Störungen können sich oft bewusst sein, dass ihre

Tics ungewöhnlich oder störend sind, was zu Gefühlen von Scham oder Isolation führen kann.

Die Diagnose von Tic-Störungen und dem Tourette-Syndrom erfordert eine gründliche Beurteilung durch einen qualifizierten Fachmann, normalerweise einen Kinderpsychiater oder Neurologen. Dies beinhaltet in der Regel eine ausführliche Anamnese, klinische Interviews mit dem Kind und seinen Eltern oder Erziehungsberechtigten, standardisierte Bewertungsinstrumente und gegebenenfalls die Zusammenarbeit mit anderen Fachleuten, wie zum Beispiel Ärzten oder Therapeuten. Es ist wichtig, andere mögliche Ursachen für die beobachteten Symptome auszuschließen, wie z.B. neurologische Erkrankungen oder psychiatrische Störungen.

Die Behandlung von Tic-Störungen und dem Tourette-Syndrom zielt darauf ab, die Symptome zu lindern, die Lebensqualität zu verbessern und das tägliche Funktionieren zu erleichtern. Es gibt verschiedene Behandlungsmöglichkeiten, die je nach Schweregrad der Symptome und individuellen Bedürfnissen des Patienten variieren können. Psychoedukation und unterstützende Therapie können helfen, dem Kind und seiner Familie ein besseres Verständnis der Erkrankung zu vermitteln und Bewältigungsstrategien zu entwickeln. Verhaltenstherapie, insbesondere die Habit-Reversal-Therapie, kann dazu beitragen, Tics zu kontrollieren und alternative Verhaltensweisen zu erlernen. In einigen Fällen können Medikamente wie Neuroleptika oder Alpha-2-Agonisten zur Reduzierung der Tics verschrieben werden.

Die Lebensqualität von Menschen mit Tic-Störungen und dem Tourette-Syndrom kann durch geeignete Unterstützung und Anpassungen verbessert werden. Dies kann die Schaffung eines unterstützenden und verständnisvollen sozialen Umfelds, die Förderung von Selbstwertgefühl und Selbstvertrauen, die Bereitstellung von speziellen Bildungs- oder Arbeitsplatzunterstützungen und die Teilnahme an Selbsthilfegruppen oder Peer-Unterstützungsprogrammen umfassen. Es ist wichtig, dass Kinder mit Tic-Störungen die gleichen Chancen haben wie ihre Altersgenossen und Zugang zu angemessener Bildung, Beschäftigung und sozialer Interaktion haben.

Die Herausforderungen, denen Menschen mit Tic-Störungen und dem Tourette-Syndrom gegenüberstehen, können beträchtlich sein, aber mit angemessener Unterstützung und Behandlung können sie ein erfülltes Leben führen. Es ist wichtig, das Bewusstsein für Tic-Störungen und das Tourette-Syndrom zu schärfen, Stigmatisierung und Vorurteile zu bekämpfen und Ressourcen bereitzustellen, um Betroffenen und ihren Familien zu helfen, mit den Herausforderungen umzugehen, die mit dieser Erkrankung verbunden sind. Durch Forschung und Entwicklung von verbesserten Behandlungen und Unterstützungsmöglichkeiten kann die Lebensqualität von Menschen mit Tic-Störungen weiter verbessert werden.

Lernstörungen und Entwicklungsstörungen
Lernstörungen und Entwicklungsstörungen sind komplexe neurologische Erkrankungen, die die kognitive, emotionale und Verhaltensentwicklung von Kindern und Erwachsenen beeinflussen können. Diese Störungen können sich auf verschiedene Bereiche des Lebens auswirken, einschließlich schulischer Leistung, sozialer Interaktionen und persönlicher Entwicklung. In dieser ausführlichen Zusammenfassung werden wir die verschiedenen Aspekte von Lernstörungen und Entwicklungsstörungen betrachten, einschließlich Definitionen, Ursachen, Symptome, Diagnoseverfahren, Behandlungsmöglichkeiten und Lebensbewältigung.

Lernstörungen sind neurologische Störungen, die Schwierigkeiten beim Erwerb und der Anwendung von akademischen Fähigkeiten verursachen können. Diese Störungen können verschiedene Bereiche des Lernens betreffen, einschließlich Lesen, Schreiben, Mathematik und Sprache. Zu den häufigsten Arten von Lernstörungen gehören Lese-Rechtschreibstörung (Legasthenie),

Rechenstörung (Dyskalkulie) und Sprachentwicklungsstörung (Dysphasie). Entwicklungsstörungen hingegen betreffen die körperliche, kognitive oder emotionale Entwicklung und können sich auf verschiedene Lebensbereiche auswirken, einschließlich Sprache, Motorik, soziale Fähigkeiten und Selbstversorgungsfähigkeiten.

Die genauen Ursachen von Lernstörungen und Entwicklungsstörungen sind nicht vollständig verstanden, aber es wird angenommen, dass eine Kombination von genetischen, neurobiologischen und Umweltfaktoren eine Rolle spielt. Bei einigen Lern- und Entwicklungsstörungen können genetische Veranlagungen eine Rolle spielen, da sie in Familien auftreten können und bestimmte genetische Variationen mit einem erhöhten Risiko für die Entwicklung der Störung in Verbindung gebracht werden. Neurobiologische Studien deuten darauf hin, dass Dysfunktionen in bestimmten Gehirnregionen oder Neurotransmittersystemen eine Rolle bei der Entstehung von Lern- und Entwicklungsstörungen spielen können.

Die Symptome von Lernstörungen und Entwicklungsstörungen variieren je nach Art und Schweregrad der Störung sowie je nach individuellen Unterschieden. Bei Lernstörungen können Symptome Leseschwierigkeiten, Rechtschreibprobleme, mathematische Probleme oder Schwierigkeiten beim Verständnis und Anwenden von Sprache umfassen. Entwicklungsstörungen können sich durch Verzögerungen in der Sprachentwicklung, motorischen Unruhen, sozialen Schwierigkeiten oder Schwierigkeiten bei der Selbstversorgung manifestieren.

Die Diagnose von Lernstörungen und Entwicklungsstörungen erfordert eine gründliche Beurteilung durch qualifizierte Fachleute, normalerweise Pädagogen, Psychologen oder Ärzte, die auf Entwicklungsstörungen spezialisiert sind. Dies beinhaltet in der Regel eine ausführliche Anamnese, klinische Interviews mit dem Kind und seinen Eltern oder Erziehungsberechtigten, standardisierte Bewertungsinstrumente und gegebenenfalls die

Zusammenarbeit mit anderen Fachleuten, wie z.B. Therapeuten oder Sprachpathologen. Es ist wichtig, andere mögliche Ursachen für die beobachteten Symptome auszuschließen, wie z.B. sensorische Verarbeitungsstörungen, Autismus-Spektrum-Störungen oder Aufmerksamkeitsdefizit-Hyperaktivitätsstörung (ADHS).

Die Behandlung von Lernstörungen und Entwicklungsstörungen zielt darauf ab, die Symptome zu lindern, die Lebensqualität zu verbessern und das tägliche Funktionieren zu erleichtern. Es gibt verschiedene Behandlungsmöglichkeiten, die je nach Art und Schweregrad der Störung variieren können. Frühintervention und spezialisierte pädagogische Programme können Kindern mit Lernstörungen helfen, ihre akademischen Fähigkeiten zu verbessern und Strategien zur Bewältigung ihrer Schwierigkeiten zu erlernen. Bei Entwicklungsstörungen können verschiedene Therapien, wie z.B. Sprachtherapie, Ergotherapie oder Verhaltenstherapie, hilfreich sein, um spezifische Problembereiche anzugehen und die Entwicklung zu unterstützen.

Die Lebensqualität von Menschen mit Lernstörungen und Entwicklungsstörungen kann durch geeignete Unterstützung und Anpassungen verbessert werden. Dies kann die Bereitstellung von spezialisierten Bildungsprogrammen, Unterstützungsdiensten, psychosozialer Unterstützung und gegebenenfalls medizinischer Behandlung umfassen. Es ist wichtig, dass Kinder und Erwachsene mit Lern- und Entwicklungsstörungen die Unterstützung erhalten, die sie benötigen, um ihr volles Potenzial auszuschöpfen und ein erfülltes Leben zu führen.

Insgesamt stellen Lernstörungen und Entwicklungsstörungen eine Herausforderung dar, aber mit angemessener Unterstützung, frühzeitiger Intervention und einem ganzheitlichen Behandlungsansatz können Kinder und Erwachsene mit diesen Störungen lernen, erfolgreich zu funktionieren und ihr Leben zu gestalten. Es ist wichtig, das Bewusstsein für die Bedürfnisse von Menschen mit Lern- und Entwicklungsstörungen zu schärfen,

Stigmatisierung und Vorurteile abzubauen und Ressourcen bereitzustellen, um ihnen zu helfen, ihre Ziele zu erreichen und ihr volles Potenzial zu entfalten. Durch weitere Forschung und Entwicklung von verbesserten Behandlungsmethoden können wir die Lebensqualität und das Wohlbefinden von Menschen mit Lern- und Entwicklungsstörungen weiter verbessern.

Angststörungen bei Kindern und Jugendlichen
Angststörungen gehören zu den häufigsten psychischen Störungen bei Kindern und Jugendlichen und können sich in verschiedenen Formen manifestieren, darunter generalisierte Angststörung, Trennungsangst, soziale Angststörung, Phobien und Panikstörung. Diese Störungen können das tägliche Leben der betroffenen Kinder und Jugendlichen stark beeinträchtigen und haben oft Auswirkungen auf ihre schulische Leistung, soziale Interaktionen und allgemeine Lebensqualität. In dieser ausführlichen Zusammenfassung werden wir die verschiedenen Aspekte von Angststörungen bei Kindern und Jugendlichen betrachten, einschließlich Definitionen, Ursachen, Symptome, Diagnoseverfahren, Behandlungsmöglichkeiten und Präventionsansätze.

Angststörungen bei Kindern und Jugendlichen sind ernst zu nehmende psychische Erkrankungen, die durch übermäßige Angst, Sorgen oder Furcht gekennzeichnet sind, die über das hinausgehen, was für das jeweilige Entwicklungsstadium angemessen ist. Generalisierte Angststörung (GAS) ist eine häufige Form von Angststörung, die durch anhaltende und übermäßige Sorgen in verschiedenen Lebensbereichen gekennzeichnet ist, wie z.B. schulische Leistung, zwischenmenschliche Beziehungen und zukünftige Ereignisse. Trennungsangst tritt auf, wenn Kinder übermäßige Angst vor der Trennung von wichtigen Bezugspersonen haben, während soziale Angststörung durch Angst vor sozialen Situationen gekennzeichnet ist, in denen das Kind sich beobachtet oder bewertet fühlen könnte. Phobien sind extreme und unangemessene Ängste vor bestimmten Objekten oder Situationen, während Panikstörung plötzliche und unerwartete Panikattacken beinhaltet, die von körperlichen Symptomen wie Herzklopfen, Atemnot und Schwindel begleitet sein können.

Die Ursachen von Angststörungen bei Kindern und Jugendlichen sind multifaktoriell und können biologische, genetische, psychologische und Umweltfaktoren umfassen. Es wird angenommen, dass eine Kombination von Veranlagung und Umweltbelastungen das Risiko für die Entwicklung von Angststörungen erhöht. Kinder von Eltern mit Angststörungen haben ein erhöhtes Risiko, selbst Angststörungen zu entwickeln, was auf genetische Veranlagungen und erlernte Verhaltensweisen zurückzuführen sein kann. Neurobiologische Untersuchungen haben gezeigt, dass Veränderungen in bestimmten Gehirnregionen und Neurotransmittersystemen, wie z.B. dem limbischen System und dem serotonergen System, mit Angststörungen in Verbindung gebracht werden können.

Die Symptome von Angststörungen bei Kindern und Jugendlichen können je nach Art der Störung variieren, aber sie können emotionale, körperliche und Verhaltenssymptome umfassen. Emotionale Symptome können anhaltende Sorgen, Ängste oder Furcht sein, während körperliche Symptome Kopfschmerzen, Bauchschmerzen, Schwindel, Herzrasen und Schwitzen umfassen können. Verhaltenssymptome können Rückzug, Vermeidung von angstauslösenden Situationen, Reizbarkeit und Probleme bei der Konzentration umfassen. Diese Symptome können das tägliche Leben der betroffenen Kinder und Jugendlichen erheblich beeinträchtigen und ihre schulische Leistung, soziale Interaktionen und allgemeine Lebensqualität beeinträchtigen.

Die Diagnose von Angststörungen bei Kindern und Jugendlichen erfordert eine gründliche Beurteilung durch qualifizierte Fachleute, normalerweise Psychologen, Psychiater oder Kinderärzte. Dies beinhaltet in der Regel klinische Interviews mit dem Kind und seinen Eltern oder Erziehungsberechtigten, standardisierte Bewertungsinstrumente und gegebenenfalls die Zusammenarbeit mit anderen Fachleuten, wie z.B. Lehrern oder Therapeuten. Es ist wichtig, andere mögliche Ursachen für die beobachteten Symptome auszuschließen, wie z.B. körperliche Erkrankungen oder andere psychische Störungen.

Die Behandlung von Angststörungen bei Kindern und Jugendlichen kann eine Kombination aus psychotherapeutischen Ansätzen, medikamentöser Behandlung und unterstützenden Maßnahmen umfassen. Psychotherapie, insbesondere kognitive Verhaltenstherapie (KVT), hat sich als wirksame Behandlungsmethode für Angststörungen bei Kindern und Jugendlichen erwiesen. Diese Therapieform zielt darauf ab, negative Denkmuster und Verhaltensweisen zu identifizieren und zu ändern, Coping-Strategien zu entwickeln und den Umgang mit angstauslösenden Situationen zu verbessern. In einigen Fällen können Medikamente, wie selektive Serotonin-Wiederaufnahmehemmer (SSRI) oder Benzodiazepine, verschrieben werden, um die Symptome zu lindern. Unterstützende Maßnahmen, wie z.B. Stressmanagement-Techniken, Entspannungsübungen und Elternberatung, können ebenfalls hilfreich sein, um das Wohlbefinden des Kindes zu fördern und Rückfälle zu verhindern.

Präventionsansätze für Angststörungen bei Kindern und Jugendlichen zielen darauf ab, das Risiko für die Entwicklung von Angststörungen zu verringern und schützende Faktoren zu stärken. Dazu gehören die Förderung eines unterstützenden familiären Umfelds, die Vermittlung von Bewältigungsstrategien und Stressmanagementtechniken, die Förderung gesunder Lebensgewohnheiten, wie z.B. ausgewogene Ernährung, ausreichend Bewegung und ausreichend Schlaf, sowie die Bereitstellung von Aufklärung und Unterstützung für Kinder, Eltern und Lehrer.

Insgesamt sind Angststörungen bei Kindern und Jugendlichen ernst zu nehmende psychische Erkrankungen, die eine angemessene Behandlung und Unterstützung erfordern. Durch eine frühzeitige Intervention, eine ganzheitliche Behandlung und präventive

Maßnahmen können Kinder und Jugendliche mit Angststörungen lernen, ihre Symptome zu bewältigen, ihre Lebensqualität zu verbessern und ein erfülltes Leben zu führen. Es ist wichtig, das Bewusstsein für Angststörungen bei Kindern und Jugendlichen zu schärfen, Stigmatisierung und Vorurteile abzubauen und Ressourcen bereitzustellen, um betroffene Kinder und ihre Familien zu unterstützen. Durch weitere Forschung und Entwicklung von verbesserten Präventions- und Behandlungsmethoden können wir die Lebensqualität und das Wohlbefinden von Kindern und Jugendlichen mit Angststörungen weiter verbessern.

Depression bei Kindern und Jugendlichen
Depression bei Kindern und Jugendlichen ist eine ernste psychische Störung, die oft übersehen oder falsch verstanden wird. Obwohl Kinder und Jugendliche nicht immer in der Lage sind, ihre Gefühle klar zu artikulieren, können sie dennoch unter schweren depressiven Symptomen leiden, die ihr tägliches Leben stark beeinträchtigen können. In dieser ausführlichen Zusammenfassung werden wir die verschiedenen Aspekte von Depressionen bei Kindern und Jugendlichen betrachten, einschließlich Definitionen, Ursachen, Symptome, Diagnoseverfahren, Behandlungsmöglichkeiten und Präventionsansätzen.

Depression bei Kindern und Jugendlichen ist eine psychische Störung, die durch anhaltende Gefühle von Traurigkeit, Hoffnungslosigkeit, Niedergeschlagenheit und Interessenverlust gekennzeichnet ist. Kinder und Jugendliche können auch unter körperlichen Symptomen wie Müdigkeit, Schlafstörungen und Appetitveränderungen leiden. Depressionen können das Selbstwertgefühl und das Selbstvertrauen beeinträchtigen, soziale Interaktionen erschweren und die schulische Leistung beeinträchtigen. In schweren Fällen können Depressionen zu Suizidgedanken oder -versuchen führen, was sie zu einer lebensbedrohlichen Erkrankung macht.

Die Ursachen von Depressionen bei Kindern und Jugendlichen sind komplex und können eine Kombination aus biologischen, genetischen, psychologischen und Umweltfaktoren umfassen. Es wird angenommen, dass genetische Veranlagung eine Rolle spielen kann, da Kinder von Eltern mit Depressionen ein erhöhtes Risiko haben, selbst an Depressionen zu erkranken. Neurobiologische Forschungsergebnisse deuten darauf hin, dass Ungleichgewichte in Neurotransmittersystemen wie Serotonin, Noradrenalin und Dopamin an der Entstehung von Depressionen beteiligt sein können. Psychosoziale Faktoren wie traumatische Ereignisse, familiäre Konflikte, Missbrauch und Vernachlässigung können ebenfalls das Risiko für Depressionen erhöhen.

Die Symptome von Depressionen bei Kindern und Jugendlichen können je nach Alter, Entwicklungsniveau und individuellen Unterschieden variieren. Bei jüngeren Kindern können depressive Symptome unspezifisch sein und sich durch Reizbarkeit, Bauchschmerzen, Schlafstörungen und Trennungsängste manifestieren. Bei älteren Kindern und Jugendlichen ähneln die Symptome eher denen bei Erwachsenen, darunter Traurigkeit, Hoffnungslosigkeit, Interessenverlust, Schlafstörungen, Appetitveränderungen, Konzentrationsprobleme und Gedanken an Tod oder Suizid. Die Diagnose von Depressionen bei Kindern und Jugendlichen erfordert eine gründliche Beurteilung durch qualifizierte Fachleute, normalerweise Psychologen, Psychiater oder Kinderärzte. Diese Beurteilung kann klinische Interviews, standardisierte Bewertungsinstrumente und die Zusammenarbeit mit anderen Fachleuten, wie z.B. Lehrern oder Therapeuten, umfassen.

Die Behandlung von Depressionen bei Kindern und Jugendlichen kann eine Kombination aus psychotherapeutischen Ansätzen, medikamentöser Behandlung und unterstützenden Maßnahmen umfassen. Psychotherapie, insbesondere kognitive Verhaltenstherapie (KVT), hat sich als wirksame Behandlungsmethode für Depressionen bei Kindern und Jugendlichen erwiesen. Diese Therapieform zielt darauf ab, negative Denkmuster und Verhaltensweisen zu identifizieren und zu ändern, Coping-Strategien zu entwickeln und den Umgang mit schwierigen Emotionen zu verbessern. In einigen Fällen können Medikamente wie selektive Serotonin-Wiederaufnahmehemmer (SSRI) oder trizyklische Antidepressiva verschrieben werden, um die Symptome zu lindern. Unterstützende Maßnahmen wie Elternberatung, Familientherapie und Schulunterstützung können ebenfalls hilfreich sein, um das Wohlbefinden des Kindes zu fördern und Rückfälle zu verhindern.

Präventionsansätze für Depressionen bei Kindern und Jugendlichen zielen darauf ab, das Risiko für die Entwicklung von Depressionen zu verringern und schützende Faktoren zu stärken. Dazu gehören die Förderung eines unterstützenden familiären Umfelds, die Vermittlung von Bewältigungsstrategien und Stressmanagementtechniken, die Förderung gesunder Lebensgewohnheiten wie ausgewogene Ernährung, ausreichend Bewegung und ausreichend Schlaf sowie die Bereitstellung von Aufklärung und Unterstützung für Kinder, Eltern und Lehrer.

Insgesamt sind Depressionen bei Kindern und Jugendlichen ernste psychische Störungen, die eine angemessene Aufmerksamkeit, Diagnose und Behandlung erfordern. Durch eine ganzheitliche Herangehensweise, die psychotherapeutische, medikamentöse und unterstützende Interventionen kombiniert, können Kinder und Jugendliche mit Depressionen lernen, mit ihren Symptomen umzugehen und ein gesundes und erfülltes Leben zu führen. Frühe Interventionen und präventive Maßnahmen sind entscheidend, um das Risiko für schwerwiegende Folgen wie Suizidgedanken oder -versuche zu verringern und die Lebensqualität betroffener Kinder und Jugendlicher zu verbessern.

Traumatische Belastungsstörungen bei Kindern und Jugendlichen
Traumatische Belastungsstörungen (PTBS) bei Kindern und Jugendlichen sind ernste psychische Erkrankungen, die infolge von belastenden oder traumatischen Ereignissen auftreten können. Diese Störung kann das Wohlbefinden und die Entwicklung junger Menschen stark beeinträchtigen und erfordert eine angemessene

Aufmerksamkeit, Diagnose und Behandlung. In dieser ausführlichen Zusammenfassung werden wir die verschiedenen Aspekte von PTBS bei Kindern und Jugendlichen betrachten, einschließlich Definitionen, Ursachen, Symptome, Diagnoseverfahren, Behandlungsmöglichkeiten und Präventionsansätzen.

Traumatische Belastungsstörung bei Kindern und Jugendlichen ist eine psychische Reaktion auf belastende oder traumatische Ereignisse, die entweder direkt erlebt wurden oder bei denen das Kind Zeuge war. Solche Ereignisse können Missbrauch, Vernachlässigung, häusliche Gewalt, Unfälle, Naturkatastrophen, Krieg oder andere lebensbedrohliche Situationen umfassen. Kinder und Jugendliche mit PTBS können Symptome wie wiederkehrende belastende Erinnerungen an das Trauma, Albträume, Vermeidung von traumabezogenen Situationen, erhöhte Erregbarkeit und Reizbarkeit, sowie negative Veränderungen in Gedanken und Stimmungen zeigen. Diese Symptome können das tägliche Funktionieren des Kindes beeinträchtigen und seine Beziehungen zu anderen Menschen und die schulische Leistung negativ beeinflussen.

Die Ursachen für die Entwicklung von PTBS bei Kindern und Jugendlichen sind vielfältig und können eine Kombination aus biologischen, psychologischen und sozialen Faktoren umfassen. Biologische Faktoren, wie genetische Veranlagung und neurobiologische Reaktionen auf Stress, können das Risiko für die Entwicklung von PTBS erhöhen. Psychologische Faktoren, wie die Art des Traumas, frühere traumatische Erfahrungen und individuelle Bewältigungsmechanismen, können ebenfalls eine Rolle spielen. Soziale Faktoren, wie familiäre Unterstützung, sozioökonomischer Status und das Vorhandensein von sozialen Netzwerken, können ebenfalls das Risiko für PTBS beeinflussen.

Die Symptome von PTBS bei Kindern und Jugendlichen können je nach Alter, Entwicklungsstufe und individuellen Unterschieden variieren. Jüngere Kinder können ihre traumatischen Erfahrungen möglicherweise nicht klar artikulieren, aber sie können durch Verhaltensänderungen, Trennungsängste und regressives Verhalten auf das Trauma reagieren. Ältere Kinder und Jugendliche können spezifischere Symptome wie Flashbacks, Reizbarkeit, Schlafstörungen, Konzentrationsprobleme und vermindertes Interesse an Aktivitäten zeigen. Die Diagnose von PTBS bei Kindern und Jugendlichen erfordert eine gründliche Beurteilung durch qualifizierte Fachleute, normalerweise Psychologen, Psychiater oder Kinderärzte. Diese Beurteilung kann klinische Interviews, standardisierte Bewertungsinstrumente und die Zusammenarbeit mit anderen Fachleuten, wie z.B. Therapeuten oder Lehrern, umfassen.

Die Behandlung von PTBS bei Kindern und Jugendlichen umfasst in der Regel eine Kombination aus psychotherapeutischen Ansätzen, medikamentöser Behandlung und unterstützenden Maßnahmen. Kognitive Verhaltenstherapie (KVT) hat sich als wirksame Behandlungsmethode für PTBS bei Kindern und Jugendlichen erwiesen. Diese Therapie zielt darauf ab, negative Denkmuster und Verhaltensweisen zu identifizieren und zu ändern, Coping-Strategien zu entwickeln und den Umgang mit schwierigen Emotionen zu verbessern. In einigen Fällen können Medikamente wie Antidepressiva oder Angstlöser verschrieben werden, um die Symptome zu lindern. Unterstützende Maßnahmen wie Familientherapie, Elternberatung und Schulunterstützung können ebenfalls hilfreich sein, um das Wohlbefinden des Kindes zu fördern und Rückfälle zu verhindern.

Präventionsansätze für PTBS bei Kindern und Jugendlichen zielen darauf ab, das Risiko für die Entwicklung von PTBS zu verringern und schützende Faktoren zu stärken. Dazu gehören die Förderung eines unterstützenden familiären Umfelds, die Vermittlung von Bewältigungsstrategien und Stressmanagementtechniken, die Förderung gesunder Lebensgewohnheiten wie ausgewogene Ernährung, ausreichend Bewegung und ausreichend Schlaf sowie die Bereitstellung von Aufklärung und Unterstützung für Kinder, Eltern und Lehrer.

Insgesamt sind PTBS bei Kindern und Jugendlichen ernste psychische Störungen, die eine angemessene Aufmerksamkeit, Diagnose und Behandlung erfordern. Durch eine ganzheitliche Herangehensweise, die psychotherapeutische, medikamentöse und unterstützende Interventionen kombiniert, können Kinder und Jugendliche mit PTBS lernen, mit ihren Symptomen umzugehen und ein gesundes und erfülltes Leben zu führen. Frühe Interventionen und präventive Maßnahmen sind entscheidend, um das Risiko für schwerwiegende Folgen wie Suizidgedanken oder -versuche zu verringern und die Lebensqualität betroffener Kinder und Jugendlicher zu verbessern.

Elternschaft und Familienleben bei Kindern mit Entwicklungsstörungen

Elternschaft und Familienleben bei Kindern mit Entwicklungsstörungen stellen eine einzigartige Herausforderung dar, die sowohl emotionale als auch praktische Aspekte umfasst. In dieser ausführlichen Zusammenfassung werden verschiedene Aspekte dieser Thematik betrachtet, darunter die Auswirkungen von Entwicklungsstörungen auf das Familienleben, die Rolle der Eltern, Bewältigungsstrategien, Unterstützungssysteme und die Förderung der Familienresilienz.

Kinder mit Entwicklungsstörungen wie Autismus-Spektrum-Störungen (ASS), Aufmerksamkeitsdefizit-Hyperaktivitätsstörung (ADHS), Lernstörungen und anderen neurologischen oder psychiatrischen Erkrankungen benötigen oft eine besondere Betreuung und Unterstützung, die sich auf alle Aspekte ihres Lebens auswirken kann, einschließlich ihrer Familie. Das Familienleben kann durch die Bedürfnisse des betroffenen Kindes stark beeinflusst werden, und Eltern stehen vor einzigartigen Herausforderungen bei der Erziehung und Unterstützung ihres Kindes.

Eine der größten Herausforderungen für Familien von Kindern mit Entwicklungsstörungen ist die emotionale Belastung. Eltern können sich möglicherweise überfordert, ängstlich, traurig oder wütend fühlen, wenn sie mit den besonderen Bedürfnissen ihres Kindes konfrontiert sind. Dies kann zu Spannungen innerhalb der Familie führen und das allgemeine Wohlbefinden aller Familienmitglieder beeinträchtigen. Es ist wichtig zu verstehen, dass diese Reaktionen normal sind und dass Eltern Unterstützung benötigen, um mit diesen Herausforderungen umzugehen.

Die Rolle der Eltern bei der Betreuung eines Kindes mit einer Entwicklungsstörung ist entscheidend. Eltern müssen möglicherweise zusätzliche Zeit, Ressourcen und Geduld aufwenden, um die Bedürfnisse ihres Kindes zu erfüllen und sicherzustellen, dass es die bestmögliche Unterstützung erhält. Dies kann die Organisation von Therapien, Arztbesuchen, Bildungsplänen und anderen Interventionen umfassen, um die Entwicklung und das Wohlbefinden des Kindes zu fördern.

Bewältigungsstrategien spielen eine wichtige Rolle im Familienleben von Kindern mit Entwicklungsstörungen. Eltern und Familienmitglieder müssen Wege finden, mit Stress umzugehen, sich selbst zu pflegen und ihre eigenen Bedürfnisse zu erfüllen, während sie gleichzeitig für das Wohl ihres Kindes sorgen. Dies kann die Nutzung von Selbstpflegepraktiken wie regelmäßiger Bewegung, Meditation, sozialer Unterstützung und professioneller Beratung umfassen.

Unterstützungssysteme sind für Familien von Kindern mit Entwicklungsstörungen von entscheidender Bedeutung. Dies kann die Einbindung von Therapeuten, Ärzten, Lehrern, Peer-Support-Gruppen und anderen Fachleuten umfassen, die Eltern dabei unterstützen können, die Bedürfnisse ihres Kindes zu verstehen und angemessen darauf zu reagieren. Es ist wichtig, dass Familien Zugang zu qualitativ hochwertigen Dienstleistungen und Ressourcen haben, um die bestmögliche Unterstützung für ihr Kind zu gewährleisten.

Die Förderung der Familienresilienz ist ein wichtiger Aspekt der Bewältigung von Entwicklungsstörungen bei Kindern. Resilienz bezieht sich auf die Fähigkeit einer Familie, sich an schwierige Situationen anzupassen, sie zu überwinden und gestärkt daraus hervorzugehen. Dies kann durch die Förderung von Kommunikation, Zusammenarbeit, Flexibilität und positiven Bewältigungsstrategien innerhalb der Familie erreicht werden.

Insgesamt ist die Elternschaft und das Familienleben bei Kindern mit Entwicklungsstörungen eine komplexe und anspruchsvolle Erfahrung, die eine angemessene Unterstützung und Ressourcen erfordert. Eltern und Familienmitglieder müssen sich bewusst sein, dass sie nicht allein sind und dass es Unterstützungssysteme gibt, auf die sie zurückgreifen können. Indem sie sich um ihre eigenen Bedürfnisse kümmern, effektive Bewältigungsstrategien nutzen und Unterstützung von Fachleuten und anderen Familien erhalten, können Eltern dazu beitragen, dass ihr Kind die bestmögliche Betreuung und Unterstützung erhält, um sein volles Potenzial zu entfalten.

Neurowissenschaftliche Ansätze und Fortschritte

Gehirnstruktur und -funktion bei psychischen Störungen

Die Gehirnstruktur und -funktion spielen eine entscheidende Rolle bei psychischen Störungen und bilden das Fundament für das Verständnis der biologischen Grundlagen dieser Erkrankungen. Diese ausführliche Zusammenfassung untersucht die komplexe Beziehung zwischen der Struktur und Funktion des Gehirns sowie verschiedenen psychischen Störungen, einschließlich Schizophrenie, Depression, bipolare Störung, Angststörungen und mehr.

Das menschliche Gehirn ist ein komplexes und vielschichtiges Organ, das aus verschiedenen Regionen besteht, die jeweils spezifische Funktionen erfüllen. Die Gehirnstruktur umfasst unter anderem die Großhirnrinde, das limbische System, das Kleinhirn und das Hirnstamm. Diese Regionen arbeiten zusammmen, um kognitive, emotionale, motorische und sensorische Funktionen zu koordinieren, und Veränderungen in ihrer Struktur oder Funktion können das Risiko für psychische Störungen erhöhen.

Bei vielen psychischen Störungen wurden Veränderungen in der Gehirnstruktur und -funktion festgestellt. Beispielsweise zeigen neurobiologische Studien bei Menschen mit Schizophrenie Anomalien in verschiedenen Hirnregionen, darunter eine verminderte graue Substanz im präfrontalen Kortex und Hippocampus sowie eine gestörte Konnektivität zwischen verschiedenen Hirnarealen. Diese Veränderungen können zu kognitiven und emotionalen Symptomen der Schizophrenie beitragen, wie Halluzinationen, Wahnvorstellungen und kognitive Beeinträchtigungen.

Auch bei Depressionen wurden strukturelle und funktionelle Veränderungen im Gehirn identifiziert. Zum Beispiel zeigen bildgebende Studien eine verminderte Aktivität in präfrontalen Hirnregionen und dem limbischen System, das an der Regulation von Stimmung und Emotionen beteiligt ist. Darüber hinaus gibt es

Hinweise darauf, dass wiederkehrende depressive Episoden zu neuroplastischen Veränderungen im Gehirn führen können, die das Risiko für zukünftige Episoden erhöhen.

Ähnliche Befunde wurden auch bei der bipolaren Störung beobachtet, einer Erkrankung, die durch episodische Veränderungen der Stimmung gekennzeichnet ist. Menschen mit bipolaren Störungen zeigen strukturelle Abweichungen in Hirnregionen, die an der Emotionsregulation beteiligt sind, sowie Veränderungen in der Konnektivität zwischen verschiedenen Hirnarealen. Diese Veränderungen können dazu beitragen, die Instabilität der Stimmungszustände bei Menschen mit bipolaren Störungen zu verstehen.

Angststörungen sind eine weitere Gruppe von psychischen Erkrankungen, die mit Veränderungen in der Gehirnstruktur und -funktion verbunden sind. Menschen mit Angststörungen zeigen oft eine übermäßige Aktivierung des limbischen Systems und eine gestörte Funktion des präfrontalen Kortex, was zu anhaltenden Ängsten, Sorgen und körperlichen Symptomen führen kann. Diese Veränderungen können die Fähigkeit des Gehirns beeinträchtigen, Angst angemessen zu regulieren, und zu einer erhöhten Anfälligkeit für Stress und Panikattacken führen.

Ein weiterer wichtiger Aspekt bei der Untersuchung der Gehirnstruktur und -funktion bei psychischen Störungen ist die Rolle von Neurotransmittern und neuronalen Schaltkreisen. Neurotransmitter wie Serotonin, Dopamin und Noradrenalin spielen eine Schlüsselrolle bei der Regulation von Stimmung, Emotionen und Verhalten, und Dysfunktionen in diesen Systemen können das Risiko für psychische Störungen erhöhen. Darüber hinaus beeinflussen neuronale Schaltkreise die Kommunikation zwischen verschiedenen Hirnregionen und können bei psychischen Erkrankungen dysreguliert sein.

Es ist wichtig anzumerken, dass die Beziehung zwischen Gehirnstruktur, -funktion und psychischen Störungen komplex ist und noch nicht vollständig verstanden wird. Obwohl Fortschritte in der bildgebenden Technologie und neurobiologischen Forschung unsere Kenntnisse über diese Zusammenhänge verbessert haben, gibt es immer noch viele offene Fragen und Herausforderungen. Dennoch bieten die Untersuchung der Gehirnstruktur und -funktion bei psychischen Störungen wichtige Einblicke in die biologischen Grundlagen dieser Erkrankungen und kann zu verbesserten Diagnose- und Behandlungsansätzen führen.

Neurotransmitter und ihre Rolle in der Psychopathologie
Neurotransmitter sind chemische Botenstoffe, die eine entscheidende Rolle bei der Kommunikation zwischen Neuronen im Gehirn und im Nervensystem spielen. Ihre Regulation ist von grundlegender Bedeutung für die Steuerung von Stimmung, Emotionen, Verhalten und kognitiven Funktionen. In dieser ausführlichen Zusammenfassung werden die wichtigsten Neurotransmitter und ihre Rolle in der Psychopathologie beleuchtet, wobei der Fokus auf ihrer Bedeutung für verschiedene psychische Störungen liegt.

Zu den wichtigsten Neurotransmittern gehören Serotonin, Dopamin, Noradrenalin, Glutamat und Gamma-Aminobuttersäure (GABA). Jeder dieser Neurotransmitter erfüllt spezifische Funktionen im Gehirn und ist mit verschiedenen psychischen Prozessen verbunden. Eine Dysregulation dieser Neurotransmitter kann zu einer Vielzahl von psychischen Störungen führen.

Serotonin ist ein Neurotransmitter, der oft mit der Regulation von Stimmung, Schlaf, Appetit und Stressreaktionen in Verbindung gebracht wird. Eine verminderte Verfügbarkeit von Serotonin im Gehirn wurde mit Depressionen, Angststörungen, Zwangsstörungen und posttraumatischen Belastungsstörungen in Verbindung gebracht. Serotonin-Wiederaufnahmehemmer (SSRIs) sind eine häufig verschriebene Klasse von Antidepressiva, die darauf abzielen, die Verfügbarkeit von Serotonin im Gehirn zu erhöhen.

Dopamin ist ein Neurotransmitter, der mit Belohnung, Motivation, Bewegung und kognitiven Funktionen verbunden ist. Eine Überaktivität des dopaminergen Systems wurde mit Psychosen wie Schizophrenie und bipolaren Störungen in Verbindung gebracht, während eine verminderte Dopaminaktivität mit Anhedonie, Antriebslosigkeit und Depressionen assoziiert sein kann. Antipsychotika und andere Medikamente, die das dopaminerge System modulieren, werden zur Behandlung von Psychosen eingesetzt.

Noradrenalin ist ein Neurotransmitter, der mit der Stressantwort, der Wachsamkeit und der Regulation von Aufmerksamkeit verbunden ist. Eine Dysregulation des noradrenergen Systems wurde mit Angststörungen, posttraumatischen Belastungsstörungen und ADHS in Verbindung gebracht. Medikamente wie Noradrenalin-Wiederaufnahmehemmer (NARI) können zur Behandlung von Depressionen und Angststörungen eingesetzt werden, indem sie die Verfügbarkeit von Noradrenalin im Gehirn erhöhen.

Glutamat ist der Haupterregungsneurotransmitter im Gehirn und spielt eine Schlüsselrolle bei der synaptischen Plastizität, Lern- und Gedächtnisprozessen. Eine Überstimulation des glutamatergen Systems kann zu neurotoxischen Effekten führen und wurde mit neurodegenerativen Erkrankungen wie Alzheimer-Krankheit und Schizophrenie in Verbindung gebracht. Medikamente, die das glutamaterge System modulieren, befinden sich derzeit in der Entwicklung und könnten potenziell zur Behandlung dieser Erkrankungen eingesetzt werden.

GABA ist der wichtigste inhibitorische Neurotransmitter im Gehirn und spielt eine entscheidende Rolle bei der Regulation von neuronalen Aktivitäten und der Verhinderung von Übererregung. Eine Dysfunktion des GABAergen Systems wurde mit Angststörungen, Depressionen, bipolaren Störungen, Epilepsie und Schlafstörungen in Verbindung gebracht. Benzodiazepine, die auf das GABAergen System wirken, werden häufig zur kurzfristigen Behandlung von Angststörungen und Schlafstörungen eingesetzt, obwohl ihr langfristiger Gebrauch aufgrund des Risikos der Abhängigkeit begrenzt sein sollte.

Die Regulation und Modulation von Neurotransmittern ist ein komplexer Prozess, der von verschiedenen Faktoren beeinflusst wird, darunter genetische Veranlagung, Umweltfaktoren, Lebensstil und Medikamente. Eine Dysregulation dieser Neurotransmitter kann zu einer Vielzahl von psychischen Störungen führen, und die Entwicklung von Medikamenten, die gezielt auf die Modulation dieser Neurotransmitter abzielen, hat zu bedeutenden Fortschritten in der Behandlung von psychischen Störungen geführt.

Die Kenntnisse über die Rolle von Neurotransmittern in der Psychopathologie haben auch zu einem besseren Verständnis der zugrunde liegenden Ursachen und Mechanismen von psychischen Störungen beigetragen. Durch die Entwicklung von Medikamenten, die gezielt auf die Modulation dieser Neurotransmitter abzielen, können Symptome gelindert und die Lebensqualität der Betroffenen verbessert werden. Dennoch sind weitere Forschungen erforderlich, um die genauen Mechanismen und potenziellen Behandlungsansätze weiter zu klären und zu verbessern.

Neuroimaging-Techniken in der psychiatrischen Forschung
Neuroimaging-Techniken spielen eine entscheidende Rolle in der psychiatrischen Forschung, da sie es ermöglichen, die Struktur, Funktion und Konnektivität des Gehirns bei verschiedenen psychischen Störungen zu untersuchen. Diese Techniken bieten Einblicke in die biologischen Grundlagen von psychischen Störungen und ermöglichen es den Forschern, neurobiologische Mechanismen zu identifizieren, die mit bestimmten Symptomen und Verhaltensweisen verbunden sind. In dieser ausführlichen Zusammenfassung werden verschiedene Neuroimaging-Techniken vorgestellt, ihre Anwendungen in der psychiatrischen Forschung diskutiert und ihre Rolle bei der Erforschung von psychischen Störungen erläutert.

Eine der am häufigsten verwendeten Neuroimaging-Techniken ist die strukturelle Magnetresonanztomographie (sMRI), die es ermöglicht, die anatomische Struktur des Gehirns zu visualisieren. Mit sMRI können Forscher Veränderungen in der Gehirngröße, Grauen und Weißen Substanzvolumen sowie Abweichungen in der Gehirnstruktur bei verschiedenen psychischen Störungen identifizieren. Beispielsweise haben Studien gezeigt, dass Menschen mit Depressionen oft eine verminderte Volumen des Hippocampus, einer Region des Gehirns, die an der Regulation von Stimmung und Gedächtnis beteiligt ist, aufweisen.

Funktionelle Magnetresonanztomographie (fMRI) ist eine weitere häufig verwendete Technik, die die Gehirnaktivität durch Messung von Änderungen im Blutfluss während der neuronalen Aktivität misst. Durch fMRI können Forscher die Gehirnregionen identifizieren, die während bestimmter Aufgaben oder in Ruhe aktiviert werden, und Unterschiede in der Aktivierungsmuster zwischen gesunden Personen und Personen mit psychischen Störungen feststellen. Zum Beispiel haben Studien gezeigt, dass Menschen mit Schizophrenie abnormale Aktivierungsmuster in frontalen und temporalen Hirnregionen aufweisen, die mit Halluzinationen und Wahnvorstellungen verbunden sind.

Diffusions-Tensor-Bildgebung (DTI) ist eine Neuroimaging-Technik, die die strukturelle Konnektivität des Gehirns untersucht, indem sie die Richtung und den Grad der Wassermolekül-Diffusion in den Nervenfasern misst. DTI ermöglicht es den Forschern, das Ausmaß und die Richtung der weißen Substanzverbindungen im Gehirn zu kartieren und Veränderungen der Fasertraktion bei psychischen Störungen zu identifizieren. Zum Beispiel haben Studien gezeigt, dass Menschen mit Autismus-Spektrum-Störungen oft abnormale Konnektivitätsmuster in Gehirnregionen aufweisen, die mit sozialen und emotionalen Verarbeitungsfähigkeiten verbunden sind.

Positronen-Emissions-Tomographie (PET) ist eine Neuroimaging-Technik, die es ermöglicht, die Gehirnaktivität durch Messung der Verteilung und des Stoffwechsels radioaktiv markierter Substanzen im Gehirn zu untersuchen. Mit PET können Forscher die Neurotransmitteraktivität, die Glukosestoffwechsel und die Rezeptordichte im Gehirn messen und Abweichungen in diesen Parametern bei verschiedenen psychischen Störungen feststellen. Zum Beispiel haben Studien gezeigt, dass Menschen mit Suchterkrankungen oft eine veränderte Dopaminrezeptordichte und Glukosestoffwechsel im Belohnungssystem des Gehirns aufweisen.

Elektroenzephalographie (EEG) und Magnetenzephalographie (MEG) sind Techniken, die die elektrische Aktivität des Gehirns messen, indem sie die elektrischen Signale erfassen, die von den Neuronen erzeugt werden. EEG und MEG ermöglichen es den Forschern, die zeitliche Dynamik der Gehirnaktivität mit hoher zeitlicher Auflösung zu erfassen und Veränderungen in der neuronalen Synchronisation und Rhythmen bei verschiedenen psychischen Störungen zu identifizieren. Zum Beispiel haben Studien gezeigt, dass Menschen mit Depressionen oft abnormale EEG- und MEG-Muster aufweisen, die mit verminderten Alpha- und Beta-Wellenaktivitäten und erhöhter Theta-Aktivität verbunden sind.

Transkranielle Magnetstimulation (TMS) ist eine nichtinvasive Technik, die magnetische Felder verwendet, um die elektrische Aktivität des Gehirns zu modulieren und gezielt Gehirnregionen zu stimulieren oder zu hemmen. TMS kann zur Untersuchung der neuroplastischen Veränderungen im Gehirn bei verschiedenen psychischen Störungen sowie zur Behandlung von Depressionen und anderen Störungen eingesetzt werden. Zum Beispiel wurde repetitive TMS (rTMS) als Behandlungsoption für Depressionen zugelassen und hat gezeigt, dass es die Stimmungssymptome bei Patienten verbessern kann, die auf herkömmliche Behandlungen nicht ansprechen.

Neuroimaging-Techniken bieten einzigartige Einblicke in die neurobiologischen Grundlagen von psychischen Störungen und ermöglichen es den Forschern, die zugrunde liegenden Ursachen und Mechanismen zu identifizieren. Durch die Integration von Neuroimaging-Daten mit klinischen, genetischen und neuropsychologischen Daten können Forscher ein umfassendes Verständnis der Ätiologie und Pathophysiologie von psychischen Störungen entwickeln und neue Ansätze für die Prävention, Diagnose und Behandlung entwickeln. Obwohl Neuroimaging-Techniken einige Einschränkungen aufweisen, wie zum Beispiel hohe Kosten, begrenzte räumliche und zeitliche Auflösung und Anfälligkeit für Artefakte, haben sie dennoch zu bedeutenden Fortschritten in der psychiatrischen Forschung beigetragen und das Verständnis von psychischen Störungen erheblich verbessert.

Genetische und epigenetische Grundlagen von psychischen Störungen

Die genetischen und epigenetischen Grundlagen von psychischen Störungen sind von zunehmendem Interesse für die Forschung, da sie Einblicke in die komplexe Wechselwirkung zwischen genetischer Veranlagung und Umweltfaktoren bei der Entstehung und Entwicklung dieser Störungen bieten. Diese beiden Ebenen der biologischen Regulation spielen eine entscheidende Rolle bei der Modulation der neuronalen Funktion und Plastizität, die wiederum das Risiko für psychische Störungen beeinflussen können. Diese Zusammenfassung wird die genetischen und epigenetischen Grundlagen von psychischen Störungen umfassend diskutieren und die aktuellen Erkenntnisse in diesem Bereich zusammenfassen.

Genetische Faktoren spielen eine wesentliche Rolle bei der Anfälligkeit für psychische Störungen, wie Schizophrenie, Depression, bipolare Störung, Autismus-Spektrum-Störungen und Aufmerksamkeitsdefizit-Hyperaktivitätsstörung (ADHS). Studien haben gezeigt, dass das Risiko für diese Störungen durch genetische Variationen in verschiedenen Genen beeinflusst wird, die an der neuronalen Entwicklung, Neurotransmitterregulation, synaptischen Plastizität und Stressreaktion beteiligt sind. Zum Beispiel wurden mehrere Genorte mit einem erhöhten Risiko für Schizophrenie identifiziert, darunter das COMT-Gen, das für ein Enzym kodiert, das den Dopaminspiegel im Gehirn reguliert, und das DISC1-Gen, das an der neuronalen Migration und Differenzierung beteiligt ist.

Twin- und Familienstudien haben gezeigt, dass genetische Faktoren einen signifikanten Beitrag zur Ätiologie von psychischen Störungen leisten, wobei die hereditäre Komponente je nach Störung unterschiedlich stark ausgeprägt ist. Zum Beispiel beträgt die Erblichkeit von Schizophrenie etwa 70-80%, während die Erblichkeit von ADHS etwa 70-90% beträgt. Diese Befunde deuten darauf hin, dass genetische Veranlagung ein wichtiger Risikofaktor für die Entwicklung von psychischen Störungen ist, obwohl Umweltfaktoren ebenfalls eine entscheidende Rolle spielen.

Epigenetische Mechanismen modulieren die Genexpression ohne eine Veränderung der DNA-Sequenz und spielen eine wichtige Rolle bei der Regulation der neuronalen Funktion und Anpassung an Umweltreize. Epigenetische Veränderungen können durch verschiedene Umweltfaktoren wie Stress, Trauma, Ernährung, Drogenkonsum und Umwelttoxine induziert werden und haben das Potenzial, das Risiko für psychische Störungen zu erhöhen oder zu verringern. Zu den wichtigsten epigenetischen Mechanismen gehören DNA-Methylierung, Histondeacetylierung, Histone-Methylierung und nichtkodierende RNA.

Studien haben gezeigt, dass epigenetische Veränderungen bei verschiedenen psychischen Störungen vorhanden sind und mit klinischen Symptomen, Behandlungsreaktionen und Krankheitsverläufen korrelieren können. Zum Beispiel wurde eine verminderte DNA-Methylierung in bestimmten Genen bei Menschen mit Depressionen und einer erhöhten DNA-Methylierung in Promotorregionen von Genen, die am Stressreaktionssystem beteiligt sind, bei Menschen mit posttraumatischer Belastungsstörung (PTBS) gefunden. Diese Befunde legen nahe, dass epigenetische Mechanismen an der Pathophysiologie von psychischen Störungen beteiligt sind und möglicherweise als Biomarker für die Diagnose, Prognose und Behandlung dieser Störungen dienen können.

Die Interaktion zwischen genetischen und epigenetischen Faktoren ist ein komplexer Prozess, der die Expression von Genen in

Reaktion auf Umweltreize moduliert und die Anfälligkeit für psychische Störungen beeinflussen kann. Zum Beispiel können genetische Variationen die Anfälligkeit für epigenetische Veränderungen erhöhen oder verringern, und epigenetische Veränderungen können die Funktion von Genen modulieren, die an der Entstehung von psychischen Störungen beteiligt sind. Darüber hinaus können Umweltfaktoren epigenetische Veränderungen induzieren, die die Expression von Genen beeinflussen, die für die Regulation der neuronalen Funktion und Anpassung an Stress wichtig sind.

Die Identifizierung von genetischen und epigenetischen Faktoren, die mit psychischen Störungen assoziiert sind, hat das Verständnis ihrer Ätiologie und Pathophysiologie verbessert und potenzielle Zielmoleküle für die Entwicklung neuer diagnostischer und therapeutischer Ansätze identifiziert. Durch die Untersuchung der zugrunde liegenden Mechanismen von psychischen Störungen auf genetischer und epigenetischer Ebene können wir hoffentlich neue Einblicke in die Krankheitsursachen gewinnen und personalisierte Behandlungsstrategien entwickeln, die auf die individuellen biologischen Merkmale und Umweltfaktoren jedes Patienten zugeschnitten sind.

Neuroplastizität und Rehabilitation bei psychischen Erkrankungen
Neuroplastizität und Rehabilitation spielen eine entscheidende Rolle bei der Behandlung und dem Management psychischer Erkrankungen. Neuroplastizität bezieht sich auf die Fähigkeit des Gehirns, sich im Laufe des Lebens anzupassen und zu verändern, sowohl strukturell als auch funktionell, als Reaktion auf Veränderungen in der Umwelt, Lernprozesse, Erfahrungen und Schädigungen. Rehabilitation hingegen befasst sich mit der Wiederherstellung oder Verbesserung der Funktionsfähigkeit von Menschen mit psychischen Erkrankungen, um ihre Lebensqualität zu verbessern und ihre Unabhängigkeit zu fördern. Diese Zusammenfassung wird die Konzepte der Neuroplastizität und Rehabilitation bei psychischen Erkrankungen umfassend erörtern

und die Rolle dieser Ansätze bei der Behandlung verschiedener Störungen beleuchten.

Neuroplastizität ist ein dynamischer Prozess, der auf verschiedenen Ebenen des Nervensystems stattfindet, einschließlich synaptischer Plastizität, struktureller Plastizität und neurogene Plastizität. Synaptische Plastizität bezieht sich auf die Veränderung der Stärke und Effizienz der synaptischen Verbindungen zwischen Neuronen, während strukturelle Plastizität die Bildung neuer synaptischer Verbindungen, die Neubildung von Neuronen und die Veränderung der neuronalen Architektur umfasst. Neurogene Plastizität bezieht sich auf die Bildung neuer Neuronen in bestimmten Bereichen des Gehirns, wie dem Hippocampus und dem olfaktorischen Bulbus. Diese Formen der Neuroplastizität ermöglichen es dem Gehirn, sich an veränderte Anforderungen und Umgebungen anzupassen, und spielen eine wichtige Rolle bei Lernprozessen, Gedächtnisbildung und der Regulation von Emotionen.

Bei psychischen Erkrankungen können Dysregulationen in neuroplastischen Prozessen auftreten, was zu strukturellen und funktionellen Veränderungen im Gehirn führen kann. Zum Beispiel wurden bei Depressionen Veränderungen in der synaptischen Plastizität und der neurogenen Plastizität beobachtet, die mit Symptomen wie Hoffnungslosigkeit, Anhedonie und vermindertem Interesse verbunden sind. Bei Schizophrenie wurden ebenfalls strukturelle und funktionelle Abweichungen im Gehirn festgestellt, die mit kognitiven Beeinträchtigungen, Halluzinationen und Wahnvorstellungen assoziiert sind. Diese Befunde legen nahe, dass eine Normalisierung der neuroplastischen Prozesse eine vielversprechende Strategie für die Behandlung und Rehabilitation von Menschen mit psychischen Erkrankungen sein könnte.

Die Rehabilitation bei psychischen Erkrankungen zielt darauf ab, die Funktionsfähigkeit und Lebensqualität der Betroffenen zu verbessern und ihre Integration in die Gesellschaft zu erleichtern. Dies umfasst eine breite Palette von Interventionen, die auf die spezifischen Bedürfnisse und Ziele jedes Einzelnen zugeschnitten sind. Dazu gehören psychotherapeutische Ansätze, Medikamentenmanagement, soziale Unterstützung, berufliche Rehabilitation, kognitive Rehabilitation, Wohnunterstützung und Peer-Support-Programme. Das Ziel der Rehabilitation ist es, den Betroffenen die Werkzeuge und Ressourcen zur Verfügung zu stellen, die sie benötigen, um ein erfülltes und unabhängiges Leben zu führen, trotz der Herausforderungen, die ihre psychische Erkrankung mit sich bringen kann.

Psychotherapeutische Ansätze spielen eine zentrale Rolle in der Rehabilitation psychischer Erkrankungen und umfassen verschiedene Modalitäten wie kognitive Verhaltenstherapie, psychoanalytische Therapie, Interpersonelle Therapie, dialektische Verhaltenstherapie und Familientherapie. Diese Therapien zielen darauf ab, psychische Symptome zu lindern, dysfunktionale Denk- und Verhaltensmuster zu verändern, die Bewältigungsfähigkeiten zu verbessern und die soziale Funktionsfähigkeit zu fördern. Medikamentenmanagement ist ebenfalls ein wichtiger Bestandteil der Rehabilitation und beinhaltet die Verordnung von Psychopharmaka zur Behandlung von Symptomen wie Depression, Angst, Psychosen und Stimmungsschwankungen.

Soziale Unterstützung spielt eine entscheidende Rolle bei der Rehabilitation psychischer Erkrankungen, da sie den Betroffenen ein soziales Netzwerk und emotionale Unterstützung bietet, die ihnen helfen können, mit den Herausforderungen ihrer Erkrankung umzugehen und ein Gefühl der Zugehörigkeit und Akzeptanz zu entwickeln. Berufliche Rehabilitation zielt darauf ab, den Betroffenen dabei zu helfen, berufliche Fähigkeiten zu erwerben oder wiederzugewinnen, um ihre Arbeitsfähigkeit zu verbessern und ihre beruflichen Ziele zu erreichen. Dazu gehören Maßnahmen wie Job-Coaching, berufliche Ausbildung, Arbeitsplatzanpassungen und unterstützte Beschäftigung.

Kognitive Rehabilitation ist ein weiterer wichtiger Bestandteil der Rehabilitation bei psychischen Erkrankungen und zielt darauf ab, kognitive Beeinträchtigungen wie Gedächtnisprobleme,

Aufmerksamkeitsdefizite und Probleme mit der Exekutivfunktion zu behandeln. Dazu gehören kognitive Übungen, Gedächtnistraining, Problemlösungsfähigkeiten, Zeitmanagementstrategien und die Verwendung von Hilfsmitteln wie Kalendern und Erinnerungsgeräten. Wohnunterstützung umfasst Programme, die den Betroffenen dabei helfen, angemessenen Wohnraum zu finden und unabhängig zu leben, während Peer-Support-Programme den Betroffenen die Möglichkeit bieten, sich mit anderen Menschen mit ähnlichen Erfahrungen auszutauschen und Unterstützung zu erhalten.

Die Rehabilitation bei psychischen Erkrankungen ist ein kontinuierlicher und individuell angepasster Prozess, der darauf abzielt, die individuellen Bedürfnisse und Ziele jedes Einzelnen zu berücksichtigen und eine ganzheitliche und umfassende Behandlung zu gewährleisten. Die Implementierung eines multidisziplinären Ansatzes, der die Zusammenarbeit zwischen verschiedenen Fachkräften wie Psychologen, Psychiatern, Sozialarbeitern, Ergotherapeuten und Peer-Support-Spezialisten umfasst, ist entscheidend für den Erfolg der Rehabilitation und die langfristige Verbesserung der Lebensqualität von Menschen mit psychischen Erkrankungen.

Umwelt- und Entwicklungsneurobiologie psychischer Störungen

Die Umwelt- und Entwicklungsneurobiologie psychischer Störungen ist ein faszinierendes und komplexes Forschungsfeld, das sich mit der Wechselwirkung zwischen genetischen, neurobiologischen und Umweltfaktoren befasst, die zur Entstehung und Entwicklung psychischer Störungen beitragen. Diese Zusammenfassung wird die grundlegenden Konzepte und Forschungsergebnisse der Umwelt- und Entwicklungsneurobiologie psychischer Störungen umfassend diskutieren, einschließlich der Rolle von Stress, Trauma, neurobiologischer Plastizität, Epigenetik und früher Entwicklung bei der Entstehung von Störungen wie Depression, Angst, Schizophrenie und posttraumatischer Belastungsstörung.

Ein zentrales Konzept in der Umwelt- und Entwicklungsneurobiologie psychischer Störungen ist der Einfluss von Umweltfaktoren auf die Gehirnentwicklung und die Entstehung von psychischen Störungen. Frühe Lebensereignisse wie traumatische Erfahrungen, Vernachlässigung, Missbrauch, familiäre Konflikte und sozioökonomische Belastungen können das Gehirn in sensiblen Entwicklungsphasen beeinflussen und langfristige Veränderungen in der neurobiologischen Funktion und Struktur verursachen. Zum Beispiel wurde gezeigt, dass chronischer Stress in der Kindheit die neurobiologische Entwicklung beeinträchtigen und das Risiko für psychische Störungen im späteren Leben erhöhen kann.

Ein weiteres wichtiges Konzept ist die neurobiologische Plastizität, die die Fähigkeit des Gehirns beschreibt, sich an veränderte Umweltbedingungen anzupassen und neue Verbindungen zu bilden. Diese Plastizität ist ein lebenslanger Prozess, der es dem Gehirn ermöglicht, auf Erfahrungen zu reagieren, zu lernen und sich weiterzuentwickeln. Bei psychischen Störungen können jedoch Veränderungen in der neurobiologischen Plastizität auftreten, die zu abnormalen Verhaltensweisen und emotionalen Dysfunktionen führen. Zum Beispiel wurden bei Depressionen und Angststörungen Veränderungen in der synaptischen Plastizität und der Neurogenese Im Hippocampus beobachtet, die mit Symptomen wie geringem Selbstwertgefühl, Hoffnungslosigkeit und Anhedonie verbunden sind.

Die Epigenetik ist ein weiteres wichtiges Konzept in der Umwelt- und Entwicklungsneurobiologie psychischer Störungen, das sich mit Veränderungen in der Genexpression befasst, die durch Umweltfaktoren verursacht werden, ohne die zugrunde liegende DNA-Sequenz zu verändern. Diese epigenetischen Veränderungen können das Risiko für psychische Störungen erhöhen, indem sie die Funktion bestimmter Gene beeinflussen, die an der Regulation von Stimmung, Stressreaktionen und anderen neurobiologischen Prozessen beteiligt sind. Zum Beispiel haben Studien gezeigt, dass traumatische Erfahrungen in der Kindheit epigenetische

Veränderungen in Genen verursachen können, die mit der Stressreaktion des Körpers verbunden sind, was zu einer erhöhten Anfälligkeit für Depressionen und Angststörungen führen kann.

Die frühe Entwicklung spielt ebenfalls eine entscheidende Rolle bei der Entstehung von psychischen Störungen, da die frühkindliche Umgebung und die Qualität der elterlichen Betreuung die Entwicklung des Gehirns und des Verhaltensystems maßgeblich beeinflussen können. Vernachlässigung, Trennung, Missbrauch und andere frühe Lebensereignisse können das Risiko für psychische Störungen erhöhen, indem sie die emotionale Regulation, die Stressbewältigung und die soziale Interaktion beeinträchtigen. Frühe Interventionen und unterstützende Umgebungen können jedoch dazu beitragen, diese negativen Auswirkungen zu mildern und die Entwicklung gesunder Anpassungsstrategien zu fördern.

Die Umwelt- und Entwicklungsneurobiologie psychischer Störungen hat wichtige Implikationen für die Prävention, Diagnose und Behandlung dieser Erkrankungen. Ein besseres Verständnis der zugrunde liegenden Mechanismen, die zur Entstehung und Entwicklung von psychischen Störungen beitragen, kann dazu beitragen, präventive Maßnahmen zu entwickeln, um das Risiko zu reduzieren und schützende Umgebungen zu fördern. Darüber hinaus können neurobiologische Biomarker und epigenetische Marker potenziell zur Früherkennung von Störungen verwendet werden, um eine rechtzeitige Intervention und Behandlung zu ermöglichen.

Die Umwelt- und Entwicklungsneurobiologie psychischer Störungen unterstreicht die Bedeutung eines ganzheitlichen Ansatzes zur Behandlung dieser Erkrankungen, der sowohl pharmakologische als auch nicht-pharmakologische Interventionen umfasst. Psychosoziale Interventionen wie Psychotherapie, Familientherapie und soziale Unterstützung können dazu beitragen, belastende Umweltfaktoren zu bewältigen, gesunde Anpassungsstrategien zu fördern und die psychische Gesundheit zu verbessern. Pharmakologische Behandlungen wie Antidepressiva,

Antipsychotika und stimmungsstabilisierende Medikamente können ebenfalls wirksam sein, um neurobiologische Dysfunktionen zu korrigieren und die Symptome psychischer Störungen zu lindern.

Insgesamt liefert die Umwelt- und Entwicklungsneurobiologie psychischer Störungen wichtige Einblicke in die komplexen Wechselwirkungen zwischen genetischen, neurobiologischen und Umweltfaktoren, die zur Entstehung und Entwicklung dieser Erkrankungen beitragen. Durch ein tieferes Verständnis dieser Mechanismen können wir effektivere präventive Maßnahmen entwickeln, frühere Interventionen ermöglichen und individuellere Behandlungsansätze für Menschen mit psychischen Störungen bereitstellen.

Neuroinflammation und Immunantworten bei psychischen Erkrankungen

Die Rolle der Neuroinflammation und Immunantworten bei psychischen Erkrankungen ist ein Thema von wachsendem Interesse in der Neurowissenschaft und Psychiatrie. Frühere Ansätze zur Erforschung von psychischen Störungen konzentrierten sich hauptsächlich auf neuronale Dysfunktionen und neurochemische Ungleichgewichte. In den letzten Jahren hat jedoch eine zunehmende Anzahl von Studien gezeigt, dass Entzündungsprozesse im Gehirn und das Immunsystem eine wesentliche Rolle bei der Pathophysiologie von psychischen Erkrankungen wie Depression, Angststörungen, Schizophrenie und bipolaren Störungen spielen können. Diese Zusammenfassung wird die aktuellen Erkenntnisse und Hypothesen zur Neuroinflammation und Immunantworten bei psychischen Erkrankungen umfassend diskutieren, einschließlich der zugrunde liegenden Mechanismen, der klinischen Evidenz und der therapeutischen Implikationen.

Die Neuroinflammation bezieht sich auf einen entzündlichen Prozess im Gehirn, der durch die Aktivierung von Immunzellen wie Mikroglia und Astrozyten ausgelöst wird. Normalerweise tritt eine leichte Entzündung als Reaktion auf Verletzungen oder Infektionen auf und dient dazu, das Gewebe zu schützen und die Heilung zu fördern. Bei psychischen Störungen kann jedoch eine übermäßige oder chronische Neuroinflammation auftreten, die zu neuronalen Schäden, neurodegenerativen Prozessen und psychiatrischen Symptomen führen kann.

Eine der häufigsten Erkrankungen, bei denen Neuroinflammation eine Rolle zu spielen scheint, ist die Depression. Zahlreiche Studien haben gezeigt, dass Patienten mit Depressionen häufig eine erhöhte Konzentration von Entzündungsmarkern im Blut und im Liquor haben. Darüber hinaus wurde festgestellt, dass antidepressive Medikamente und psychotherapeutische Interventionen die Entzündungsreaktion im Gehirn modulieren können, was darauf hindeutet, dass die Neuroinflammation ein potenzieller Zielmechanismus für die Behandlung von Depressionen sein könnte.

Ähnliche Befunde wurden auch bei anderen psychischen Störungen wie Angststörungen, Schizophrenie und bipolaren Störungen gefunden. Bei Patienten mit Angststörungen wurde beispielsweise eine erhöhte Aktivierung des Immunsystems und eine gestörte Regulation der Entzündungsreaktion beobachtet, was zu Angstsymptomen und erhöhter Stressanfälligkeit führen kann. Bei Schizophrenie-Patienten wurden ebenfalls abnormale Entzündungsmarker und Aktivierung von Mikroglia im Gehirn gefunden, was auf eine Beteiligung der Neuroinflammation an den neurobiologischen Veränderungen hinweist, die mit dieser Erkrankung verbunden sind.

Die genauen Mechanismen, durch die Neuroinflammation zur Pathophysiologie von psychischen Störungen beiträgt, sind jedoch noch nicht vollständig verstanden. Eine Hypothese ist, dass Entzündungsprozesse im Gehirn die Funktion von Neurotransmittersystemen stören können, die für die Regulation von Stimmung, Stressreaktionen und kognitiven Funktionen wichtig sind. Insbesondere wurde gezeigt, dass Entzündungen die Freisetzung von Neurotransmittern wie Serotonin, Dopamin und Glutamat beeinflussen können, die alle an der Pathogenese von psychischen Störungen beteiligt sind.

Darüber hinaus kann Neuroinflammation die neuroplastische Veränderungen im Gehirn beeinflussen, die bei der Entstehung und Entwicklung von psychischen Störungen eine Rolle spielen. Neuroplastizität bezieht sich auf die Fähigkeit des Gehirns, sich strukturell und funktionell in Reaktion auf Erfahrungen und Umweltbedingungen zu verändern. Bei chronischer Neuroinflammation können jedoch die normalen Prozesse der synaptischen Plastizität und der Neurogenese gestört sein, was zu abnormen Verbindungen zwischen Neuronen und dysfunktionalen neuronalen Schaltkreisen führen kann.

Ein weiterer Mechanismus, durch den Neuroinflammation psychische Störungen beeinflussen kann, betrifft die sogenannte "Gut-Brain-Achse". Es gibt eine wachsende Erkenntnis darüber, dass die Darmgesundheit und die Zusammensetzung der Darmmikrobiota einen Einfluss auf die Funktion des Gehirns und das Risiko für psychische Erkrankungen haben können. Entzündungsprozesse im Darm können die Integrität der Darmbarriere beeinträchtigen und die Freisetzung von proinflammatorischen Zytokinen stimulieren, die die Neuroinflammation im Gehirn verstärken können. Dies könnte erklären, warum Erkrankungen des Magen-Darm-Trakts, wie das Reizdarmsyndrom, häufig mit psychischen Störungen komorbid sind.

Die Immunantworten im Zusammenhang mit psychischen Erkrankungen sind nicht auf die Neuroinflammation im Gehirn beschränkt, sondern können auch systemische Auswirkungen haben. Eine gestörte Immunfunktion, die mit chronischem Stress, Infektionen oder Autoimmunerkrankungen einhergeht, kann die Entstehung und Entwicklung von psychischen Störungen beeinflussen. Zum Beispiel wurde gezeigt, dass bestimmte Infektionen wie Herpesviren und das Epstein-Barr-Virus mit einem erhöhten Risiko für Depressionen und Schizophrenie assoziiert sein können.

Ein weiteres wichtiges Konzept im Zusammenhang mit Immunantworten bei psychischen Erkrankungen ist die sogenannte

"Sickness Behavior". Sickness Behavior beschreibt eine Reihe von Verhaltensänderungen, die bei Infektionen oder Entzündungen auftreten und dazu dienen, den Körper vor weiteren Schäden zu schützen. Diese Verhaltensänderungen umfassen Symptome wie Müdigkeit, Schlafstörungen, vermehrtes Rückzugsverhalten und verminderte soziale Interaktionen. Bei Patienten mit psychischen Störungen können diese Sickness-Behavior-Symptome verstärkt sein und eine Rolle bei der Manifestation von depressiven und schizophrenen Symptomen spielen.

Die Diagnose und Messung von Neuroinflammation und Immunantworten bei psychischen Erkrankungen stellen jedoch immer noch eine Herausforderung dar. Es gibt keine spezifischen Biomarker oder diagnostischen Tests, die eine Neuroinflammation eindeutig identifizieren können, und die meisten Erkenntnisse stammen aus präklinischen Studien an Tiermodellen oder postmortalen Gehirngewebeproben. Darüber hinaus können Entzündungsmarker im Blut und im Liquor variabel sein und nicht immer mit der Schwere oder dem Verlauf psychischer Störungen korrelieren.

Trotz dieser Herausforderungen gibt es jedoch vielversprechende Ansätze zur Messung und Modulation von Neuroinflammation und Immunantworten bei psychischen Erkrankungen. Bildgebende Verfahren wie die Positronen-Emissions-Tomographie (PET) und die Magnetresonanztomographie (MRT) ermöglichen es Forschern, Entzündungsprozesse im Gehirn bei lebenden Patienten zu visualisieren und zu quantifizieren. Darüber hinaus werden neue pharmakologische und nicht-pharmakologische Therapien entwickelt, um die Neuroinflammation zu modulieren und die Immunantworten bei psychischen Erkrankungen zu regulieren.

Zusammenfassend lässt sich sagen, dass die Neuroinflammation und Immunantworten bei psychischen Erkrankungen eine wichtige Rolle bei der Pathophysiologie, Diagnose und Behandlung spielen können. Die Interaktionen zwischen dem Immunsystem und dem zentralen Nervensystem sind komplex und vielschichtig, und weitere Forschung ist erforderlich, um die zugrunde liegenden

Mechanismen besser zu verstehen und neuartige Therapien zu entwickeln. Durch ein besseres Verständnis der Neuroinflammation und Immunantworten können wir möglicherweise neue Wege finden, um psychische Erkrankungen zu diagnostizieren, zu behandeln und zu verhindern.

Neuromodulation und interventionelle Therapien

Neuromodulation und interventionelle Therapien stellen innovative Ansätze zur Behandlung verschiedener neurologischer und psychiatrischer Erkrankungen dar. Diese Therapien zielen darauf ab, die Funktion des Nervensystems durch gezielte Stimulation oder Modulation von neuronalen Schaltkreisen zu modifizieren. In dieser umfassenden Zusammenfassung werden die verschiedenen Formen der Neuromodulation und interventionellen Therapien diskutiert, ihre Anwendungen bei verschiedenen Erkrankungen beleuchtet und die zugrunde liegenden Mechanismen sowie die klinische Evidenz für ihre Wirksamkeit erörtert.

Eine der am häufigsten verwendeten Formen der Neuromodulation ist die transkranielle Magnetstimulation (TMS). Bei der TMS wird ein starkes magnetisches Feld über die Kopfhaut appliziert, um elektrische Ströme im Gehirn zu erzeugen. Diese Ströme können gezielt auf bestimmte Hirnregionen gerichtet werden und ihre Aktivität vorübergehend modulieren. TMS wird häufig zur Behandlung von Depressionen eingesetzt, insbesondere bei Patienten, die auf herkömmliche Antidepressiva nicht ansprechen. Studien haben gezeigt, dass wiederholte TMS-Sitzungen die Stimmungssymptome bei vielen Patienten signifikant verbessern können.

Eine weitere Form der Neuromodulation ist die tiefe Hirnstimulation (DBS), bei der Elektroden in bestimmte Gehirnregionen implantiert werden, um elektrische Impulse abzugeben. DBS wird hauptsächlich zur Behandlung von Bewegungsstörungen wie Parkinson-Krankheit und essentiellem Tremor eingesetzt, kann aber auch zur Behandlung von psychiatrischen Erkrankungen wie Zwangsstörungen und Depressionen eingesetzt werden. Obwohl die genauen Mechanismen der DBS noch nicht vollständig verstanden sind, wird angenommen, dass sie die elektrische Aktivität in abnormen neuronalen Schaltkreisen normalisieren und so zur Verbesserung der Symptome beitragen können.

Eine neuere Entwicklung auf dem Gebiet der Neuromodulation ist die nicht-invasive elektrische Stimulation des Nervensystems, einschließlich transkranieller Gleichstromstimulation (tDCS) und transkranieller Wechselstromstimulation (tACS). Diese Techniken verwenden schwache elektrische Ströme, die über Elektroden auf der Kopfhaut appliziert werden, um die neuronale Erregbarkeit zu modulieren. Obwohl tDCS und tACS noch nicht die gleiche Evidenzbasis wie TMS oder DBS haben, zeigen frühe Studien vielversprechende Ergebnisse bei der Behandlung von Depressionen, Schmerzsyndromen und anderen neurologischen und psychiatrischen Erkrankungen.

Neben der elektrischen Stimulation gibt es auch neuromodulatorische Ansätze, die auf der Verwendung von Licht basieren, wie die optogenetische Stimulation. Diese Technik verwendet genetisch modifizierte Proteine, um Neuronen für Licht zu sensibilisieren, was es Forschern ermöglicht, die Aktivität bestimmter neuronaler Populationen genau zu steuern. Obwohl optogenetische Studien in erster Linie an Tiermodellen durchgeführt wurden, gibt es vielversprechende Hinweise darauf, dass sie potenziell therapeutische Anwendungen für psychiatrische Erkrankungen beim Menschen haben könnten.

Eine weitere interventionelle Therapiemethode ist die Chemogenetik, bei der modifizierte Rezeptoren in das Gehirn eingeführt werden, um die neuronale Aktivität durch die Verabreichung spezifischer Liganden zu modulieren. Diese Technik ermöglicht eine präzise Kontrolle über die Aktivität von neuronalen Schaltkreisen und kann potenziell zur Behandlung von Erkrankungen wie Depressionen, Angststörungen und Suchterkrankungen eingesetzt werden. Obwohl die Forschung in diesem Bereich noch in den Anfangsstadien ist, zeigt sie vielversprechende Ergebnisse bei der Modulation von Verhaltenssymptomen in Tiermodellen.

Darüber hinaus gibt es auch neuromodulatorische Therapien, die auf der Stimulation peripherer Nerven oder des autonomen Nervensystems basieren. Ein Beispiel hierfür ist die Vagusnervstimulation (VNS), bei der ein elektrischer Stimulator an den Vagusnerv angeschlossen wird, um elektrische Impulse zu senden, die das Gehirn beeinflussen können. VNS wird zur Behandlung von Epilepsie und schweren Depressionen eingesetzt und hat sich als wirksam erwiesen, insbesondere bei Patienten, die auf herkömmliche Therapien nicht ansprechen.

Insgesamt bieten neuromodulatorische und interventionelle Therapien vielversprechende Ansätze zur Behandlung einer Vielzahl von neurologischen und psychiatrischen Erkrankungen. Diese Techniken ermöglichen eine gezielte Modulation der neuronalen Aktivität und haben das Potenzial, Symptome zu lindern und die Lebensqualität der Patienten zu verbessern. Trotzdem sind weitere Forschung und klinische Studien erforderlich, um die langfristige Sicherheit und Wirksamkeit dieser Therapien zu bestätigen und ihr Potenzial vollständig auszuschöpfen.

Biomarker und prädiktive Modelle für psychische Gesundheit
Biomarker und prädiktive Modelle spielen eine zunehmend wichtige Rolle in der Erforschung und Behandlung psychischer Erkrankungen. Diese Techniken zielen darauf ab, objektive Maßnahmen für die Diagnose, Prognose und das Management von psychischen Störungen bereitzustellen, indem sie biologische Marker identifizieren, die mit dem Risiko, dem Verlauf oder der Reaktion auf Behandlungen verbunden sind. In dieser ausführlichen Zusammenfassung werden verschiedene Arten von Biomarkern und prädiktiven Modellen diskutiert, ihre Anwendungen bei verschiedenen psychischen Erkrankungen beleuchtet und die Herausforderungen und Zukunftsaussichten dieses Forschungsbereichs erörtert.

Biomarker sind messbare Merkmale, die biologische Prozesse im Körper widerspiegeln und als Indikatoren für den Gesundheitszustand oder das Krankheitsrisiko dienen können. In der Psychiatrie umfassen Biomarker eine Vielzahl von biologischen Messungen, darunter genetische Varianten, neurochemische Veränderungen, neuroimaging-Befunde, Immunmarker und physiologische Parameter wie Herzfrequenz und Hautleitfähigkeit. Diese Biomarker können dazu beitragen, die Heterogenität psychischer Erkrankungen besser zu verstehen, die Diagnose zu verbessern, Subtypen von Patienten zu identifizieren und die Wirksamkeit von Therapien vorherzusagen.

Ein vielversprechender Bereich der Biomarkerforschung ist die Genetik, die sich mit der Identifizierung von genetischen Varianten befasst, die mit dem Risiko für psychische Störungen verbunden sind. Durch genomweite Assoziationsstudien (GWAS) und andere genetische Analysen konnten Forscher eine Vielzahl von Genen identifizieren, die mit Erkrankungen wie Depressionen, Schizophrenie, bipolaren Störungen und Autismus-Spektrum-Störungen assoziiert sind. Obwohl einzelne genetische Varianten oft nur einen kleinen Effekt haben, können polygene Risikoscores erstellt werden, um das Gesamtrisiko für eine bestimmte Erkrankung zu quantifizieren.

Neurochemische Biomarker umfassen Veränderungen in der Konzentration von Neurotransmittern, Hormonen und anderen Molekülen im Gehirn und im peripheren Gewebe. Beispielsweise ist die Dysregulation des Serotoninstoffwechsels mit Depressionen assoziiert, während ein erhöhter Cortisolspiegel ein Marker für Stress und Angststörungen sein kann. Neuroimaging-Biomarker umfassen Struktur- und Funktionsmerkmale des Gehirns, die mithilfe von Techniken wie Magnetresonanztomographie (MRT) und funktioneller MRT (fMRT) untersucht werden können. Veränderungen in der Gehirnstruktur, Konnektivität und Aktivierungsmuster können Aufschluss über die Pathophysiologie verschiedener psychischer Störungen geben und als Indikatoren für die Wirksamkeit von Behandlungen dienen.

Immunbiomarker sind Marker des Immunsystems, die auf Entzündungsprozesse im Körper hinweisen können, die an der Pathogenese einiger psychischer Erkrankungen beteiligt sein können. Entzündungen wurden mit Depressionen, bipolaren Störungen, Schizophrenie und anderen psychischen Störungen in Verbindung gebracht, und die Messung von Entzündungsmarkern wie C-reaktivem Protein (CRP) und proinflammatorischen Zytokinen kann potenziell zur Diagnose und Prognose beitragen.

Physiologische Biomarker umfassen Messungen von Körperparametern wie Herzfrequenzvariabilität, Hautleitfähigkeit, Schlafmuster und Hormonspiegeln, die als Indikatoren für den psychischen Zustand dienen können. Diese Messungen können mithilfe von tragbaren Geräten und Sensoren überwacht werden, die eine kontinuierliche Erfassung von physiologischen Daten ermöglichen und so Einblicke in den täglichen Verlauf von psychischen Erkrankungen liefern können.

Prädiktive Modelle verwenden eine Kombination von Biomarkern und klinischen Variablen, um das Risiko für die Entwicklung einer psychischen Störung vorherzusagen, den Krankheitsverlauf zu prognostizieren oder die Reaktion auf bestimmte Behandlungen vorherzusagen. Diese Modelle können auf epidemiologischen Studien, klinischen Kohorten, Machine-Learning-Algorithmen und anderen statistischen Methoden basieren und helfen, personalisierte Ansätze für die Prävention und Behandlung psychischer Erkrankungen zu entwickeln.

Ein Beispiel für ein prädiktives Modell ist die Verwendung von genetischen Risikoscores und Umwelteinflüssen, um das Risiko für die Entwicklung von Depressionen oder Schizophrenie vorherzusagen. Indem man individuelle genetische und Umweltrisikofaktoren berücksichtigt, kann man präventive Interventionen gezielter einsetzen und die Wirksamkeit von Früherkennungs- und Frühinterventionsprogrammen verbessern.

Ein weiteres Beispiel sind prädiktive Modelle zur Vorhersage der Wirksamkeit von Antidepressiva bei der Behandlung von Depressionen. Durch die Analyse von genetischen Varianten und anderen biologischen Markern kann man vorhersagen, welche Patienten am wahrscheinlichsten von einer bestimmten Medikation profitieren und welche Nebenwirkungen auftreten können. Diese prädiktiven Modelle können Ärzten bei der Auswahl der optimalen Behandlung für jeden einzelnen Patienten unterstützen und dazu beitragen, die Behandlungsergebnisse zu verbessern.

Die Anwendung von Biomarkern und prädiktiven Modellen in der klinischen Praxis birgt jedoch auch Herausforderungen und ethische Überlegungen. Zum einen sind nicht alle Biomarker spezifisch oder sensitiv genug, um klinisch relevant zu sein, und ihre Interpretation kann komplex sein. Zum anderen werfen Fragen der Privatsphäre und des Datenschutzes Bedenken hinsichtlich der Verwendung von genetischen Daten und persönlichen Gesundheitsdaten auf.

Darüber hinaus kann die Komplexität von prädiktiven Modellen und ihre Abhängigkeit von großen Datensätzen und fortgeschrittenen Analysetechniken den Zugang zu diesen Ansätzen für bestimmte Populationen oder Gesundheitseinrichtungen einschränken. Es besteht die Notwendigkeit, die ethischen, rechtlichen und sozialen Implikationen dieser Technologien zu berücksichtigen und sicherzustellen, dass sie gerecht und verantwortungsvoll eingesetzt werden.

Trotz dieser Herausforderungen bieten Biomarker und prädiktive Modelle ein vielversprechendes Potenzial, um das Verständnis und die Behandlung psychischer Erkrankungen zu verbessern. Durch die Integration von biologischen und klinischen Daten können diese Ansätze personalisierte und präzisionsmedizinische Ansätze ermöglichen, die die Wirksamkeit von Prävention, Früherkennung und Behandlung psychischer Erkrankungen verbessern und letztendlich die Lebensqualität der betroffenen Personen verbessern können.

Translationale Forschung und klinische Anwendungen
Die translationale Forschung in der Neuropsychiatrie beschäftigt sich mit der Übertragung von Erkenntnissen aus der Grundlagenforschung auf die klinische Anwendung, um die Diagnose, Behandlung und Prävention von neurologischen und psychiatrischen Erkrankungen zu verbessern. Diese multidisziplinäre Herangehensweise integriert Erkenntnisse aus der Neurobiologie, Genetik, Psychologie und klinischen Medizin, um einen umfassenden Einblick in die Pathophysiologie von Erkrankungen wie Depression, Schizophrenie, bipolaren Störungen, Alzheimer-Krankheit und anderen zu gewinnen. In dieser ausführlichen Zusammenfassung werden die Grundlagen der translationellen Forschung in der Neuropsychiatrie, ihre Methoden, Fortschritte und klinischen Anwendungen diskutiert.

Die translationale Forschung zielt darauf ab, die Lücke zwischen den Erkenntnissen aus der Grundlagenforschung und ihrer Anwendung in der klinischen Praxis zu überbrücken. Sie beinhaltet einen multidisziplinären Ansatz, der Fachleute aus verschiedenen Bereichen der Neurowissenschaften, Psychologie, Genetik, Pharmakologie, klinischen Medizin und anderen Disziplinen zusammenbringt, um komplexe neuropsychiatrische Erkrankungen besser zu verstehen und neue Behandlungsansätze zu entwickeln.

Ein wichtiger Aspekt der translationellen Forschung ist die Identifizierung von Biomarkern, die als objektive Maßnahmen für die Diagnose, Prognose und Überwachung von neuropsychiatrischen Erkrankungen dienen können. Biomarker können verschiedene Formen annehmen, darunter genetische Varianten, neurochemische Veränderungen, neuroimaging-Befunde, Immunmarker und physiologische Parameter. Durch die Integration von Biomarkern in klinische Studien und die Entwicklung von prädiktiven Modellen können Forscher besser verstehen, welche Patienten am wahrscheinlichsten von bestimmten Behandlungen profitieren und welche Behandlungen am effektivsten sind.

Ein weiteres wichtiges Ziel der translationellen Forschung ist die Entwicklung neuer Behandlungsansätze für neuropsychiatrische Erkrankungen. Dies kann die Identifizierung neuer Medikamente, die Entwicklung von Therapien auf der Grundlage von Verhaltensinterventionen oder die Optimierung bestehender Therapien umfassen. Durch die enge Zusammenarbeit zwischen Grundlagenforschern, klinischen Forschern und Ärzten können vielversprechende Behandlungsansätze aus dem Labor in die klinische Praxis übertragen werden.

Methoden der translationellen Forschung umfassen verschiedene Ansätze, darunter tierexperimentelle Modelle, Zellkulturmodelle, genomweite Assoziationsstudien (GWAS), neuroimaging-Techniken, klinische Studien und randomisierte kontrollierte Studien (RCTs). Tiermodelle werden verwendet, um die Pathophysiologie von neuropsychiatrischen Erkrankungen zu untersuchen und neue Behandlungsansätze zu testen, während Zellkulturmodelle es Forschern ermöglichen, die Auswirkungen von Medikamenten und anderen Interventionen auf zellulärer Ebene zu untersuchen. GWAS und andere genetische Analysen ermöglichen es Forschern, genetische Varianten zu identifizieren, die mit dem Risiko für neuropsychiatrische Erkrankungen verbunden sind, und ihre Auswirkungen auf die Neurobiologie zu verstehen. Neuroimaging-Techniken wie funktionelle Magnetresonanztomographie (fMRT) und Positronenemissionstomographie (PET) ermöglichen es Forschern, Gehirnaktivität und Neurochemie bei Patienten mit neuropsychiatrischen Erkrankungen zu untersuchen und die Auswirkungen von Behandlungen zu beobachten. Klinische Studien und RCTs sind entscheidend für die Bewertung der Sicherheit und Wirksamkeit neuer Behandlungsansätze in der klinischen Praxis.

Ein wichtiges Konzept in der translationellen Forschung ist die Personalisierte Medizin, die darauf abzielt, Behandlungen auf der Grundlage der individuellen Merkmale jedes Patienten maßzuschneidern. Dies kann die Verwendung von genetischen Tests zur Identifizierung von Patienten umfassen, die am wahrscheinlichsten von einer bestimmten Behandlung profitieren, die Überwachung von Biomarkern zur Anpassung der Behandlung im Laufe der Zeit oder die Entwicklung neuer Therapien, die auf die spezifischen zugrunde liegenden Ursachen einer Erkrankung abzielen. Personalisierte Medizin verspricht, die Wirksamkeit von Behandlungen zu verbessern und die Nebenwirkungen zu minimieren, indem sie individuelle Unterschiede berücksichtigt und maßgeschneiderte Ansätze für jeden Patienten ermöglicht.

Die translationale Forschung hat bereits zu bedeutenden Fortschritten in der Diagnose und Behandlung von neuropsychiatrischen Erkrankungen geführt. Ein Beispiel ist die Entwicklung von Antipsychotika zur Behandlung von Schizophrenie, die auf Erkenntnissen über die Rolle von Dopaminrezeptoren im Gehirn beruhen. Diese Medikamente haben dazu beigetragen, die Symptome der Schizophrenie zu lindern und das Funktionieren der betroffenen Personen zu verbessern. Ein weiteres Beispiel ist die Entwicklung von selektiven Serotonin-Wiederaufnahmehemmern (SSRIs) zur Behandlung von Depressionen, die auf der Entdeckung der Rolle von Serotonin im Gehirn beruht. SSRIs haben sich als wirksam bei der Behandlung von Depressionen erwiesen und sind heute eine der häufigsten verschriebenen Klassen von Antidepressiva.

Trotz dieser Fortschritte stehen Forscher vor weiteren Herausforderungen und offenen Fragen in der translationellen Forschung. Eine Herausforderung besteht darin, die Komplexität von neuropsychiatrischen Erkrankungen zu verstehen, die oft durch eine Vielzahl von genetischen, Umwelt- und Lebensstilfaktoren beeinflusst werden. Ein weiteres Problem ist die Heterogenität von Erkrankungen wie Depression, Schizophrenie und bipolaren Störungen, die dazu führen kann, dass Patienten unterschiedlich auf Behandlungen ansprechen. Forscher arbeiten daran, diese Herausforderungen zu überwinden, indem sie neue Technologien und Analysemethoden entwickeln, die es ihnen ermöglichen, die Komplexität von neuropsychiatrischen Erkrankungen besser zu verstehen und personalisierte Behandlungsansätze zu entwickeln.

Insgesamt hat die translationale Forschung in der Neuropsychiatrie das Potenzial, das Verständnis und die Behandlung von neuropsychiatrischen Erkrankungen zu revolutionieren. Durch die Integration von Erkenntnissen aus der Grundlagenforschung in die klinische Praxis können Forscher neue Diagnose- und Behandlungsmethoden entwickeln, die auf die spezifischen Bedürfnisse jedes einzelnen Patienten zugeschnitten sind. Diese personalisierten Ansätze versprechen, die Wirksamkeit von Behandlungen zu verbessern, die Nebenwirkungen zu minimieren und letztendlich die Lebensqualität der betroffenen Personen zu verbessern.

ENDE